高等院校建筑产业现代化系列教材

工程经济学

主 编 张普伟
副主编 余 莹 王锋宪 何 琴
参 编 彭 锐 南爱强 黄江南
　　　 李 睿

机械工业出版社

本书以《高等学校工程管理本科指导性专业规范》和《高等学校工程造价本科指导性专业规范》推荐的《工程经济学》科目知识单元和知识点为大纲编写，融入了"白话教学"的理念，用通俗浅显的语言阐释了工程经济学的基本概念、现金流量的构成与资金时间价值、资金筹措与资金成本、工程项目经济评价的基本方法、不确定性与风险分析、工程项目可行性研究、财务评价、项目国民经济评价、设备更新的经济分析、价值工程、项目后评价等内容，同时编入了更多的习题，这些习题基本覆盖了全部重要知识点，也为开展"对分教学"等新的课堂教学方式提供足够的讨论问题。本书的最后增加了Excel的应用，以便于在课程设计和实际工作中提高效率，提升应用计算机解决实际问题的能力。

图书在版编目（CIP）数据

工程经济学/张普伟主编. —北京：机械工业出版社，2021.1
高等院校建筑产业现代化系列教材
ISBN 978-7-111-66566-3

Ⅰ.①工⋯　Ⅱ.①张⋯　Ⅲ.①工程经济学－高等学校－教材　Ⅳ.①F062.4

中国版本图书馆 CIP 数据核字（2020）第 176954 号

机械工业出版社（北京市百万庄大街 22 号　邮政编码 100037）
策划编辑：薛俊高　责任编辑：薛俊高　张大勇
责任校对：刘时光　封面设计：马精明
责任印制：李　昂
北京机工印刷厂印刷
2020 年 10 月第 1 版第 1 次印刷
184mm×260mm・14.25 印张・349 千字
标准书号：ISBN 978-7-111-66566-3
定价：49.00 元

电话服务　　　　　　　　　网络服务
客服电话：010-88361066　　机　工　官　网：www.cmpbook.com
　　　　　010-88379833　　机　工　官　博：weibo.com/cmp1952
　　　　　010-68326294　　金　书　网：www.golden-book.com
封底无防伪标均为盗版　　　机工教育服务网：www.cmpedu.com

前　言

工程经济学是以工程活动方案为对象，应用经济学的理论与分析方法，研究工程技术要素的优化配置，通过效益分析与利弊权衡，确定最佳工程技术方案的综合性交叉学科。工程经济学是土木工程、工程管理、工程造价、房地产开发管理、建筑学、城市规划、风景园林、市政环境工程、交通工程等建筑工程类专业的重要专业课。

在建筑工程类相关专业中，工程管理和工程造价专业对工程经济学的要求最高。《高等学校工程管理本科指导性专业规范》和《高等学校工程造价本科指导性专业规范》分别推荐了这两个专业需要学习的《工程经济学》知识单元和知识点。本书即以这些知识单元和知识点为大纲，吸收国内外同类教材的长处和特色，结合编者讲授工程经济学的经验总结编写而成。

本书的编写分工如下：第一章～第三章和第十一章由江西师范大学张普伟、李睿编写；第四章、第九章和第十章由江西师范大学余莹和江西融大环境技术咨询有限公司黄江南编写；第五章～第七章由昆明理工大学王锋宪和云南交通职业技术学院南爱强编写；第八章和第十二章由云南大学何琴和云南交通职业技术学院彭锐编写。全书由张普伟统稿汇总。

本书编写过程中，参考了国内外一些学者的教材或著作，书后列出了主要参考文献，在此向各位作者致以谢意，如有遗漏引用资料的出处，谨向专家学者们表示歉意。感谢各参编者单位的支持，作为江西师范大学 2019 年度本科规划教材的立项建设成果、2019 年度校级教学改革项目"基于对分课堂的《工程经济学》课程建设与实践（JXSDJG1949）"和"双万计划"一流课程建设的阶段性成果，感谢江西师范大学对本书编写出版给予的资助，感谢机械工业出版社对本书出版的大力支持。

本书虽几经修改，但由于编者水平有限，难免有不妥和错漏之处，敬请读者予以指正。

张普伟
2020 年于江西南昌

目 录

前言

第一章 工程经济学引论 ... 1
本章内容提要 ... 1
第一节 工程经济学的概念、研究对象和学科特点 ... 1
第二节 工程经济学的产生与发展 ... 3
第三节 工程经济学分析的基本原则和步骤 ... 5
练习题 ... 7

第二章 现金流量的构成与资金时间价值 ... 9
本章内容提要 ... 9
第一节 现金流量的概念、构成和表示 ... 9
第二节 资金时间价值与利率 ... 18
第三节 资金等值计算及其应用 ... 22
练习题 ... 32

第三章 资金筹措与资金成本 ... 36
本章内容提要 ... 36
第一节 资金筹措与项目融资 ... 36
第二节 资金成本 ... 40
练习题 ... 45

第四章 工程项目经济评价的基本方法 ... 47
本章内容提要 ... 47
第一节 投资项目经济评价的指标分类 ... 48
第二节 静态评价方法 ... 49
第三节 动态评价方法 ... 52
第四节 投资方案的选择 ... 65
练习题 ... 76

第五章 不确定性与风险分析 ... 79
本章内容提要 ... 79
第一节 不确定性与风险分析概述 ... 79

第二节　盈亏平衡分析 ··· 80
　　第三节　敏感性分析 ·· 83
　　第四节　风险分析 ··· 86
　　练习题 ··· 97

第六章　工程项目可行性研究 ·· 99
　　本章内容提要 ·· 99
　　第一节　可行性研究概述 ·· 99
　　第二节　可行性研究报告的主要内容 ·· 101
　　第三节　市场调查 ·· 104
　　第四节　市场预测 ·· 107
　　练习题 ·· 111

第七章　财务评价 ·· 113
　　本章内容提要 ··· 113
　　第一节　财务评价概述 ·· 113
　　第二节　融资前财务评价 ··· 116
　　第三节　融资后财务评价 ··· 117
　　第四节　非经营性项目财务评价 ·· 128
　　第五节　财务评价案例 ·· 129
　　练习题 ·· 132

第八章　项目国民经济评价与社会评价 ·· 134
　　本章内容提要 ··· 134
　　第一节　国民经济评价概述 ·· 134
　　第二节　国民经济评价的步骤与指标体系 ·· 138
　　第三节　国民经济评价的方法 ··· 140
　　第四节　社会评价 ·· 148
　　练习题 ·· 156

第九章　设备更新的经济分析 ·· 158
　　本章内容提要 ··· 158
　　第一节　设备的磨损及补偿 ·· 158
　　第二节　设备大修理的经济分析 ·· 163
　　第三节　设备更新的经济分析 ··· 165
　　第四节　设备租赁分析 ·· 173
　　练习题 ·· 177

第十章　价值工程 ·· 179
　　本章内容提要 ··· 179

第一节　价值工程概述 …………………………………………………………… 179
　　第二节　工程项目价值分析程序与方法 ………………………………………… 184
　　第三节　创新与评价阶段 ………………………………………………………… 190
　　第四节　方案实施与成果鉴定 …………………………………………………… 193
　　练习题 ………………………………………………………………………………… 194

第十一章　项目后评价 …………………………………………………………… 195
　　本章内容提要 ……………………………………………………………………… 195
　　第一节　项目后评价的基本概念和内容 ………………………………………… 195
　　第二节　项目后评价的基本方法 ………………………………………………… 199
　　第三节　项目后评价的结论与报告 ……………………………………………… 202
　　练习题 ………………………………………………………………………………… 205

第十二章　Excel 在工程经济中的应用 ………………………………………… 207
　　本章内容提要 ……………………………………………………………………… 207
　　第一节　Excel 在资金等值换算中的应用 ……………………………………… 207
　　第二节　Excel 在方案经济评价中的应用 ……………………………………… 211
　　第三节　Excel 在不确定性分析中的应用 ……………………………………… 214
　　练习题 ………………………………………………………………………………… 219

参考文献 …………………………………………………………………………………… 220

第一章 工程经济学引论

**本章内容提要**

本章首先介绍了工程经济学的概念、研究对象和学科特点,然后简述了工程经济学的产生和发展,最后对工程经济学分析的基本原则和步骤进行了说明。本章知识结构如图1-1所示。

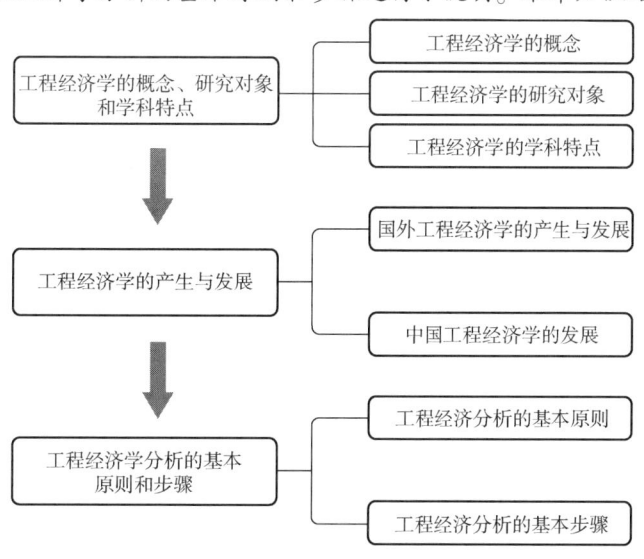

图1-1 工程经济学引论知识结构

第一节 工程经济学的概念、研究对象和学科特点

一、工程经济学的概念

工程泛指某项需要投入较大人力物力的工作,比如土木工程、水利工程、机械工程、航天工程等。工程经济学中的"工程"涵盖了一般概念中的工程(制作过程与方法)和技术(劳动的技能和技巧),包括相应的生产工具、物资设备、生产的工艺过程或作业程序方法,也包括相应的劳动生产经验、知识和技巧。工程经济中的"经济"主要是指资源的有效利用与节约。

工程经济学目前尚无统一的概念定义,现有教材和文献主要有以下观点:

观点一:工程经济学是提高工程经济活动效率的学科,是一门研究如何根据既定的活动目标,分析活动的代价及其对目标实现的贡献,并在此基础上设计、评价、选择,以最低的代价可靠地实现目标的最佳（满意）活动方案的学科。

观点二：工程经济学是选择最佳方案的决策科学。运用有条理的工程经济分析，运用数学建模技术，投入相关的工程知识，以工程项目为主体，以技术经济分析为核心，研究如何有效利用有限资源，并将其研究结果运用到那些包含两个或两个以上方案的决策中。

观点三：工程经济学是研究如何满足工程项目利益相关者需求的学科。该观点认为工程经济学不仅要研究工程中技术或生产力方面产生的经济问题，还要通过工程项目把生产力和生产关系联系起来，研究工程项目中发生的人与人之间的关系，研究生产关系中的经济问题，使项目的实施能够满足或超出项目利益相关者对项目的要求。

二、工程经济学的研究对象和学科特点

（一）研究对象

工程经济学的研究对象是工程活动方案与经济效益的关系。这里的工程活动可以是一个工程项目，也可以是工程项目的某个阶段的局部活动，比如选址、规划、设计、施工、设备选型等。工程经济学不研究工程技术原理与应用本身，也不研究影响经济效果的各种因素自身，而是研究这些因素对工程项目产生的影响，研究工程项目的经济效果，其具体内容包括对工程项目的资金筹集、经济评价、优化决策以及风险和不确定性分析等。

（二）工程经济学的特点

工程经济学立足于经济性，研究技术方案的可行性，是一门综合性的交叉学科，主要有以下学科特点：

1. 综合性

工程经济学既包含自然科学的内容，又包含社会科学的内容。工程活动方案本身涉及以特定的技术为研究对象，是一门研究自然因素运动、发展规律的自然科学；经济学科则是研究生产力和生产关系运动、发展规律的社会科学。工程经济学则既从技术的角度分析经济问题，又从经济的角度考虑技术问题。工程技术的经济问题往往是多目标、多因素的，其所研究的内容涉及技术、经济、社会、时间等因素，具有综合性。

2. 实践性

工程经济学研究的内容、分析的方案都来源于生产建设实际，并紧密结合生产技术和经济活动进行，它所分析和研究的成果，直接用于生产，并通过实践来验证分析结果是否正确。工程经济学与经济的发展、技术的选择、资源的综合利用、生产力的合理布局等关系非常密切，它使用的数据、信息资料来自生产实践，研究成果通常以一个规划、计划或一个具体方案、具体建议的形式体现，直接指导实践并接受实践的检验。

3. 定量性

工程经济学注重定量分析的研究方法。通过对各种方案进行客观、合理、完善的评价，用定量分析的结果为定性分析提供科学依据。如果没有定量分析，技术方案的经济性就无法正确评价，经济效果的大小也无法准确衡量，在诸多方案中也就无法进行比较和优选。因此，在分析过程中，要用到很多数学方法、计算公式，并需要建立数学模型，借助计算机来分析、计算结果。

4. 预测性

工程经济学是对工程技术可行方案的预期效果进行分析。由于工程经济分析活动一般都

在项目发生之前进行，因而要事先对未来要实施的技术政策、技术措施和技术方案等进行经济分析评价。通过预测，事先明确技术方案的优劣，避免盲目性。

5. 系统性

在进行工程经济分析时，要将所研究的对象置于一个大系统中，着眼于整体，采用系统分析的思想与方法来分析各个因素与环节对整体工程的影响，以实现系统总体最优为目标。

6. 比较性

工程经济分析通过经济效果的比较，从许多可行的技术方案中选择最优方案或满意的可行方案。例如，一个技术经济指标是先进还是落后，最终是要通过比较得出的。工程经济分析的过程，就是方案的比较和择优的过程。

第二节 工程经济学的产生与发展

一、国外工程经济学的产生与发展

1887年亚瑟姆·惠灵顿撰写了《铁路布局的经济理论》一书，在书中提出了工程经济并不是建造艺术，而是一门"少花钱，多办事"的艺术。首次将成本分析方法应用于铁路的最佳长度或路线的曲率选择中，开创了工程领域中的经济评价工作，标志着工程经济学的诞生。

1915年，美国斯坦福大学的菲什教授出版了第一部直接以《工程经济学：基本原理》为名称的著作，系统阐述了与债券市场相联系的工程投资模型，其分析内容包括投资、利率、初始费用与运营费用、商业组织与商业统计、估价与预测等。

1920年，戈尔德曼教授出版的《财务工程学》，认为工程师的最基本的责任是成本分析，以达到真正的经济性，即赢得最大可能数量的货币，获得最佳财务效益。并提出了决定相对价值的复利模型，为后来工程经济学中经济分析原理的产生奠定了基础。

1930年，美国工程经济学家格兰特教授出版的《工程经济原理》，奠定了经典工程经济学的基础。该书不仅指出了古典工程经济学的局限，而且以复利为基础讨论了投资决策的基本理论和方法，同时指出人的经验判断在投资决策中具有重要作用。格兰特对工程经济分析理论的重大贡献得到了社会的普遍认同，因此被誉为"工程经济学之父"。

1951年，乔尔·迪安教授出版的《管理经济学》开创了应用经济学新领域，计算现金流的现值方法逐渐应用到资本支出的分析上，在投资收益与风险分析上起了重要作用。更重大的转折发生于1961年，乔尔·迪安教授的《资本预算》一书，不仅发展了现金流量的贴现方法，而且开创了资本限额分配的现代分析方法。

1978年，布西出版的《工程项目的经济分析》全面系统地总结了工程项目的资金筹集、经济评价、优化决策以及项目的风险和不确定性分析等基本方法与理论。

1982年，曾任世界生产力科学联盟主席的里格斯出版的《工程经济学》，系统阐述了货币的时间价值、货币管理、经济决策、风险与不确定性分析等工程经济学的基本内容，把工程经济学的学科水平向前推进了一大步。

随着数学和计算机技术的发展，特别是运筹学、概率论和数理统计等方法的应用，以及系统工程、计量经济学、最优化技术的飞跃发展，工程经济学与相关学科的交流与发展逐步加强，工程经济学的理论也在不断完善，以满足人们对工程项目和技术方案进行科学决策的新要求。

二、中国工程经济学的发展

20世纪50年代初期，中国在引进苏联156个项目的同时，将技术经济分析和论证的方法，以及"方案研究""建设建议书""技术经济分析"等类似可行性研究的方法广泛应用于计划工作、基本建设工作和企业管理中。使当时项目投资决策有了依据，为新中国成立初期工业发展打下了较好的基础。

1962年5月，技术经济这门学科在中共中央和国务院批准的我国第二部科学技术发展规划纲要中诞生。工程经济学在我国最早被称为技术经济学。一直到1966年5月，是这门新学科的创建时期。在这个时期，具有中国特色的技术经济学理论方法体系开始形成。

1966年5月到1976年10月，技术经济学的研究工作全部停止。在这段时间，基本建设项目的前期工作没有得到重视，不少工程项目盲目追求建设速度，违背了基本建设程序，造成了巨大的经济损失。

1978年，中国在《1978—1985年全国科学技术发展规划纲要》中，将技术经济和生产管理现代化理论和方法的研究列为108项重大研究课题之一。在1978年11月召开的全国技术经济和管理现代化科学规划工作会议上，通过了《技术经济和管理现代化理论方法的研究规划（1978—1985）》，并成立了中国技术经济研究会。1981年，国务院成立了技术经济研究中心。

1983年，国家计划委员会要求重视投资前期工作，明确规定把项目可行性研究纳入基本建设程序。1984年，交通部组织编写了《运输船舶技术经济论证名词术语》的部颁标准（JT 0013—1985），其中已经出现了工程经济学的若干基本概念。1985年，中国政府决定对项目实行"先评估、后决策"的制度，规定建设项目，特别是大中型重点建设项目和限额以上技术改造项目，都必须经过有相应资格的咨询公司的评估。许多理工科大学开设了技术经济课程，不少文科大学也开设了技术经济课程。一些大学和研究机构开始专门培养技术经济专业的博士生、硕士生和大学生。这个时期，技术经济学理论方法体系得到了不断的改进和完善。

20世纪90年代以来，技术经济分析论证工作在经济建设中普遍展开，工程经济学的研究范围一方面丰富和完善了微观层次的理论和方法，而且将研究领域扩展到中观和宏观的层次。同时借鉴了国外工程经济学、价值工程、可行性研究、预测和决策理论方法，丰富了工程经济学的内容，促进了学科的进一步发展。

随着管理科学的发展，运筹学、概率论，计算机的应用，使原来的对比分析方法，发展到随机过程、数学规划、最优化等方法，使分析评价技术经济效果和选择最佳技术方案的方法有了质的飞跃。随着中国特色社会主义市场经济的发展，中国投资体制改革的加快，工程经济学的理论与方法普遍应用于各类建设项目的经济评价中，同时也推动了我国工程经济学学科的发展。目前，经过不断充实完善，工程经济学的原理方法已经普遍应用于项目投资决策分析、项目评估以及项目管理的工作中。

第三节　工程经济学分析的基本原则和步骤

一、工程经济学分析的基本原则

为了实现对工程活动方案的科学决策，工程经济学分析应遵循以下基本原则：

（一）穷尽备选方案原则

决策就是做出抉择，就是从两个或两个以上备选方案中选出最优方案。因此，形成尽可能多的备选方案是提高工程决策水平的基础。需要特别注意的是，在进行方案比选时，不要忘记"零方案"，即保持原有状态继续的方案，所谓"不干什么"或"无"项目方案（doing nothing）。如果打算对现有生产车间进行改造，提出了各种改造方案，经评价后发现，所提出的各种改造方案在经济上都是亏本的，如果忽略了"零方案"，就可能会选择亏得最少的方案实施，其实还有一种方案最优，那就是什么都不做。

（二）形成比较基础，着眼方案差异原则

所比选的方案之间必须具有可比性，比如服务年限可比、计算基础资料可比、设计深度可比、指标计算方法可比等。另外就是要着眼差异进行比选，比如功能相同的多个方案，可以只比较费用，费用小的方案优；费用完全相同的多个方案，可以只比较功能，功能高的方案优。着眼差异的另一个比选原则是增量（边际）分析原则，不需要考虑总量变化，只对增量投资和增量效益进行比较。

（三）选择恰当的成本费用数据原则

这里特别强调"机会成本"和"沉没成本"。机会成本是指在互斥方案选择中，选择其中一个方案而放弃其他方案时所放弃的最佳收益。比如，你有一间临街商铺，如果出租商铺，每年收益5万元，如果自己开服装店，每年可以收益8万元，如果自己开足疗店，每年可以收益10万元。那么，选择出租该商铺的机会成本就是10万元；选择自己开服装店的机会成本是10万元；选择自己开足疗店的机会成本是8万元。工程经济分析应以机会成本为依据。

"沉没成本"是指过去决策已经发生的、不可收回的成本。比如：你花30元买了一张电影票，假设不能退票，不管你是否看电影，30元均收不回来，这30元就是你当初决定买这张电影票的"沉没成本"。假如你看了一刻钟之后发现电影很糟糕，这时你有两种选择：为了已经付出的30元忍受着看完，或者退场去做别的事情，你会怎么选择呢？当然是退场去做别的事情而不考虑已经付出的30元"沉没成本"了。所以工程经济分析是不考虑"沉没成本"的。

（四）选择恰当的评价指标和评判标准原则

评价工程活动方案的经济指标有很多，这些评价指标从不同的角度对工程活动方案进行评价。比如对工程项目进行评价的指标包括反映项目盈利能力、偿债能力和财务生存能力的指标，同样一个项目如果只关注盈利能力是可行的，但如果只关注偿债能力可能就是不可行的，所以应根据项目评价的目的选择恰当的评价指标。评判标准的选择也很重要，比如反映项目盈利能力的指标财务内部收益率是7%，如果作为评判标准的基准收益率是8%，则该项目的盈利能力是不可行的,但随着经济增长的普遍放缓,作为评判标准的基准收益率下调到6%,则该项目从盈利能力的角度就又是可行的了。因此,我们要选择恰当的评价指标和评判标准进行工程经济分析和评价。

(五)充分揭示和估计不确定性的原则

在对各工程活动方案进行评价时,方案的相关基础数据是预测的数据,未来的实际数据可能在预测数据的基础上会上下波动,具有不确定性。在进行工程经济分析时,应对这种不确定可能造成的后果进行分析提示,使项目在"承受得起"的风险范围内实施。

二、工程经济学分析的基本步骤

工程经济分析的主要目的是通过对备选方案的比选,全面估算经济效果,并预测面临的风险,为项目决策提供科学依据。工程经济分析应遵循科学的程序,基本步骤如图1-2所示。

(一)确定目标和评价标准

工程经济分析的第一步是探寻经济环境中显性或潜在的需求,确立工程活动的目标。比如:最先提出兴建三峡工程时主要是从航运和水力发电作为需求提出的。1954年,长江中下游出现了近100年间最大的洪涝灾害,在之后的三峡工程论证中,防洪上升为三峡工程的首要需求和目标。工程项目成功与否,不但取决于工程建造过程中的效率高低,更取决于工程是否实现了人们的需求,是否实现了项目的目标。按照分析的角度不同,目标可以分为国家目标、地区目标、企业目标、项目目标等。目标的具体内容可以包括项目规模、设备选择等。目标确定后,评价指标也就能够具体化。

(二)调查研究收集资料

根据确定的目标进行调查研究,并收集相关的技术、经济、财务、市场、政策法规等资料,构造实现目标的备选方案。

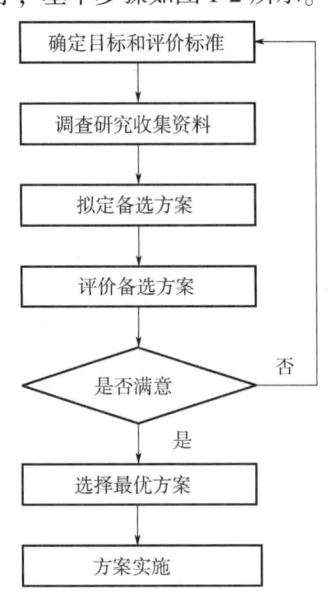

图1-2 工程经济分析的基本步骤

(三)拟定备选方案

一个工程经济问题可以采用多种方法来解决,因此可以制订出许多不同的方案。要尽可能多的提出潜在方案,通常需要多专业人员交叉配合,从不同专业视角提出潜在方案。从理论上讲,备选方案的数量越多,对做出科学决策的作用就越大,但受时间和资源的限制,很难做到这一点。一般而言,一个工程项目应至少拟定5~7个可能的方案,供比较和选择。

(四)评价备选方案

评价备选方案就是对备选方案的经济效果进行评价。对备选方案的经济效果评价应采用定量分析和定性分析相结合的方法,对方案进行包括技术、经济、政治、社会、环境等方面的综合分析和全面评价。

(五)选择最优方案

根据备选方案的评价结论,优选出技术上先进、经济上合理的最佳方案。若对方案比选的结果满意,则选中最优方案;若不满意,则需要重新按照此程序进行方案的构思或者是修改工程项目的目标与评价标准，重复上述过程，直至满意为止。

（六）方案实施

把选定的方案与既定目标进行比较后，需对方案的细节进一步完善，然后在实际工程中实施采用这一方案。

练习题

1. 你认为除了教材中总结的工程经济学学科特点外，还可以补充哪些新的特点，请分享你的观点和理由。

2. 从网络或图书馆查找不同作者编写的工程经济学教材，比较这些教材中总结的工程经济分析原则与本书的异同，你认为还有哪些工程经济分析的原则，说说你的理由。

3. 请举一个机会成本和沉没成本的例子。并说明做决策时是否应考虑这两种成本？

4. 1978 年，铁道部对进藏铁路方案进行论证分析，提出滇藏、川藏、甘藏、青藏四个进藏铁路方案。随后国家组织有关部门从地质条件、施工环境、施工难度、工期、造价等方面对四个方案进行了历时 2 年的对比研究，认为川藏方案的施工难度、总投资和运营费用都高于滇藏方案……最后，国务院正式批准修建青藏铁路。如果一开始进藏铁路方案只考虑滇藏和川藏方案，将会导致什么结果？由此思考穷举方案的重要性。

5. 阅读下面关于"长江三峡工程"决策分析的案例，说明"长江三峡工程"案例中所体现出的工程经济学的学科特点有哪些？

【案例：长江三峡工程】

1919 年，孙中山先生在《建国方略》中最早提出兴建三峡工程的设想。1944 年，中国政府聘请当时美国垦务局设计总工程师萨凡奇博士组织开展三峡水力开发的第一次科学考察，并提出了著名的"萨凡奇计划"，该计划建议在宜昌上游 5～15km 的南津关至石牌之间选定一坝址，坝身用混凝土直线重力式，坝顶高度约 250m，总装机容量 1056 万 kW。1958 年，我国正式成立了长江流域规划办公室，并提出了《关于三峡水利枢纽和长江流域规划的意见》，同年，研究明确了三峡水利枢纽正常高水位为 200m，总装机容量为 2500 万 kW。1986 年，水利电力部组织 412 位各方面专家，针对 14 个专题（图 1-3），历时 3 年对三峡工程的可行性进行了进一步论证。

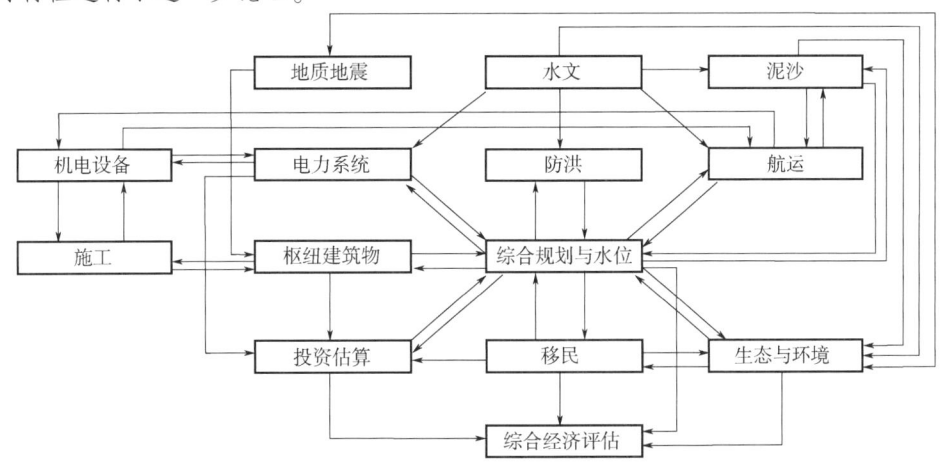

图 1-3 三峡工程可行性论证的 14 个专题及其相互关系

论证结论认为：三峡工程的首要任务是解决长江的洪水灾害。三峡工程在技术上是可行的，经济上是合理的，建比不建好，早建比晚建有利。并推荐了正常蓄水位175m方案。1992年4月3日，第七届全国人民代表大会第五次会议表决通过《关于兴建长江三峡工程的决议》。历经70多年勘测、规划、设计和论证，三峡工程完成了决策程序。历时17年，2009年建成后的三峡工程正常蓄水位175m，防洪汛限水位145m，坝顶高185m，最大坝高181m，水库库容量393亿m^3，防洪库容量221.5亿m^3；发电站总装机容量2250万kW，年发电量为882亿kW·h；三峡通航建筑物——双线连续五级船闸全长6442m，最高水头113m，是世界上总水头最高、级数最多的内河船闸，一线上行、一线下行，设计通货量1亿t/年。

第二章 现金流量的构成与资金时间价值

本章内容提要

本章首先介绍了现金流量的概念、构成和表示,其中构成部分详细分析了生产经营性项目全生命周期的两大系列工程经济要素及其与现金流量的关系。然后对资金时间价值的内涵及其表示进行了阐述,尤其重点阐述了名义利率和实际利率,以及实际利率的计算。最后介绍了资金等值的含义和资金等值的计算及应用。本章知识结构如图2-1所示。

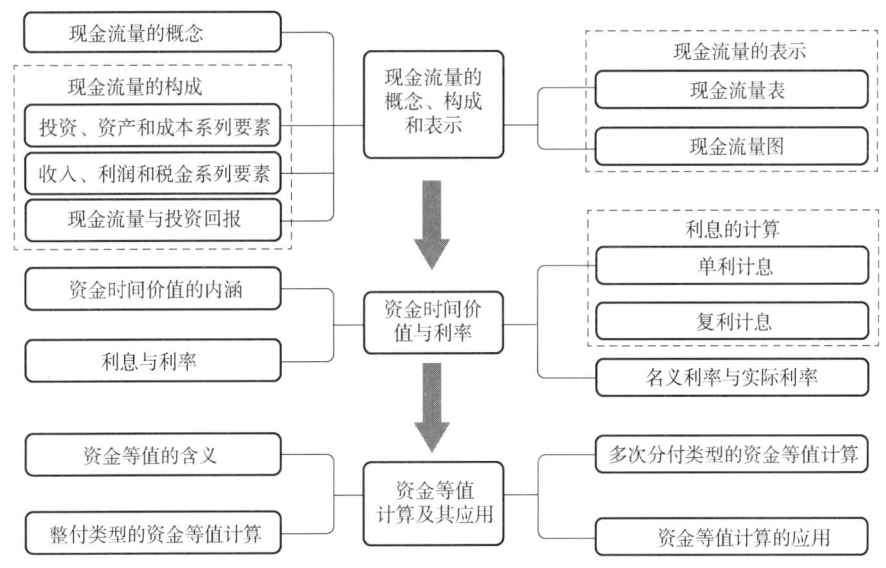

图2-1 现金流量的构成与资金时间价值知识结构

第一节 现金流量的概念、构成和表示

一、现金流量的概念

项目建设过程可以从物质形态和货币形态的角度进行考察。从物质形态看,项目建设表现为人们使用各种工具、设备,消耗材料和能源生产某种产品或提供某种服务。由于物质形态的项目建设过程包含了不同量纲的投入和产出要素,不具有可比性,方案比选时通常需要将其转化成货币形态的投入和产出。

以所考察的项目或方案作为一个系统,在所考察的时间周期中的某 t 时点流入或流出这个系统的现金叫现金流量(Cash flow, CF_t)。其中,某 t 时点流入该系统的现金叫现金流入(Cash inflow, CI_t),流出该系统的现金叫现金流出(Cash outflow, CO_t),现金流入与现金流出的差额称为净现金流量(Net cash flow, NCF_t)。

【例 2-1】

背景:某新建国际机场建设项目的业主方为该机场建设指挥部,该机场的施工任务按区域划分为飞行区、航站区和综合服务区,飞行区的土石方工程发包给土石方专业施工企业,航站区工程(含材料等)发包给某施工总包单位,该施工总包单位组建了施工总包项目部,任命了项目经理,施工总包项目部下设综合办公室、财务办公室等,公司法定代表人委托项目经理全权负责该项目的材料采购等事项,总包项目部代表公司与某材料供货商签订了供货合同。开工后的第 5 个月末,发生以下货币往来:

(1)机场建设集团向银行申请的贷款 5000 万元批准拨付,转账进入机场建设指挥部专用账户。

(2)机场建设指挥部按合同约定向土石方专业施工企业支付上月已完成的土石方工程款合计 3000 万元。

(3)机场建设指挥部按合同约定向航站区工程施工总承包企业支付上月已完成的工程款合计 1300 万元。

(4)总包企业根据企业内部管理办法,将机场建设指挥部拨付的工程款扣除管理费等相关费用后的 1000 万元拨付到航站区工程施工总承包项目部。

(5)航站区工程施工总承包项目部根据合同约定向材料供货方支付 100 万元的材料款项。

(6)航站区工程施工总承包项目部的综合办公室从财务办公室借款 5 万元备日常所用。

问题:如果你是该航站楼施工总承包项目部的项目经理,以该机场航站区施工总承包项目为研究对象,分析以上 6 笔现金往来中,现金流量有哪些?其中现金流入有哪些?现金流出有哪些?

解析:在确定现金流量时,根据自身在工程项目中的角色定位,清晰界定研究系统的界面是问题的关键。本案例中,设定分析的视角是施工总承包企业所承接的机场航站区施工总承包项目:第(1)笔现金往来发生在该系统外的银行与业主之间,没有穿越系统界面,不是现金流量;第(2)笔现金往来发生在该系统外的业主和土石方专业承包企业之间,没有穿越系统界面,不是现金流量;第(3)笔现金往来发生在该系统外的业主和总承包企业之间,没有穿越系统界面,不是现金流量;第(4)笔现金往来发生在总包企业和总承包项目部之间,是流入系统的现金流量,即现金流入;第(5)笔现金往来发生在总承包项目部与材料供货单位之间,是流出系统的现金流量,即现金流出;第(6)笔现金往来发生在该系统内部的两办公室之间,没有穿越系统界面,不是现金流量。

二、现金流量的构成

在工程经济分析时,根据所分析的对象,界定系统的边界,确定穿越系统边界的现金流量构成。生产经营性建设项目作为最常用的工程经济分析对象,它的现金流量构成包括投资、经营成本、收入、税金与余值等，这些构成是对生产经营性建设项目进行经济分析的基础，也为理解其他工程方案的现金流量构成提供参考，下面逐一阐述这些现金流量的构成内容及其关联的工程经济分析要素。

（一）投资、资产和成本系列要素

1. 投资

生产经营性工程建设项目在建设前期的项目建议书和可行性研究阶段均需要估算所需要的总投资，并考虑这笔总投资的资金筹措方案，即项目融资方案。生产经营性建设项目的评价分成融资前评价和融资后评价：融资前评价不考虑资金来源，把建设项目总投资作为一笔现金流出，或者将建设项目总投资分成建设投资和流动资金投资两笔现金流出；融资后评价需考虑资金筹措方案，在项目现金流量表中把投资分成自有资金投资和借款投资两笔现金流出，同时有一笔借入资金的现金流入。

2. 资产

资产本身不是现金流量的构成部分，而是与投资和经营成本两个现金流量密切相关的工程经济分析要素。建设期的投资全部形成资产，包括固定资产、无形资产和其他资产，这些资产在项目运营期作为生产要素参与产品生产或提供服务并被消耗。

3. 折旧和摊销

折旧和摊销是对资产作为生产要素参与产品生产或服务时消耗量的度量，是确定经营成本这一现金流量所必需的工程经济分析要素，但不是现金流量的构成部分。固定资产需要折旧，无形资产和其他资产需要摊销。常用的折旧方法有：

（1）平均年限法。又称为直线折旧法或平均折旧法，是使用最广泛的一种折旧方法。计算公式为：

$$年折旧额 D = \frac{固定资产原值 V_K - 固定资产净残值 V_L}{折旧年限 N} \tag{2-1}$$

或

$$年折旧额 D = 固定资产原值 V_K \times 年折旧率 l \tag{2-2}$$

其中

$$年折旧率 l = \frac{1 - 净残值率 \rho}{折旧年限 N} \tag{2-3}$$

预计净残值率通常取 3% ~ 5%。折旧年限在国家财务制度规定的范围内合理取定。

（2）工作量法。根据设备工作量的确定方法，再细分成如下情况：

1）行驶里程法。主要用于交通运输车辆类固定资产的折旧，计算公式如下：

$$单位里程折旧额 d = \frac{V_K - V_L}{规定的总行驶里程 M} \tag{2-4}$$

$$年折旧额 D = d \times 年行驶里程 m \tag{2-5}$$

2）工作小时法。主要用于大型专用设备的折旧，计算公式如下：

$$每工作 1 小时的折旧额 d = \frac{V_K - V_L}{规定的总工作小时数 H} \tag{2-6}$$

$$年折旧额 D = d \times 年工作小时 h \tag{2-7}$$

3）产出量法。主要用于矿山、采掘、勘探等专用设备的折旧，计算公式如下：

$$单位产出折旧额\ d = \frac{V_K - V_L}{规定的总产出量\ U} \tag{2-8}$$

$$年折旧额\ D = d \times 年产出量\ u \tag{2-9}$$

(3) 双倍余额递减法。以折旧年限分之一的两倍为固定的年折旧率不变,采用固定资产净值作为折旧基数逐年递减。计算公式如下:

$$年折旧率\ l = \frac{2}{N} \times 100\% \tag{2-10}$$

$$年折旧额\ D = 固定资产净值_t \times l \tag{2-11}$$

$$固定资产净值_t = V_K - \sum D_{t-1} \tag{2-12}$$

最后两年的折旧额按平均折旧法计算如下:

$$年折旧额 = \frac{固定资产净值 - 固定资产净残值}{2} \tag{2-13}$$

【例2-2】

背景:某设备原值20万元,预计使用年限5年,预计净残值2万元。

问题:用双倍余额递减法计算该设备各年的折旧费。

解析:年折旧率 $l = \frac{2}{5} \times 100\% = 40\%$。

第1年折旧费 $D_1 = 200000 \times 40\% = 80000$(元)。

第2年折旧费 $D_2 = (200000 - 80000) \times 40\% = 48000$(元)。

第3年折旧费 $D_3 = (200000 - 80000 - 48000) \times 40\% = 28800$(元)。

第4年年初的净值为 $200000 - 80000 - 48000 - 28800 = 43200$(元),最后两年按平均年限法计算得:

$D_4 = D_5 = (43200 - 20000)/2 = 11600$(元)。

(4) 年数总和法。以固定资产原值扣除净残值后的余额为基数,按照式(2-14)所示的逐年递减的折旧率计提折旧的方法。特点是折旧基数不变,年折旧率递减。

$$年折旧率\ l = \frac{折旧年限\ N - 已使用年数\ t}{N(N+1)/2} \times 100\% \tag{2-14}$$

$$年折旧额\ D = (V_K - V_L) \times 年折旧率\ l \tag{2-15}$$

【例2-3】

背景:某设备原值20万元,预计使用年限5年,预计净残值2万元。

问题:用年数总和法计算该设备各年的折旧费。

解析:将 $N=5$,$t=0$、1、2、3、4 依次代入式(2-14)中,得第1年到第5年的年折旧率依次为:$\frac{5}{15}$、$\frac{4}{15}$、$\frac{3}{15}$、$\frac{2}{15}$、$\frac{1}{15}$。

第1年折旧费 $D_1 = (200000 - 20000) \times 5/15 = 60000$(元)。

第2年折旧费 $D_2 = (200000 - 20000) \times 4/15 = 48000$(元)。

第3年折旧费 $D_3 = (200000 - 20000) \times 3/15 = 36000$(元)。

第4年折旧费 $D_4 = (200000 - 20000) \times 2/15 = 24000$(元)。

第5年折旧费 $D_5 = (200000 - 20000) \times 1/15 = 12000$(元)。

无形资产和其他资产的摊销,其性质与固定资产折旧费相同,也是在运营阶段参与产品生产过程中无形资产和其他资产消耗量的度量。无形资产和其他资产一般在有效使用期限内平均计算摊销费,并不考虑净残值。

4. 成本

从企业财务会计的角度,总成本是项目运营期生产产品的全部资源耗费。总成本包含固定资产的折旧费用,无形资产和其他资产的摊销费用,借款利息,购买原材料、燃料和动力的费用,支付给生产工人的工资和福利费用,生产设备等固定资产的修理费,支付的办公、差旅、广告、运输、销售服务和招待等费用。

在总成本费用中,折旧和摊销是对投资所形成资产在产品生产过程中耗费的价值补偿,只在企业内部流动,不穿越企业系统界面,所以不是现金流量的构成;因为对项目进行工程经济分析时分成融资前分析和融资后分析,融资前分析不考虑资金来源,不会产生借款利息的问题,在进行融资后分析时,将利息支出单独作为一项现金流出表示。为了方便处理,通常将总成本扣除折旧费、摊销费和利息支出三项后的剩余部分命名为经营成本,作为现金流量表的主要现金流出项目。

根据成本是否随产品产量变化而变化,可以把总成本分成固定成本和可变成本。总成本的构成中,在一定生产规模范围内不随所生产的产品数量变化的成本称为固定成本;随产品数量变化而变化的成本称为可变成本。比如固定资产折旧、无形资产摊销、长期借款利息等属于固定成本,原材料、燃料和动力费用等属于可变成本。固定成本和可变成本的确定是进行盈亏平衡分析的基础。

5. 固定资产余值与流动资金

在运营期末,固定资产原值扣减各年折旧后的余值需要作为现金流入回收。因不再继续生产,所有流动资金也要作为现金流入回收。

投资、资产和成本的关系如图 2-2 所示。

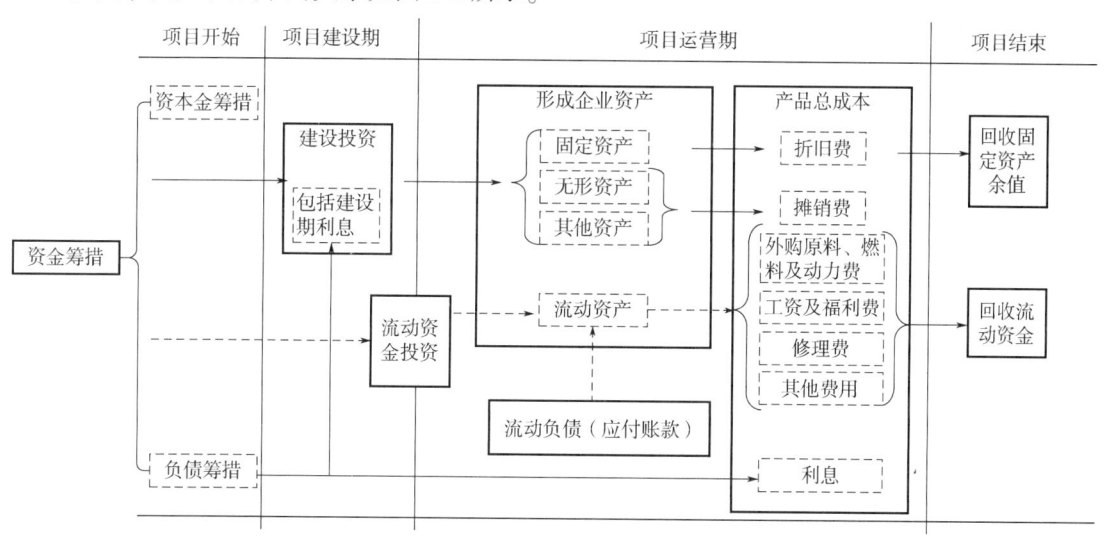

图 2-2⊖ 投资、资产和成本关系图

⊖ 本书图 2-2~图 2-5 摘引自黄有亮等编著的《工程经济学》第 3 版。

(二) 收入、利润和税金系列要素

1. 收入

建设项目运营期生产的产品销售以后所得的收入，称为运营收入。运营收入是建设项目运营期的主要现金流入。在进行工程经济分析时，通常假设生产量等于销售量，所以收入用以下公式计算：

$$运营收入 = 产量 \times 销售单价 \tag{2-16}$$

2. 税金

税金是项目投资活动和经营活动过程中向国家缴纳的税收，是国家凭借政治权力参与国民收入分配和再分配的一种方式，具有强制性、无偿性和固定性的特点。工程经济分析中，涉及的税金主要包括：

(1) 销售税及其附加。

1) 增值税。增值税是以商品生产和流通中各环节的新增价值和商品附加值作为征税对象的一种流转税。计算公式如下：

$$增值税 = 销项税 - 进项税 \tag{2-17}$$

$$销项税 = 运营销售收入 \times 增值税税率 \tag{2-18}$$

$$进项税 = 运营外购原材料、燃料等支出 \times 增值税税率 \tag{2-19}$$

2) 销售税附加。销售税附加包括教育费附加、地方教育费附加和城乡维护建设税，属于特别行为税。按照税法规定，销售税附加的计算基数为增值税和消费税，由于工程建设项目中很少涉及消费税，所以销售税附加按下式计算：

$$销售税附加 = 实际缴纳增值税 \times 相应税率 \tag{2-20}$$

(2) 所得税。所得税以企业的生产、经营所得和其他所得为征税对象，属于收益税。

$$所得税 = 应税所得额 \times 所得税税率 \tag{2-21}$$

$$应税所得额 = 销售收入 - 总成本 - 销售税及附加 - 弥补以前年度亏损等免税扣除项 \tag{2-22}$$

通常免所得税的扣除额还包括规定额度内的公益性捐赠等内容。

(3) 其他税。房产税、土地使用税、车船使用税和印花税等通常计入经营成本的其他费用中。

需要说明的是，不同类型的项目，涉及的税金差异很大，比如采矿项目有资源税、房地产项目涉及土地交易时有契税等，需要根据项目性质和税法规定确定相关的税金金额。

3. 利润

(1) 利润总额。利润总额又称为所得税前利润（简称"税前利润"），计算公式如下：

$$利润总额 = 销售收入 - 总成本 - 销售税金及附加 \tag{2-23}$$

(2) 税后利润（净利润）。

$$税后利润 = 利润总额 - 所得税 \tag{2-24}$$

销售收入、总成本、利润和税金的关系如图 2-3 所示。

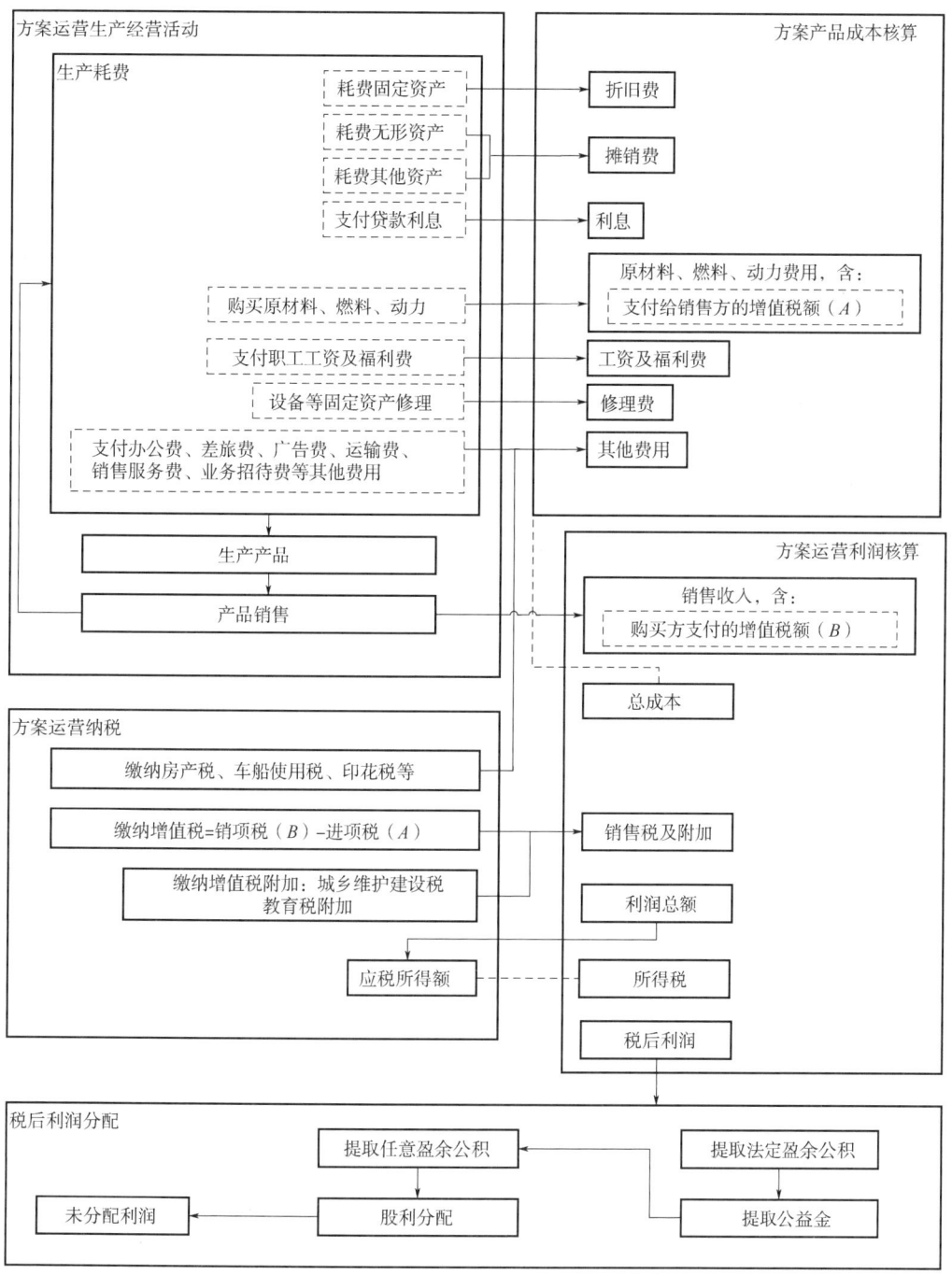

图 2-3 销售收入、总成本、利润和税金的关系

4. 全部投资现金流量的构成和全部投资回报

全部投资现金流量的构成和总投资收益率的关系如图 2-4 所示。

5. 资本金现金流量的构成和资本金投资回报

资本金现金流量的构成和资本金净收益率的关系如图 2-5 所示。

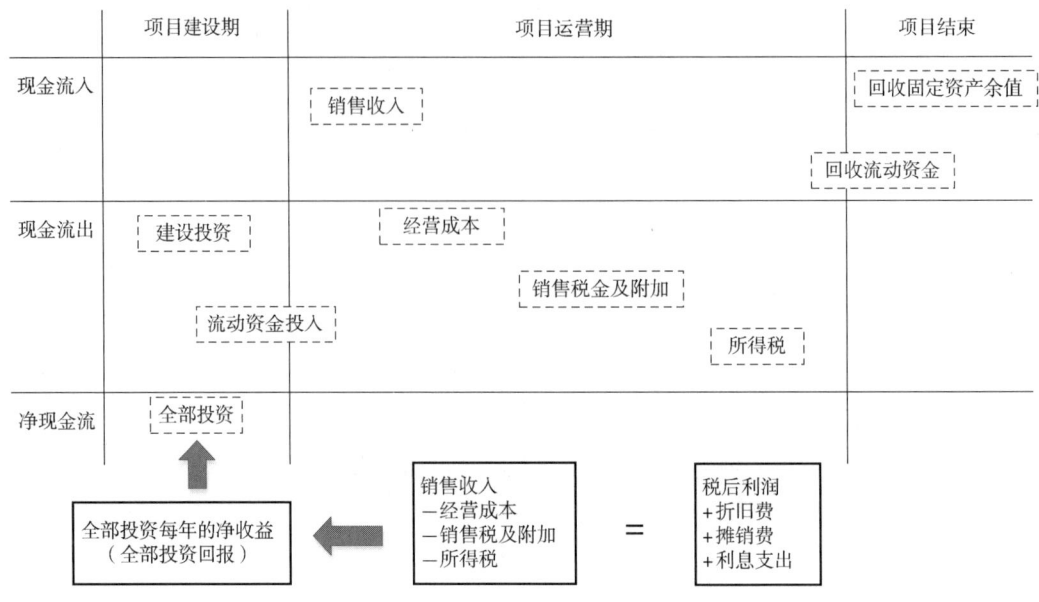

图 2-4　全部投资现金流量构成及全部投资回报

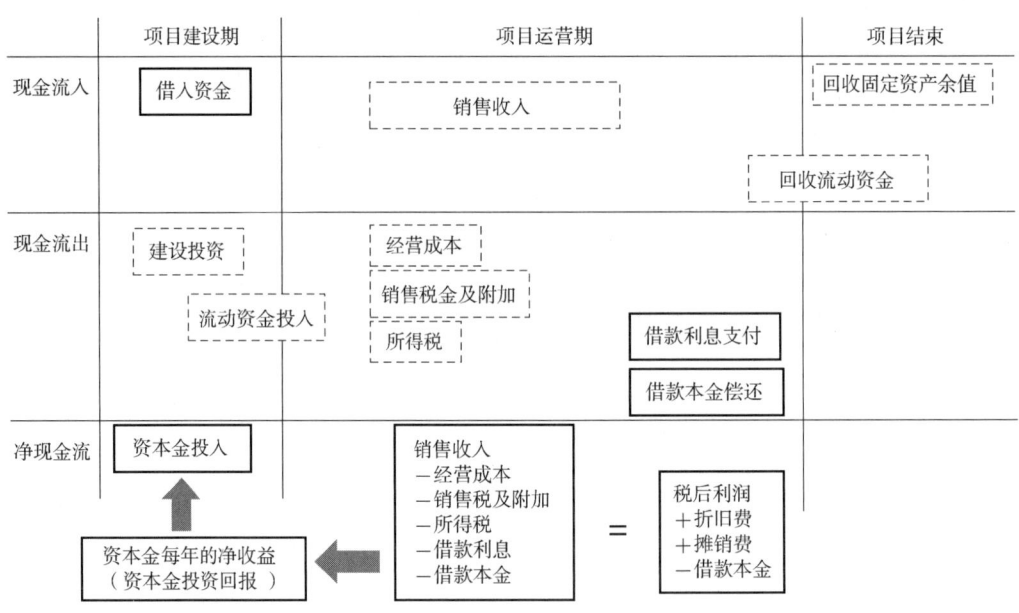

图 2-5　资本金现金流量构成及资本金投资回报

三、现金流量的表示

现金流量可以用现金流量图或现金流量表表示。现金流量图的表示规则如下：

(1) 用一根横轴表示时间轴和所分析的对象系统。该对象系统就是工程经济分析的对象，可以是一个建设项目，也可以是一个技术方案；该时间轴从左到右表示时间的延续，并在时间轴上标注时间刻度用于表示现金流量发生的时间点，时间刻度的单位可以是年、季、月、旬、周、日等。

（2）用垂直于横轴的单箭线表示流入或流出所研究系统的现金流量。该单箭线与横轴相交的时间点表示现金流量发生的时点，向上的单箭线表示现金流入，向下的单箭线表示现金流出，箭线长短示意性表示现金流量的大小。

（3）单箭线端部标注现金流量大小的准确数值。

为了统一绘制规则和便于比较，如果没有特别说明，默认以下规定：时间坐标轴的原点设在建设期初；投资发生在各时期的期初；销售收入、经营成本和税金发生在各时期的期末；回收固定资产净值和流动资金发生在寿命期结束时。

【例 2-4】

背景：某建设项目，第 1 年年初投资 200 万元，第 2 年年初投资 300 万元，第 2 年年末收入 100 万元，第 3 年到第 7 年每年年末均收入 200 万元，第 8 年年末收入 280 万元。

问题：用现金流量图将该建设项目的现金流量表示出来。

解析：在绘制现金流量图时需要注意，某时段初与上一时段末是相同的时间点，即本例中第 2 年年初与第 1 年年末是相同的时间点，第 1 年年初就是整个研究期的期初 0 时刻，答案如图 2-6 所示。

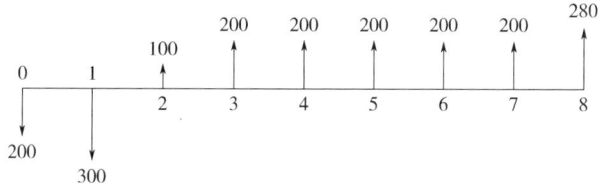

图 2-6　现金流量图

现金流量表是用固定的表格形式表达所考察对象的现金流量的另一种方式，现金流量表的基本表头包括计算期、现金流入、现金流出、净现金流量和累计净现金流量。如果没有特别说明，通常假定投资发生在时间段的期初，收入发生在时间段的期末。

【例 2-5】 用现金流量表表示【例 2-4】中所描述的建设项目的现金流量。

解析：现金流量表的基本格式见表 2-1。没有现金流入或流出的单元格可为空，净现金流量和累计净现金流量为负值的必须带负号" - "，累计净现金流量可表示投资回收期指标，详细含义在后续评价指标部分中阐述。

表 2-1　现金流量表　　　　　　　　　　　　　　　（单位：万元）

计算期	0	1	2	3	4	5	6	7	8
现金流入			100	200	200	200	200	200	280
现金流出	200	300							
净现金流量	-200	-300	100	200	200	200	200	200	280
累计净现金流量	-200	-500	-400	-200	0	200	400	600	880

从【例 2-4】和【例 2-5】可以看出，现金流量图表达所考察对象的现金流量的优点是直观，能直接从图中清晰地看出现金流入、现金流出的数量及发生的时点，缺点是不容易通过计算机对数据进行计算。与现金流量图相比，现金流量表的直观性相对弱一些，但现金流量表可以更方便地使用计算机进行大规模的数据计算。

第二节 资金时间价值与利率

一、资金时间价值的内涵

资金作为生产经营要素,在生产和流通过程中,随着时间的推移产生的增值部分称为资金的时间价值。资金具有时间价值并不意味着货币本身能够增值,货币如果采用储藏手段保存起来,不论经过多长时间都不会发生变化。只有资金代表一定量的物化产物,在生产与流通过程中与劳动相结合,才会产生增值。资金的增值过程如图2-7所示。

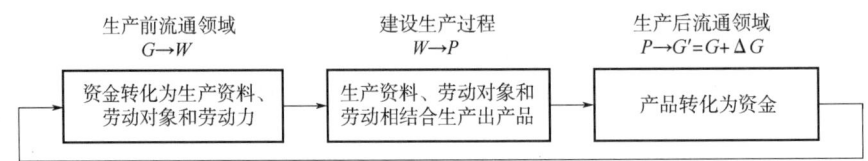

图2-7 资金增值过程示意图

通过图2-7,我们很容易理解现在的10万元资金,比1年后的10万元资金更有价值。因为现在的10万元资金可以投入到生产或流通领域,1年后产生一定的增值收益,1年后的10万元则不能用于当前的投资获取相应的收益。如果客户把资金存入银行,经过一段时间后银行会支付一定的利息给客户,客户按期得到的利息是银行将吸纳的众多款项集中投资于各类项目之中所获得的盈利的一部分,是客户存入银行的资金所获得的时间价值。因此,在工程经济分析时,不仅要着眼于技术方案资金量的大小(资金收入和支出的多少),而且也要考虑资金发生的时间。

【例2-6】

背景:某企业有两个备选项目可供投资,两个项目期初均需投资100万元,寿命期均为2年,两个备选项目收益总额均为130万元,各年收益情况如下:A项目第1年年末收益80万元,第2年年末收益50万元;B项目第1年年末收益50万元,第2年年末收益80万元。

问题:你认为该企业投资哪个项目能获得更好的经济效益。

解析:投资A项目能获得更好的经济效益。因为与B项目相比,A项目第1年年末能多有30万用于投资并获得资金时间价值的机会。在资金回收额一定的情况下,离现在越近的时间回收的资金越多,资金的时间价值就越多;反之,离现在越远的时间回收的资金越多,资金的时间价值就越少。如果资金回收情况完全一样,投资额一定的投资方案比选,前期投入的资金越多,资金的负效益越大;反之,后期投入的资金越多,资金的负效益越小。

二、利息与利率

(一) 利息

利息是指占用资金所付出的代价或放弃使用资金所得到的补偿,是衡量资金时间价值的绝对尺度。在借贷过程中,利息是指债务人支付给债权人超过原借贷金额的部分,用式(2-25)表示。

$$I = F - P \tag{2-25}$$

式中 I——利息；

F——借款期末债务人应付总金额，即还本付息总额；

P——原借贷金额，常称为本金。

工程经济分析中，利息通常被看作是资金的机会成本，相当于债权人放弃了资金的使用权力，从而放弃了利用资金获取收益的机会而获得的补偿。

（二）利率

利率是单位时间内所得利息额与原借贷金额之比，是衡量资金时间价值的相对尺度，通常用百分数表示，见式（2-26）。

$$i = \frac{I_t}{P} \times 100\% \tag{2-26}$$

式中 i——利率；

t——计算利息的时间单位，即计息周期，通常有年、季、月或日等；

I_t——计息周期 t 所得利息额。

表示利率时应注明时间单位，单说利率为多少是没有意义的。

【例2-7】

背景：某企业因临时资金周转困难，年初向银行借款100万元，年末一次偿还本息合计106万元。

问题：这笔借款的利息是多少，年利率是多少？

解析：利息 $I = 106 - 100 = 6$（万元）

年利率 $i_{年} = \frac{6}{100} \times 100\% = 6\%$

利率的高低有以下决定因素：

1. 社会平均利润率

社会平均利润率越高，利率总体也越高。通常情况下，社会平均利润率是利率的最高界限。

2. 金融市场供求情况

在社会平均利润率一定的情况下，当金融市场上的借贷资本供过于求，利率下降；反之，利率上升。

3. 风险大小

借贷资金的风险越大，利率越高；反之，利率越低。

4. 通货膨胀

为了补偿通货膨胀的损失，通货膨胀率越高，利率应越高；反之，利率越低。

5. 期限长短

借款周期越长，不可预见因素越多，风险越大，利率越高；反之，利率越低。

三、利息的计算

利息的计算有单利和复利两种方法。当计息周期超过1个时，采用单利计息和复利计息得到的利息不同，需要明确采用哪种算法。

(一) 单利计息

单利计息是指仅对本金计算利息，对所获得的利息不再计息的一种计息方法，即通常所说的"利不生利"。

设年初借款本金为 P，借款年利率为 i，借款年限为 n 年，第 n 年年末一次还清全部本息总额为 F，第 m 年的借款利息为 I_m，n 年全部借款利息为 I，则采用单利计息的 I_m、F 和 I 的计算公式如下：

$$I_m = Pi \tag{2-27}$$

$$F = P(1+ni) \tag{2-28}$$

$$I = Pin \tag{2-29}$$

由表 2-2 的推导过程可以看出，单利的年利息额都只由本金产生，新生利息不再作为本金产生利息。没有反映资金随时都在"增值"的概念，即没有完全反映资金的时间价值。因此，在工程经济分析中单利计息应用较少，通常只适用于短期投资或短期借款中利息的计算。

表 2-2　单利法计算公式的推导过程

计算期	期初金额 (1)	本期利息 (2)	期末本利和 $F=(1)+(2)$
1	P	Pi	$P+Pi=P(1+i)$
2	$P(1+i)$	Pi	$P(1+i)+Pi=P(1+2i)$
3	$P(1+2i)$	Pi	$P(1+2i)+Pi=P(1+3i)$
…	…	…	…
n	$P[1+(n-1)i]$	Pi	$P[1+(n-1)i]+Pi=P(1+ni)$

【例 2-8】

背景：某企业年初向银行借款 100 万元，年利率 6%，5 年后一次偿还。

问题：如果采用单利计息，5 年利息合计为多少？一次偿还本利和为多少？

解析：5 年利息合计 $I = 100 \times 6\% \times 5 = 30$（万元）。

一次偿还本利和 $F = 100 \times (1+5\times 6\%) = 130$（万元）。

(二) 复利计息

复利计息是指不仅本金计算利息，而且先前周期的利息在后续周期中还要参与计算利息，即"利生利"或"利滚利"的计息方式。

设年初借款本金为 P，借款年利率为 i，借款年限为 n 年，第 m 年的借款利息为 I_m，第 m 年的本利和为 F_m，第 n 年年末一次还清全部本息总额为 F，则采用复利计息的 I_m、F_m 和 F 的计算公式如下：

$$I_m = F_{m-1} i \tag{2-30}$$

$$F_m = F_{m-1}(1+i) \tag{2-31}$$

$$F = P(1+i)^n \tag{2-32}$$

推导过程见表 2-3。

表 2-3　复利法计算公式的推导过程

计算期	期初金额 (1)	本期利息 (2)	期末本利和 $F=(1)+(2)$
1	P	Pi	$P+Pi=P(1+i)$

计算期	期初金额（1）	本期利息（2）	期末本利和 $F = (1) + (2)$
2	$P(1+i)$	$P(1+i)i$	$P(1+i) + P(1+i)i = P(1+i)^2$
3	$P(1+i)^2$	$P(1+i)^2 i$	$P(1+i)^2 + P(1+i)^2 i = P(1+i)^3$
…	…	…	…
n	$P(1+i)^{n-1}$	$P(1+i)^{n-1} i$	$P(1+i)^{n-1} + P(1+i)^{n-1} i = P(1+i)^n$

【例2-9】

背景：某企业年初向银行借款100万元，年利率6%，5年后一次偿还。

问题：如果采用复利计息，一次偿还本利和为多少？5年利息合计为多少？

解析：一次偿还本利和 $F = 100 \times (1+6\%)^5 = 133.823$（万元）。

5年利息合计 $I = 133.823 - 100 = 33.823$（万元）。

由例2-8和2-9的计算结果可以看出，相同的借款金额、利率和借款年限，采用复利计息所得的利息金额大于单利计息的金额。借款金额越大、利率越高、借款年限越长，差异越大。由于复利计息比较符合资金在社会再生产过程中运动的实际状况，在工程经济分析中，一般采用复利方法计息。

复利计算有间断复利和连续复利之分。按期（年、半年、季、月、周、日）计算复利的方法称为间断复利；按瞬时计算复利的方法称为连续复利。尽管理论上连续复利考虑资金时间价值更全面，但由于习惯和会计处理的方便，在实际使用中都采用间断复利。

四、名义利率与实际利率

在工程经济分析中，通常给定和采用的利率都是年利率，即利率的时间单位是年，若不特别说明，通常默认计息周期也是年，即一年计息一次。在实际工作中，虽然给定的仍然是年利率，但计息周期比年短，如计息周期为月时一年实际计息12次，在用复利方法计算利息时，每次所计的利息，在之后的计息周期均要产生新的利息，这样一年实际产生的利息比一年只计息一次时产生的利息多，用实际利息计算的年实际利率就比给定的年利率大，从而有年名义利率和年实际利率的区别。

当计息周期与所给定的利率的周期相同时，则此给定的利率就是该时间周期的名义利率，并且该时间周期的名义利率与实际利率相等。例如年利率12%，按年计息，则年名义利率和年实际利率相等，都是12%；季度利率为4%，按季度计息，则季度名义利率和季度实际利率相等，都是4%；月利率1%，按月计息，则月名义利率和月实际利率相等，都是1%。

当计息周期小于所给定的利率周期时，由复利计算而确定的利率就是该给定的利率周期的实际利率，并且实际利率要大于所给定的利率周期的名义利率。此时计息周期名义利率等于给定的名义利率除以名义利率周期包含的计息周期数。例如，年利率12%，按季度计息，则季度名义利率为 $12\% \div 4 = 3\%$；若年利率12%，按月计息，则月名义利率为 $12\% \div 12 = 1\%$。

按上述规则进行逆运算，在已知计息周期名义利率时，可用计息周期名义利率乘以名义利率周期包含的计息周期数得到名义利率。例如：已知季度名义利率为3%，则年名义利率

为 $3\% \times 4 = 12\%$；已知月名义利率为 1%，则季度名义利率为 $1\% \times 3 = 3\%$。

【例 2-10】

背景：已知年利率为 12%，按月计息。

问题：请计算月名义利率，月实际利率，年名义利率，年实际利率，季度名义利率，季度实际利率。

解析：月名义利率 $i_{月} = 12\% \div 12 = 1\%$。

因为按月计息，月实际利率 $i'_{月} = i_{月} = 1\%$。

年名义利率就是给定的年利率 $i_{年} = 12\%$。

年实际利率 $i'_{年} = (1 + 1\%)^{12} - 1 = 12.68\%$。

季度名义利率 $i_{季} = 1\% \times 3 = 3\%$。

季度实际利率 $i'_{季} = (1 + 1\%)^3 - 1 = 3.03\%$。

由于实际利率更全面地反映了资金的时间价值，在工程经济分析中，通常采用实际利率进行计算分析。当计息周期小于或等于给定的利率周期时，计算任何大于或等于计息周期的实际利率计算公式如下：

$$i_{\text{eff}} = \left(1 + \frac{r}{m}\right)^n - 1 \tag{2-33}$$

式中 i_{eff}——要计算的时间周期实际利率；

r——给定的名义利率；

m——给定的名义利率周期包含的计息周期数；

n——要计算的实际利率周期包含的计息周期数。

应用式（2-33）求解【例 2-10】中的年实际利率时，$r = 12\%$，$m = 12$，$n = 12$；求解【例 2-7】中的季度实际利率时，$r = 12\%$，$m = 12$，$n = 3$。

第三节 资金等值计算及其应用

一、资金等值的含义

由于资金有时间价值，因而一定量的资金在不同时点上具有不同的价值。不同时点上发生的绝对额不同的资金，有可能具有相等的经济价值。因此，我们将特定利率下，资金在不同时点上发生的绝对数额不相等但经济价值相等的现象称为资金等值。而资金的等值计算是指将一个或多个时点上发生的资金额换算成另一个时点上等值的资金额。

资金等值的影响因素包括以下三个方面：资金数额的大小；资金发生的时点；利率的大小。在这三个因素中，利率是关键因素，在处理资金等值问题时必须以相同利率作为比较计算的依据。

资金的等值计算本质上与复利计息相同，下面首先介绍整付型和等额分付型两种基本类型的等值计算方法，然后介绍两个特殊情况下的变额分付型现金流量系列。

二、整付类型的资金等值计算

整付又称一次支付，是指所分析系统的现金流量，无论是流入或是流出，均只发生一次的现金流量类型,如图 2-8 所示。图中,P 是现值,表示资金发生在某一特定时间序列起始点上的价值。在工程经济分析中,它表示发生在现金流量图中"0"点的资金或投资项目的现金流量折算到"0"点时的价值。F 是终值,表示发生在某一特定时间序列终点上资金的价值,是指期初或期间发生的资金换算得出

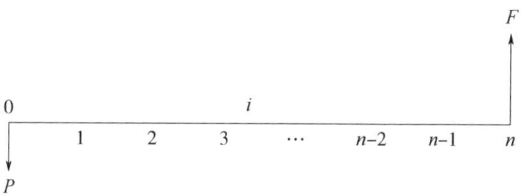

图 2-8 整付类型的现金流量图

的在期末的价值。n 表示计息周期数。i 表示计息周期利率,也叫折现率。

在考虑资金时间价值的情况下,现金流入 F 与现金流出 P 相等,则 P 与 F 就是等值的,此时 P 是 F 的现值,F 是 P 的终值。

(一) 整付终值公式

整付终值公式是在图 2-8 所示的现金流量方案中,已知现值 P,计息周期利率 i 和计息周期数 n,求终值 F 的公式。该公式与复利计算时的本利和公式相同,即:

$$F = P(1+i)^n \tag{2-34}$$

式中,$(1+i)^n$ 称为整付终值系数,记为 $(F/P, i, n)$,在 $(F/P, i, n)$ 中,斜线右边的字母表示已知的参数,左边表示待求的等值现金流量。所以式(2-34)也可以用下式表示:

$$F = P(F/P, i, n) \tag{2-35}$$

【例 2-11】

背景:某公司向银行借款 1000 万元,年利率 8%,借款期 5 年。

问题:5 年后应一次偿还多少才与现在的借款等值?

解析:$F = P(1+i)^n = 1000(1+8\%)^5 = 1469.328$(万元)。即现在向银行的借款 1000 万元,在年利率 8% 的前提下,与 5 年后的 1469.328 万元在价值上是相等的。

(二) 整付现值公式

整付现值公式是在图 2-8 所示的现金流量方案中,已知终值 F,计息周期利率 i 和计息周期 n,求现值 P 的公式。该公式是整付终值公式的逆运算,即:

$$P = \frac{F}{(1+i)^n} = F(1+i)^{-n} \tag{2-36}$$

式中,$(1+i)^{-n}$ 称为整付现值系数,记为 $(P/F, i, n)$,它与整付终值公式互为倒数:

$$(P/F, i, n) = \frac{1}{(F/P, i, n)} \tag{2-37}$$

式(2-36)也可以表示成:

$$P = F(P/F, i, n) \tag{2-38}$$

【例 2-12】

背景:某人准备在 3 年后用 100000 元购买一辆轿车,年利率为 5%。

问题:如果现在一次性存入一笔钱用于三年后买车,应存多少?

解析:$P = F(1+i)^{-n} = 100000 \times (1+5\%)^{-3} = 86383.760$(元)。即年利率 5% 的前提下,现在的 86383.760 元与 3 年后的 100000 元在价值上是相等的。

三、多次分付类型的资金等值计算

在计算期内，现金流入或流出不止发生一次的现金流量类型，称为多次分付类型。如果多次分付的现金流连续发生在整个计算期的各期期末，并且数额相等，这类特殊的多次分付现金流就称为等额分付现金流，如图 2-9 所示；不满足等额分付现金流特征的称为非等额分付现金流。下面分别阐述等额分付和两类特殊的非等额分付现金流的等值计算。

（一）等额分付等值计算

从图 2-9 可以看出，等额现金流量的第一笔现金流发生在第一期末，距离 "0" 点一个计息周期；最后一笔现金流发生在最后一个计息期末。我们把整个计算期内的 n 个相同的现金流 A 统一称为年金。

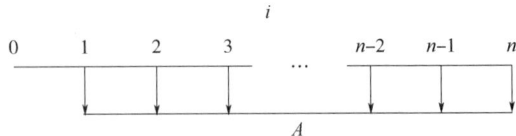

图 2-9 等额分付类型现金流量图

需要指出的是，虽然 A 称为年金，但计息周期不一定是年，也可以是季、月等任何时间周期。i 表示计息周期利率。

1. 等额分付终值公式

已知图 2-10 中的年金 A、计息周期利率 i 和计息周期 n，如果在第 n 期末一次回收这 n 笔等额的投资金额，其所回收的等值终值 F 的计算公式称为等额分付终值公式。

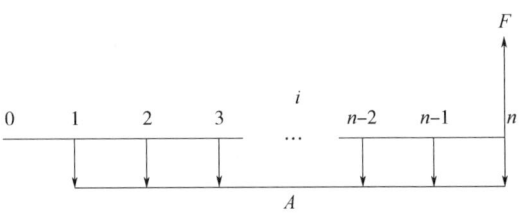

图 2-10 等额分付及其终值现金流量图

用整付终值公式依次将每一笔 A 折算到终值 F，有：

$$F = A(1+i)^{n-1} + A(1+i)^{n-2} + A(1+i)^{n-3} + \cdots A(1+i) + A$$
$$= A[(1+i)^{n-1} + (1+i)^{n-2} + (1+i)^{n-3} + \cdots (1+i) + 1] \quad ①$$

上式两边同时乘以 $(1+i)$，得到

$$F(1+i) = A[(1+i)^n + (1+i)^{n-1} + (1+i)^{n-2} + \cdots (1+i)^2 + (1+i)] \quad ②$$

② - ①得到

$$F(1+i) - F = A[(1+i)^n - 1]$$

由此可推出等额分付终值公式：

$$F = A\left[\frac{(1+i)^n - 1}{i}\right] \tag{2-39}$$

$\frac{(1+i)^n - 1}{i}$ 称为等额分付终值系数，记为 $(F/A, i, n)$，所以也有：

$$F = A(F/A, i, n) \tag{2-40}$$

【例 2-13】

背景：某人从现在起每年年末存入银行 20000 元，年利率 5%，连续存款 10 年。

问题：第 10 年年末一次能从银行取出的本利和为多少？

解析：$F = A\left[\frac{(1+i)^n - 1}{i}\right] = 20000 \times \left[\frac{(1+5\%)^{10} - 1}{5\%}\right] = 251557.851$（元）。即年利率 5% 的前提下，连续 10 年每年年末的 20000 元与第 10 年年末的 251557.851 元在价值上是相等的。

2. 等额分付偿债基金公式

已知图2-10中的终值 F、计息周期利率 i 和计息周期 n，求连续的 n 个计息周期末的年金 A 的问题，用等额分付偿债基金公式计算。显然，等额分付偿债基金公式是等额分付终值公式的逆运算，即：

$$A = F\left[\frac{i}{(1+i)^n - 1}\right] \tag{2-41}$$

$\frac{i}{(1+i)^n - 1}$ 称为等额分付偿债基金系数，记为 $(A/F, i, n)$，所以也有：

$$A = F\,(A/F,\ i,\ n) \tag{2-42}$$

【例 2-14】

背景：某人今年刚满 40 岁，他期望满 60 岁时能有 500000 元安排退休后的生活，银行存款年利率 5%。

问题：从现在起，他需要在每年过生日时存入银行多少钱才能实现 60 岁生日时拥有 500000 元安排退休生活的愿望？

解析：$A = F\left[\dfrac{i}{(1+i)^n - 1}\right] = 500000 \times \left[\dfrac{5\%}{(1+5\%)^{20} - 1}\right] = 15121.294$（元）。即年利率 5% 的前提下，连续 20 年每年年末的 15121.294 元与第 20 年年末的 500000 元在价值上是相等的。

3. 等额分付现值公式

已知图2-11中的年金 A、计息周期利率 i 和计息周期 n，如果将这 n 笔等额的投资金额都折现到"0"时刻，其等值的现值 P 的计算公式称为等额分付现值公式。

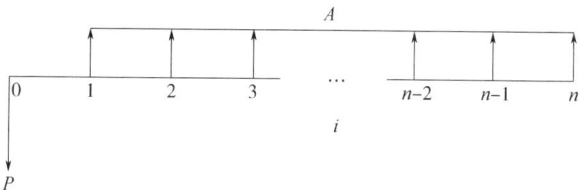

图 2-11 等额分付及其现值的现金流量图

等额分付现值公式可由等额分付终值公式 $F = A\left[\dfrac{(1+i)^n - 1}{i}\right]$ 求出年金 A 的等值终值，再由整付现值公式 $P = \dfrac{F}{(1+i)^n}$ 把终值折现成现值。即：

$P = F\left[\dfrac{1}{(1+i)^n}\right] = A\left[\dfrac{(1+i)^n - 1}{i}\right]\left[\dfrac{1}{(1+i)^n}\right]$，整理后得到等额分付现值公式如下：

$$P = A\left[\frac{(1+i)^n - 1}{i\,(1+i)^n}\right] \tag{2-43}$$

式中，$\dfrac{(1+i)^n - 1}{i\,(1+i)^n}$ 称为等额分付现值系数，记为 $(P/A, i, n)$，所以也有：

$$P = A\,(P/A,\ i,\ n) \tag{2-44}$$

【例 2-15】

背景：银行批准购房贷款的最大额度通常是根据贷款人的还贷能力来确定的。某单位的一名员工为购房每年年末可用于还贷的金额为 80000 元，银行贷款年利率 6%，贷款年限 20 年。

问题：现在这名员工申请购房贷款，可获批的最高贷款额度是多少？

解析：$P = A\left[\dfrac{(1+i)^n - 1}{i(1+i)^n}\right] = 80000 \times \left[\dfrac{(1+6\%)^{20} - 1}{6\%(1+6\%)^{20}}\right] = 917593.697$（元）。即年利率6%的前提下，连续20年每年年末的80000元整体与年初的917593.697元在价值上是相等的。

4. 等额分付资本回收公式

已知图2-11中期初投资 P，利率为 i 的条件下，每期末等额收回的资金 A 是多少的计算公式称为等额分付资本回收公式，是等额分付现值公式的逆运算。

$$A = P\left[\dfrac{i(1+i)^n}{(1+i)^n - 1}\right] \tag{2-45}$$

式中，$\dfrac{i(1+i)^n}{(1+i)^n - 1}$ 称为等额分付资本回收系数，记为 $(A/P, i, n)$，所以也有：

$$A = P(A/P, i, n) \tag{2-46}$$

【例2-16】

背景：一套总价为180万元的住房贷款，其中70%申请期限为20年、年利率为5%的银行贷款，约定按月等额还款。

问题：每月银行需收回多少还款？

解析：计息周期小于利率周期，月名义利率等于月实际利率，等于 $i_月 = 5\% \div 12 = 0.4167\%$；计息周期数 $n = 20 \times 12 = 240$（月）；现值 $P = 1800000 \times 70\% = 1260000$（元），代入

$A = P\left[\dfrac{i(1+i)^n}{(1+i)^n - 1}\right] = 8315.442$（元）。即年利率5%的前提下，连续240个月每月末的8315.442元整体与期初的 $1800000 \times 70\% = 1260000$（元）在价值上是相等的。

（二）**变额分付现金流的等值计算**

变额分付系列现金流是指现金流序列是连续的，但其数额大小不等的系列现金流。变额分付较等额分付的计算过程复杂，这里只介绍等差序列和等比序列两类特殊的变额分付现金流等值计算公式。

1. 等差序列现金流的等值计算公式

等差序列现金流是指在分析期内，每年年末发生的方向相同、大小成等差关系变化的现金流量序列。

如图2-12所示，在每一个计息期期末分别支付的值为 A_1，A_2，…，A_{n-1}，A_n，它们是一个等差序列，其公差 $G = |A_t - A_{t-1}| > 0$，$t = 1, 2, 3, …, n$。设 A_1 是初始值，当序列是递增序列时，有序列流量：$A_1 = A_1$，$A_2 = A_1 + G$，$A_3 = A_1 + 2G$，…，$A_{n-1} = A_1 + (n-2)G$，$A_n = A_1 + (n-1)G$；当序列是递减序列时，有序列流量：$A_1 = A_1$，$A_2 = A_1 - G$，$A_3 = A_1 - 2G$，…，$A_{n-1} = A_1 - (n-2)G$，$A_n = A_1 - (n-1)G$。在计息周期利率为 i 的情况下，等差系列现金流量等值计算的公式如下。

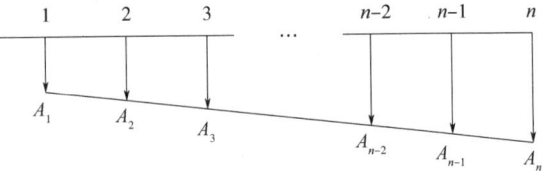

图2-12 等差系列现金流量图

(1) 等差系列现值计算公式。分别将每期期末发生的现金流按一次支付现值系数求现值累加并整理计算后，可得到递增等差序列现金流量的现值公式：

$$P = P_A + P_G = A_1 \frac{(1+i)^n - 1}{i(1+i)^n} + G \frac{(1+i)^n - (1+ni)}{i^2(1+i)^n} \tag{2-47}$$

递减等差序列现金流量的现值公式：

$$P = P_A - P_G = A_1 \frac{(1+i)^n - 1}{i(1+i)^n} - G \frac{(1+i)^n - (1+ni)}{i^2(1+i)^n} \tag{2-48}$$

系数 $\frac{(1+i)^n - (1+ni)}{i^2(1+i)^n}$ 称为等差系列现值系数，记作 $(P_G/G, i, n)$。此时，式 (2-47) 和式 (2-48) 也可写成：

$$P = A_1 (P/A, i, n) + G (P_G/G, i, n) \tag{2-49}$$
$$P = A_1 (P/A, i, n) - G (P_G/G, i, n) \tag{2-50}$$

(2) 等差系列终值计算公式。在式 (2-47) 和式 (2-48) 的左右两边乘以一次支付终值系数，得到等差系列终值公式。

递增等差序列现金流量的终值公式：

$$F = A_1 \frac{(1+i)^n - 1}{i} + G \frac{(1+i)^n - (1+ni)}{i^2} \tag{2-51}$$

递减等差序列现金流量的终值公式：

$$F = A_1 \frac{(1+i)^n - 1}{i} - G \frac{(1+i)^n - (1+ni)}{i^2} \tag{2-52}$$

系数 $\frac{(1+i)^n - (1+ni)}{i^2}$ 称为等差系列终值系数，记作 $(F_G/G, i, n)$。此时，式 (2-51) 可写成式 (2-53) 的形式，式 (2-51) 可写成式 (2-54) 的形式：

$$F = A_1 (F/A, i, n) + G (F_G/G, i, n) \tag{2-53}$$
$$F = A_1 (F/A, i, n) - G (F_G/G, i, n) \tag{2-54}$$

(3) 等差系列年金计算公式。在式 (2-47) 和式 (2-48) 的左右两边乘以等额分付资本回收系数，得到等差系列年金计算公式。

递增等差序列现金流量的年金公式：

$$A = A_1 + G \frac{(1+i)^n - (1+ni)}{i[(1+i)^n - 1]} \tag{2-55}$$

递减等差序列现金流量的年金公式：

$$A = A_1 - G \frac{(1+i)^n - (1+ni)}{i[(1+i)^n - 1]} \tag{2-56}$$

系数 $\frac{(1+i)^n - (1+ni)}{i[(1+i)^n - 1]}$ 称为等差系列年金系数或梯度系数，记作 $(A_G/G, i, n)$。此时，式 (2-55) 可写成式 (2-57) 的形式，式 (2-56) 可写成式 (2-58) 的形式：

$$A = A_1 + G (A_G/G, i, n) \tag{2-57}$$
$$A = A_1 - G (A_G/G, i, n) \tag{2-58}$$

2. 等比序列现金流的等值计算公式

等比序列现金流是指在分析期内，每年年末发生的方向相同、大小成等比关系变化的现金流量序列。

如图 2-13 所示，在每一个计息期期末分别支付的值为 A_1，A_2，…，A_{n-1}，A_n，它们是一个等比序列，设 A_1 是初始值，表示第 1 年年末的现金流量值，则有第 t 年年末的现金流量表达式为：

$$A_t = A_1 \times q^{t-1} \quad t = 1, 2, 3, \cdots, n$$

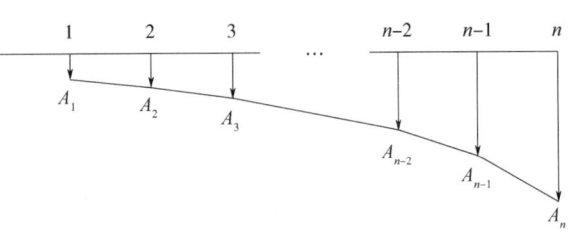

图 2-13 等比系列现金流量图

其中，$q = \dfrac{A_t}{A_{t-1}}$。当序列是递增序列时，有 $q > 1$；当序列是递减序列时，有 $1 > q > 0$。

另设 h 是变化率，$1 > h > 0$，则 $q = 1 + h$ 表示为等比递增系列，这种情况下 $q \neq h$；则 $q = 1 - h$ 表示为等比递减系列。在计息周期利率为 i 的情况下，等差系列现金流量等值计算的公式如下。

(1) 等比系列现值计算公式。分别将每期期末发生的现金流按一次支付现值系数求现值累加并整理计算后，可得到等比序列现金流量的现值公式：

$$P = A_1 \frac{1 - q^n (1+i)^{-n}}{1 + i - q} \tag{2-59}$$

将 $q = 1 + h$ 代入式（2-59），得到当 $i \neq h$ 时的递增等比系列现金流量的现值公式：

$$P = A_1 \frac{1 - (1+h)^n (1+i)^{-n}}{i - h} \tag{2-60}$$

将 $q = 1 - h$ 代入式（2-59），得到递减等比系列现金流量的现值公式：

$$P = A_1 \frac{1 - (1-h)^n (1+i)^{-n}}{i + h} \tag{2-61}$$

把 $\dfrac{1 - (1+h)^n (1+i)^{-n}}{i - h}$ 或 $\dfrac{1 - (1-h)^n (1+i)^{-n}}{i + h}$ 称为等比系列现值系数，记作 $(P/A_1, i, h, n)$，则等比系列现值计算公式也可以写成：

$$P = A_1 (P/A_1, i, h, n) \tag{2-62}$$

(2) 等比系列终值计算公式。在式（2-60）和式（2-61）的两边同时乘以一次支付终值系数，就可以推导得出等比系列终值公式。

当 $i \neq h$ 时，递增等比系列现金流量的终值公式为：

$$F = A_1 \frac{(1+i)^n - (1+h)^n}{i - h} \tag{2-63}$$

递减等比系列现金流量的终值公式为：

$$F = A_1 \frac{(1+i)^n - (1-h)^n}{i + h} \tag{2-64}$$

把 $\dfrac{(1+i)^n - (1+h)^n}{i - h}$ 或 $\dfrac{(1+i)^n - (1-h)^n}{i + h}$ 称为等比系列终值系数，记作 $(F/A_1, i, h, n)$。则等比系列终值计算公式也可以写成：

$$F = A_1 (F/A_1, i, h, n) \tag{2-65}$$

(3) 等比系列的年金计算公式。在式（2-60）和式（2-61）的两边同时乘以等额分付资本回收系数，就可以推导得出等比系列的年金公式。

当 $i \neq h$ 时，递增等比系列现金流量的年金公式：

$$A = A_1 \frac{i(1+i)^n - i(1+h)^n}{(i-h)[(1+i)^n - 1]} \quad (2\text{-}66)$$

递减等比系列现金流量的年金公式：

$$A = A_1 \frac{i(1+i)^n - i(1-h)^n}{(i+h)[(1+i)^n - 1]} \quad (2\text{-}67)$$

把 $\frac{i(1+i)^n - i(1+h)^n}{(i-h)[(1+i)^n - 1]}$ 或 $\frac{i(1+i)^n - i(1-h)^n}{(i+h)[(1+i)^n - 1]}$ 称为等比系列年金系数，记作 $(A/A_1, i, h, n)$。则等比系列年金计算公式也可以写成：

$$A = A_1(A/A_1, i, h, n) \quad (2\text{-}68)$$

四、资金等值计算的应用

下面从利率周期、计息周期和支付周期不同的等值计算应用和借款还本付息额计算应用两个方面作进一步阐述。

（一）利率周期、计息周期和支付周期不同的等值计算应用

利率周期和计息周期的含义在名义利率和实际利率部分已经做过介绍。支付周期是指研究系统先进流量的间隔周期。比如年利率12%，每月计息一次，每半年收入一笔现金，则利率周期是年，计息周期是月，支付周期是半年。

若计息周期小于支付周期，可以计算支付周期的实际利率，然后以支付周期的实际利率按等值计算公式计算。

【例 2-17】

背景：年利率为 12%，每月计息一次，从现在起，连续 3 年，每季度末均支付 100 万元。

问题：与这一系列现金流等值的现值为多少？

解析：$i_月 = 12\% \div 12 = 1\%$

$i_季 = (1 + 1\%)^3 - 1 = 3.03\%$，$n = 12$ 个月，$A = 100$ 万元

$$P = A\left[\frac{(1+i_季)^n - 1}{i_季(1+i_季)^n}\right] = 993.620 （万元）$$

若计息周期大于支付周期，通常将各个计息周期内的现金流按单利折算到每个计息周期期末，然后按计息周期等于新的支付周期的情况计算等值。

【例 2-18】

背景：12 个月的现金流量如图 2-14 所示，若年利率为 12%，每半年复利计息一次。

问题：试计算以下 3 种情况下该系列现金流量的年末等值金额为多少？

（1）若计息期内的收付款不计息。

（2）若计息期内的收付款按单利计息。

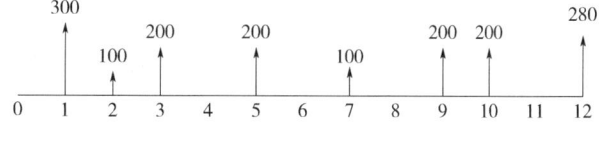

图 2-14　12 个月的现金流量图

(3) 若计息期内的收付款按复利计息。

解析： $i_{半年} = 12\% \div 2 = 6\%$

(1) 若计息期内的收付款不计息。

第1个半年末的等值：
$$A_1 = 300 + 100 + 200 + 200 = 800（万元）$$

第2个半年末的等值：
$$A_2 = 100 + 200 + 200 + 280 = 780（万元）$$

年末等值为：
$$F = 800 \times (1 + 6\%) + 780 = 1628（万元）$$

(2) 若计息期内的收付款按单利计息。

第1个半年末的等值：
$$A_1 = 300 \times \left(1 + \frac{5}{6} \times 6\%\right) + 100 \times \left(1 + \frac{4}{6} \times 6\%\right) +$$
$$200 \times \left(1 + \frac{3}{6} \times 6\%\right) + 200 \times \left(1 + \frac{1}{6} \times 6\%\right) = 827（万元）$$

第2个半年末的等值：
$$A_2 = 100 \times \left(1 + \frac{5}{6} \times 6\%\right) + 200 \times \left(1 + \frac{3}{6} \times 6\%\right) +$$
$$200 \times \left(1 + \frac{2}{6} \times 6\%\right) + 280 = 795（万元）$$

年末等值为：
$$F = 827 \times (1 + 6\%) + 795 = 1671.62（万元）$$

(3) 若计息期内的收付款按复利计息，半年实际利率 $i_{半年} = 12\% \div 2 = 6\%$，根据 $(1 + i_月)^6 - 1 = 6\%$，$i_月 = (1 + 6\%)^{\frac{1}{6}} - 1 = 0.976\%$。

第1个半年末的等值：
$$A_1 = 300 \times (1 + 0.976\%)^5 + 100 \times (1 + 0.976\%)^4 +$$
$$200 \times (1 + 0.976\%)^3 + 200 \times (1 + 0.976\%) = 826.75（万元）$$

第2个半年末的等值：
$$A_2 = 100 \times (1 + 0.976\%)^5 + 200 \times (1 + 0.976\%)^3 +$$
$$200 \times (1 + 0.976\%)^2 + 280 = 794.81（万元）$$

年末等值为：
$$F = 826.75 \times (1 + 6\%) + 794.81 = 1671.17（万元）$$

（二）长期借款还本付息金额的计算

长期借款合同通常约定两种还本付息方式，一种是等额本息，即还款期内每期期末所还的本金与利息之和均相等；另一种是等额还本、利息照付，通常也称为等额本金，即还款期内每期期末所还的本金相同，利息按当期应付利息还款。

等额本息还款方式的还本付息金额计算步骤如下：先用等额分付资本回收公式计算还款期每期所还的本金与利息之和，然后计算各期的利息，最后用本息和减去利息后计算各期的本金。

【例 2-19】

背景：某公司向银行借款 100 万元，贷款合同约定年利率 6%，每半年计息一次，借款后的第 2 年年末开始，3 年内每半年末按等额还本付息的方式还款。

问题：计算每次所还的本金、利息。

解析：$i_{半年} = 6\% \div 2 = 3\%$

借款后第 2 年年末欠款合计：$100 \times (1 + 3\%)^4 = 112.551$（万元）

每次还款本利和：$112.551 \times (A/P, 3\%, 6) = 20.777$（万元）

第 1 次付息：$112.551 \times 3\% = 3.377$（万元）

第 1 次还本：$20.777 - 3.377 = 17.400$（万元）

第 1 次还款后欠款合计：$112.551 - 17.400 = 95.151$（万元）

第 2 次付息：$95.151 \times 3\% = 2.855$（万元）

第 2 次还本：$20.777 - 2.855 = 17.922$（万元）

第 2 次还款后欠款合计：$95.151 - 17.922 = 77.229$（万元）

第 3 次付息：$77.229 \times 3\% = 2.317$（万元）

第 3 次还本：$20.777 - 2.317 = 18.460$（万元）

第 3 次还款后欠款合计：$77.229 - 18.460 = 58.769$（万元）

第 4 次付息：$58.769 \times 3\% = 1.763$（万元）

第 4 次还本：$20.777 - 1.763 = 19.014$（万元）

第 4 次还款后欠款合计：$58.769 - 19.014 = 39.755$（万元）

第 5 次付息：$39.755 \times 3\% = 1.193$（万元）

第 5 次还本：$20.777 - 1.193 = 19.584$（万元）

第 5 次还款后欠款合计：$39.755 - 19.584 = 20.171$（万元）

第 6 次付息：$20.171 \times 3\% = 0.605$（万元）

第 6 次还本：20.171（万元）

等额本金还款方式的还本付息金额计算步骤如下：先用期初欠款合计除以还款的期数计算各期偿还的本金，然后计算各期的利息，最后用所还本金和利息之和计算各期的还本付息总额。

【例 2-20】

背景：某公司向银行借款 100 万元，贷款合同约定年利率 6%，每半年计息一次，借款后的第 2 年年末开始，3 年内每半年末按等额还本、利息照付的方式还款。

问题：计算每次所还的本金、利息。

解析：$i_{半年} = 6\% \div 2 = 3\%$

借款后第 2 年年末欠款合计：$100 \times (1 + 3\%)^4 = 112.551$（万元）

前 5 次每次还款本金：$112.551 \div 6 = 18.759$（万元）

第 1 次付息：$112.551 \times 3\% = 3.377$（万元）

第 1 次还款后欠款合计：$112.551 - 18.759 = 93.792$（万元）

第 2 次付息：$93.792 \times 3\% = 2.814$（万元）

第 2 次还款后欠款合计：$93.792 - 18.759 = 75.033$（万元）

第 3 次付息：$75.033 \times 3\% = 2.251$（万元）

第3次还款后欠款合计：75.033 − 18.759 = 56.274（万元）
第4次付息：56.274 × 3% = 1.688（万元）
第4次还款后欠款合计：56.274 − 18.759 = 37.515（万元）
第5次付息：37.515 × 3% = 1.125（万元）
第5次还款后欠款合计：37.515 − 18.759 = 18.756（万元）
第6次付息：18.756 × 3% = 0.563（万元）
第6次还本金额：18.756（万元）

练习题

一、现金流量的概念、构成和表示

1. 一个生产经营性项目的固定资产折旧和无形资产摊销的金额，在对该项目进行财务评价时，是否作为现金流量？为什么？

2. 一个生产经营性项目的全寿命周期通常包括哪些阶段？项目经济评价的计算期包括上述划分的哪些阶段？

3. 从项目全生命周期的视角，简述生产经营性建设项目的建设投资经历了哪些形态和过程？

4. 一个工程项目在某个期间发生的经营活动如下：①支付工资540万元；②赊购材料1500万元；③银行贷款进账630万元；④支付设备购置费2000万元；⑤设备折旧240万元。对该项目进行现金流量分析时，上列属于该期间现金流量的有（   ）。
   A. ②③④   B. ①③④   C. ①②③   D. ①③⑤

5. 在现金流量表中，以经营成本代替总成本费用列为现金流出，其目的是（   ）。
   A. 减少现金流出   B. 增加现金流出   C. 避免计算重复   D. 避免计算遗漏

6. 已知某项目年生产成本为1200万元，销售费用、管理费用和财务费用合计为生产成本的20%，固定资产折旧费为200万元，摊销费为80万元。则该项目年经营成本为（   ）万元。
   A. 1720   B. 1160   C. 1240   D. 1480

7. 现金流量的三要素中，不含（   ）。
   A. 大小   B. 方向   C. 单位   D. 时点

8. 某生产经营性建设项目，建设期3年，第4年投产，第5年达产，投产年需要流动资金750万元，达产年需要流动资金1000万元，则第4年流动资金投资和第5年流动资金投资现金流量分别是多少？

9. 某生产经营性项目购入一台设备，原值1000000元，预计使用寿命为5年，预计净残值率为4%。
   问题：（1）按直线法计算出每年的折旧率和每年的折旧额。
   （2）按年数总和法计算出每年的折旧率和每年的折旧额。
   （3）按双倍余额递减法计算出每年的折旧率和每年的折旧额。

10. 某企业拟投资建设一个生产市场急需产品的工业项目。该项目建设期1年，运营期6年。项目投产第一年可获得当地政府扶持该产品生产的补贴收入100万元。项目建设的其他基本数据如下：

(1) 项目建设投资估算1000万元，预计全部形成固定资产（包含可抵扣固定资产进项税额80万），固定资产使用年限10年，按直线法折旧，期末净残值率4%，固定资产余值在项目运营期末收回。投产当年需要投入运营期流动资金200万元。

(2) 正常年份营业收入为678万元（其中销项税额为78万元），经营成本为350万元（其中进项税额为25万元）；税金附加按应纳增值税的10%计算，所得税税率为25%；行业所得税后基准收益率为10%，基准投资回收期为6年，企业投资者可接受的最低所得税后收益率为15%。

(3) 投产第一年仅达到设计生产能力的80%，预计这一年的营业收入及其所含销项税额、经营成本及其所含进项税额均为正常年份的80%；以后各年均达到设计生产能力。

(4) 运营期第4年，需要花费50万元（无可抵扣进项税额）更新新型自动控制设备配件，维持以后的正常运营，该维持运营投资按当期费用计入年度总成本。

请根据以上背景，完成表2-4，编制拟建项目的项目投资现金流量表。

表2-4　项目投资现金流量表　　　　　　　　　　　（单位：万元）

编号	项目名称	计算期（年）						
		1	2	3	4	5	6	7
1	现金流入							
1.1	营业收入（不含税）							
1.2	补贴收入							
1.3	销项税额							
1.4	回收固定资产余值							
1.5	回收流动资金							
2	现金流出							
2.1	建设投资							
2.2	流动资金投资							
2.3	经营成本（不含税）							
2.4	进项税额							
2.5	应纳增值税							
2.6	增值税附加							
2.7	维持运营投资							
2.8	调整所得税							
3	净现金流量							

二、资金时间价值及利率

1. 请描述资金时间价值的含义。
2. 利率高低主要由哪些因素决定，各因素是如何影响利率高低的？
3. 单利计息和复利计息的含义分别是什么？哪一种计息方式能更准确地度量资金的时间价值？
4. 简述名义利率和实际利率的含义。
5. 关于资金时间价值的内涵，下列说法错误的是（　　）。

A. 资金的时间价值是指资金随时间推移而增值的外在形式

B. 资金必须与劳动结合，才能产生增值

C. 资金时间价值的表现形式是利息和利润

D. 资金随着时间的延长会自然增值

6. 决定利率高低的因素有（   ）。

A. 行业平均利润率水平　　　　　　B. 市场资本供求状况

C. 承担风险的大小　　　　　　　　D. 借款期限

E. 通货膨胀率

7. 某企业将现金10000元存入银行，期限为5年，年利率为10%。

问题：

(1) 按单利计息，计算该企业存款到期时将得到的本利和。

(2) 按复利计息，计算该企业存款到期时将得到的本利和。

8. 某人将1000元存入银行，年利率为4%。

问题：

(1) 若按单利计息，几年后甲可从银行取出1800元？

(2) 若按复利计息，几年后甲可从银行取出1800元？

9. 某公司有一项基建工程，分5年投资，每年投入2000万元，预计5年后竣工交付使用。该项目投资来源于银行借款，借款年利率为8%，计算该投资项目建成时的投资总额。

10. 已知年利率为12%，按月计息。请计算半年实际利率是多少？年实际利率是多少？

三、资金等值计算及其应用

1. 请简述资金等值的含义。

2. 请列式计算下列系数的值：

(1) $(F/P, 6.3\%, 9)$。

(2) $(P/F, 7.1\%, 8)$。

(3) $(A/F, 6.2\%, 8)$。

(4) $(A/P, 7.2\%, 11)$。

(5) $(F/A, 7.2\%, 11)$。

(6) $(P/A, 6.2\%, 8)$。

3. 某人拟购房，开发商提出两种付款方案，一是一次性付90万元，另一方案是5年后一次付100万元，若年利率是4%，他应该选择哪一种付款方式？

4. 某公司购置一套生产设备，设备厂家提出两种付款方案，一是现在一次性支付800万元，另一方案是从现在起每年年初支付200万元，连续支付5年，若年利率是7%，该公司应该选择哪一种方式付款？

5. 某矿业公司将一处矿产开采权公开招标出让，甲公司和乙公司的标书最具有竞争力，甲公司投标书显示，如果该公司取得开采权，从获得开采权的第1年开始，每年年末向矿业公司支付10亿美元的开采费，直到10年后开采结束；乙公司的投标书承诺，如果取得开采权，立即支付矿业公司40亿美元，在8年后开采结束时，再支付给矿业公司60亿美元。若年利率为15%，请计算甲、乙两公司支付给矿业公司的资金现值分别是多少？矿业公司应该选择哪家公司？

6. 为给儿子上大学准备资金，王先生连续6年于每年年初存入银行10000元，若银行存款利率为5%，则王先生在第6年年末能一次取出本利和多少？

7. 某设备价格为120万元，采用5年内分期付款方式，合同签订时付了40万元，第1年年末支付了20万元，然后每半年等额付款1次，年利率为10%，每半年复利1次。问每半年应付多少设备价款？

8. 某公司发行的股票目前市值每股100元，第一年股息8%，预计以后每年股息增加1元。若基准折现率为10%，试计算各年股息在第10年年末的终值是多少元？

9. 某机械设备第1年年末的大修理费是2万元，以后各年年末的大修理费在上一年的基础上增加5%，若基准折现率为8%，试计算该设备前15年的大修理费在第15年年末的终值是多少？

10. 某公司从银行借入资金100万元，贷款合同约定，年利率8%，偿还时间为每年年末，5年内还清。

问题：

（1）若采用等额本息还款方式，每年应偿付贷款是多少？在每年的偿付金额中，利息和本金分别是多少？

（2）若采用等额本金还款方式，每年应偿付贷款是多少？在每年的偿付金额中，利息和本金分别是多少？

第三章 资金筹措与资金成本

 **本章内容提要**

本章首先阐述了资金筹措的相关概念和项目融资的模式,然后给出了资金成本的含义和作用,最后对各种类型的资金成本计算进行了详细说明。本章知识结构如图3-1所示。

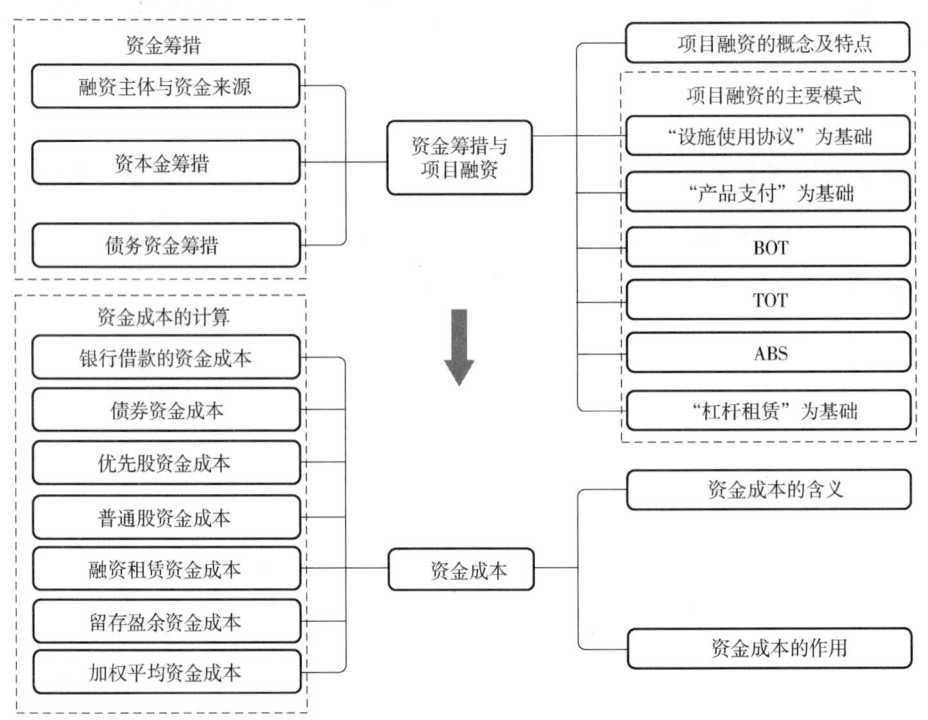

图 3-1 资金筹措与资金成本知识结构

第一节 资金筹措与项目融资

一、资金筹措

资金筹措又称融资,是以一定的渠道为某种特定活动筹集所需资金的各种活动的总称。在工程经济分析中,融资是融资主体为工程建设项目投资而进行的资金筹措行为或资金来源方式。

(一) 融资主体

融资主体是指进行融资活动并承担融资责任和风险的项目法人单位。项目融资主体分为既有法人和新设法人两类。

既有法人融资的项目不组建新的项目法人,由既有法人利用自身的资信能力统一组织融资活动并承担融资责任和风险。通常用于既有法人的扩建项目或技术改造项目、与既有法人的资产以及经营活动联系密切的项目、盈利能力差但对既有法人的持续发展具有重要作用的项目等。

新设法人融资主体是指重新组建的项目法人。主要适用于与既有法人的经营活动联系不密切的项目、既有法人财务状况较差不能承担融资责任的项目、依靠自身未来的现金流量可以按期偿还债务的项目。

(二) 资金来源

资金来源渠道可分为直接融资和间接融资两种形式。直接融资是指投资者对拟建项目的直接投资,以及项目法人通过发行(增发)股票、债券等直接筹集的资金。间接融资是指从银行及非银行金融机构借入的资金。如果按照融资性质划分,资金来源可分为项目资本金和负债资金。

(三) 资本金筹措

资本金是指项目总投资中由投资者提供的资金,对投资项目来说是非债务资金,也是获得债务资金的基础。国家规定了经营性项目的建设实行资本金制度,并提出了各行业项目资本金的最低比例要求,比如:水泥、钢铁项目35%;机场、港口、沿海及内河航道项目30%;铁路、公路和城市轨道交通项目25%;保障性住房和普通商品住房20%,其他房地产开发项目35%。在可行性研究阶段,应根据两类融资主体的特点,分别研究资本金的筹措方案。

新设法人资本金是指项目发起人和投资人为拟建项目所投入的资金,主要来源包括:各级政府财政预算内资金、预算外资金和各种专项资金;国家授权投资机构入股的资金;国内外企业入股的资金;社会个人入股的资金;项目法人通过发行股票从证券市场筹集的资金。

既有法人项目资本的来源主要有:企业可用于项目的现金;企业资产变现的资金;原有股东增资扩股获得的股本资金;吸收新股东获得的股本资金;发行股票筹集的资金。

资本金的形态可以是现金,也可以是实物、工业产权、非专利技术、土地使用权、资源开采权作价出资,但除国家对采用高新技术成果有特别规定的外,其比例不得超过投资项目资本金总额的20%。

(四) 债务资金筹措

债务资金作为拟建项目的负债,需要项目法人按约定偿还。主要包括信用贷款、发行债券和融资租赁三种方式。

1. 信用贷款

(1) 国内信用贷款。信用贷款是银行或非银行金融机构利用信贷资金所发放的投资性贷款。我国银行分为国家政策性银行、国有商业银行和股份制商业银行。

国家政策性银行包括中国进出口银行和中国农业发展银行,前者为贯彻国家产业政策、外经贸政策和金融政策,促进对外经济技术合作与交流而提供政策性金融支持,后者为承担国家规定的农业政策性金融业务、代理财政性支农资金的拨付、为农业和农村经济发展服务。政策性银行贷款的特点是期限长、利率低，但对申请贷款的企业或项目有比较严格的要求。

国有商业银行包括国家开发银行、中国建设银行、中国工商银行、中国农业银行和中国银行。股份制商业银行有交通银行、光大银行、招商银行、中信银行、中国民生银行等。股份制商业银行贷款筹资手续简单，速度较快，贷款不必经过诸如国家金融管理机关、证券管理机构等部门的批准；筹资成本较低，借款人与银行可直接商定信贷条件，如果在经济环境发生变化的情况下，借贷双方可灵活协商变更相关条款。

国内的非银行金融机构主要有信托投资公司、财务公司和保险公司。其中信托投资公司是以财产事务管理为基本职能，集融资和融物于一体，直接体现委托人、受托人和受益人多边信用关系的直接融资主体。财务公司则是由企业集团成员单位组建的，为集团成员单位提供中长期金融业服务为主的非银行金融机构。

(2) 国外贷款。国外贷款资金来源主要包括外国政府贷款、外国银行贷款、出口信贷和国际金融机构贷款。

外国政府贷款是指一国政府利用财政资金向另一国政府提供的援助性贷款。外国政府贷款的特点是期限长、利率低、指定用途、数量有限。

外国银行贷款也称商业信贷，是指从国际金融市场上的外国银行借入的资金。外国银行在提供中长期贷款时，除收取利息外，还要收取一些管理费、代理费、承担费和杂费。

出口信贷也称长期贸易信贷，是指商品出口国的官方金融机构或商业银行以优惠利率向出口商、进口方银行或进口商提供的一种贴补性贷款，是争夺国际市场的一种筹资手段。出口信贷分卖方信贷和买方信贷，卖方信贷是指在大型设备出口时，由出口商本国的银行向出口商提供的信用贷款；买方信贷是由出口方银行直接向进口商或进口方银行所提供的信用贷款。

国际金融机构包括世界性开发金融机构、区域性国际开发金融机构以及国际货币基金组织等。其中世界性开发金融机构包括复兴开发银行、国际开发协会和国际金融公司；区域性国际开发金融机构包括亚洲开发银行、欧洲开发银行、泛美开发银行等。可以为中国提供项目贷款的是复兴开发银行、国际开发协会、国际金融公司和亚洲开发银行。

2. 发行债券

债券是借款单位为筹集资金而发行的一种信用凭证，它证明持券人有权按期取得固定利息并到期收回本金。

债券融资的特点包括：支出固定，不论项目将来盈利如何，只需付给持券人固定的债券利息；股东控制权不变，债券持有者对项目无参与权和决策权，因此原有股东的控制权不因发行债券而受影响；少纳所得税，债券利息可进成本，实际上等于政府为企业负担了部分债券利息；提高股东投资回报，如果项目投资回报率大于利息率，由于财务杠杆作用，发行债券筹资可提高股东回报率；提高企业负债比率，发行债券会降低企业的财务信誉，增加企业风险。

3. 融资租赁

融资租赁也称金融租赁或资本租赁，是指不带维修条件的设备租赁业务。融资租赁与分期付款购入设备相类似，它将贷款、贸易和出租三者有机地结合在一起，实质上是承租者通过设备租赁公司筹集设备投资的一种方式。其出租过程是：先由承租人选定制造厂家，并就设备的型号、技术、价格、交货期等与制造厂家商定；再与租赁公司就租金、租期、租金支付方式等达成协议，签订租赁合同；然后由租赁公司通过向银行借款等方式筹集资金，按照承租人与制造厂家商定的条件将设备买下；最后根据合同出租给承租人。融资租赁是一种融资与融物的筹资方式。它不需要像其他筹资方式那样，等筹集到足够的货币资本后再去购买长期资产，有利于及时引进设备，加速技术改造，但融资租赁的资金成本率较高。

二、项目融资

（一）项目融资的含义及特点

项目融资是指以项目的资产、收益作抵押融资，本质上是资金提供方对项目发起人无追索权或有限追索权的融资贷款。项目融资不是以项目业主的信用或者项目有形资产的价值作为担保来获得贷款，而是依赖于项目本身良好的经营状况和项目投产后的现金流量作为偿还债务的资金来源。同时将项目的资产，而不是业主的其他资产作为借入资金的抵押。也就是说，项目融资是将归还贷款资金来源限定在特定项目的收益和资产范围之内的融资方式。

项目融资的特点有：①至少有项目发起方、项目公司、贷款方三方参与；②项目发起方以股东身份组建项目公司，该项目公司为独立法人，从法律上与股东分离；③贷款方以项目自身的资产和未来的现金流作为决定是否贷款的依据，即如果项目公司将来无力偿还贷款，贷款方只能获得项目本身的收入与资产。

（二）项目融资的主要模式

1. 以"设施使用协议"为基础的项目融资模式

服务性设施的提供者和使用者之间，围绕服务性设施达成"无论提货与否均需付款"性质的"设施使用协议"。该"设施使用协议"要求项目设施的使用者无论是否真正利用了该设施所提供的服务，在融资期间均须无条件地定期向设施的提供者支付一定数量的预先确定下来的项目设施使用费。在项目融资过程中，项目投资者将设施使用者无条件承诺的权益转让给提供资金方，作为项目融资的主要信用保证内容。这种融资模式主要适用于石油、天然气管道、发电设施、某种专门产品的运输系统以及港口、铁路设施等服务性质的项目。

20世纪80年代以来，这种融资模式也被引入到工业项目中，此时"设施使用协议"被称为"委托加工协议"，是指产品的购买者提供或组织生产所需要的原材料，通过项目的生产设施将其加工成最终产品，然后由购买者支付加工费后取走产品的协议。

2. 以"产品支付"为基础的项目融资模式

"产品支付"是项目融资的早期形式，以这种方式进行融资的项目，贷款银行拥有项目的部分或全部产品，用这些产品的产权作为偿还资金的来源和融资的信用保证。在实际操作中，贷款银行只是拥有产品的产权，而非产品本身的转移，通常，贷款银行要求项目公司重新购回他们的产品或充当他们的代理人来销售这些产品。这种融资方式主要适用于资源贮藏量已经探明并且项目的现金流量能够比较准确地计算出来的石油、天然气和矿产品项目。

3. BOT项目融资模式

BOT是建设（Build）、经营（Operate）和移交（Transfer）的英文首字母，它是指国家或地方政府部门将一个工程项目的特许经营权授予承包商，承包商在特许期内负责项目设计、融资、建造、运营和维护并回收成本、偿还债务、赚取利润，特许经营期结束后将项目所有权再移交给签约的政府部门。BOT融资是政府与承包商合作经营项目的一种特殊运作模式，目前已经成为各国基础设施建设及资源开发等大型项目融资中较受欢迎的一种融资模式。

4. TOT 项目融资模式

TOT 是移交（Transfer）、运营（Operate）、移交（Transfer）的英文首字母缩写，它是 BOT 项目融资方式的新发展，是指用私人资本或资金购买某公益性项目的资产经营权，购买者在一个约定的时间内通过经营该资产收回全部投资并得到合理的回报后，再将项目的经营权无偿移交给原产权所有人的项目融资模式。这种项目融资模式是国家或地方政府用已经建成投产的项目的经营权为另外的拟建项目筹集资金，同时也为已建成的项目引进新的更有效的管理模式；而且这种融资模式只涉及经营权的让渡，不存在产权和股权问题，可以避免很多争议；对于投资者，与 BOT 模式相比不用花建设项目的时间，可以立即经营已建成的项目并获得收益，风险较小。

5. ABS 项目融资模式

ABS 是英文 Asset-Backed Securitization 的缩写，即资产支持型资产证券化，简称资产证券化。资产证券化是指将缺乏流动性，但能够产生可预见的、稳定的现金流量的资产归集起来，通过一定的结构安排，对资产中风险与收益要素进行分离与重组，进而转换为在金融市场上可以出售和流通的证券的过程。ABS 具有创新的融资结构和高效的载体，能满足各类资产和项目发起人的需要，从而成为当今国际资本市场中发展最快、最具活力的金融产品。

6. 以"杠杆租赁"为基础的项目融资

以"杠杆租赁"为基础的项目融资是指由专业租赁公司、银行以及其他金融机构以合伙制形式组成的合伙制金融租赁公司作为出租人，使用自有资金再加上贷款人提供的资金购买承租人所欲使用的项目资产，然后租赁给承租人的一种融资模式。该合伙制的金融租赁公司既是出租人又是借资人，既要收取租金又要支付债务。由于租赁收益一般大于借款成本支出，出租人借款购物出租可获得财务杠杆利益，享受税前利息抵扣和加速折旧，最充分地利用节约税收的好处，出租人通过收取较低的租金，将这种好处部分传递给承租人，在出租人、承租人和贷款人之间实现多赢。针对项目所需的设备，该融资模式可以实现百分之百的融资，项目发起人可以不需要任何股本投资；但参与方较多，中间过程复杂，所需时间较长。

第二节　资金成本

一、资金成本的含义与作用

（一）资金成本的含义

资金是一种资源，筹集和使用任何资金都要付出代价，资金成本就是投资者在工程项目实施中，为筹集和使用资金而付出的代价。资金成本由两部分组成，资金筹集成本和资金使用成本。

资金筹集成本是指投资者在资金筹措过程中支付的各项费用。主要包括向银行借款的手续费；发行股票、债券而支付的各项代理发行费用，如印刷费、手续费、公证费、担保费和广告费等。资金筹集成本一般属于一次性费用，筹资次数越多，资金筹集成本也就越大。

资金使用成本又称资金占用费，它主要包括支付给股东的各种股利、向债权人支付的贷款利息以及支付给其他债权人的各种利息费用等。资金使用成本一般与所筹资金的多少以及所筹资金使用时间的长短有关，具有经常性、定期支付的特点，是资金成本的主要内容。

（二）资金成本的作用

资金成本是选择资金来源和筹资方式的重要依据。企业筹集资金的方式多种多样，如发行股票、债券、银行借款等，不同的筹资方式，其资金成本也不尽相同。资金成本的高低可以作为比较各种筹资方式、选择资金来源的依据。

资金成本是投资者进行资金结构决策的基本依据。一个工程项目的资金结构一般由借入资金与自有资金组合而成，这种组合有多种方案，寻求两者间的最佳组合，一般可通过计算综合资金成本作为项目筹资决策的依据。

资金成本是评价工程项目是否可行的一个重要尺度。国际上经常将资金成本视为工程项目的"最低收益率"，在评价投资方案是否可行时，一般要以项目本身的投资收益率与其资金成本进行比较。如果项目的预期投资收益率小于其资金成本，则项目不可行。

二、资金成本的计算

（一）资金成本计算的一般形式

资金成本可用绝对数表示，也可用相对数表示。为便于分析比较，资金成本一般用相对数表示，称为资金成本率。其一般计算公式为：

$$K = \frac{D}{P - F} \tag{3-1a}$$

或

$$K = \frac{D}{P(1-f)} \tag{3-1b}$$

式中　K——资金成本率（一般通称为资金成本）；
　　　P——筹集资金总额；
　　　D——资金占用费；
　　　F——筹资费，$F = fP$；
　　　f——筹资费费率（即筹资费占筹集资金总额的比率）。

（二）各种资金来源的资金成本计算

1. 银行借款的资金成本

银行借款资金成本按照是否考虑筹资费及筹资费的内容，有以下几种：

（1）不考虑资金筹集成本的借款资金成本。

$$K_d = (1 - T) \times R \tag{3-2}$$

式中　K_d——银行借款的资金成本；
　　　T——所得税税率；
　　　R——银行借款利率。

（2）只考虑担保费的借款资金成本。

$$K_d = (1 - T)(R + V_d) \tag{3-3}$$

$$V_{\mathrm{d}} = \frac{V}{Pn} \tag{3-4}$$

式中 V_{d}——担保费费率；

V——担保费总额；

P——企业借款总额；

n——担保年限。

（3）考虑筹资费的借款资金成本。

$$K_{\mathrm{d}} = \frac{(1-T)(R+V_{\mathrm{d}})}{1-f} \tag{3-5}$$

【例3-1】

背景：某企业为某建设项目申请银行长期贷款1000万元，年利率为8%，贷款期每年担保费费率为1%，利息和担保费每年支付一次，借款本金到期一次偿还，贷款管理费及手续费费率为1%，企业所得税税率为20%。

问题：试计算该项目长期借款的资金成本。

解析：$K_{\mathrm{d}} = \dfrac{(1-T)(R+V_{\mathrm{d}})}{1-f} = \dfrac{(1-20\%) \times (8\%+1\%)}{1-1\%} = 7.27\%$

2. 债券资金成本

发行债券的成本主要是指债券利息和筹资费用。债券利息的处理与长期借款利息的处理相同，应以税后的债务成本为计算依据。债券的筹资费用一般比较高，不可在计算融资成本时省略。债券资金成本的计算公式为：

$$K_{\mathrm{b}} = \frac{I_{\mathrm{b}}(1-T)}{B(1-f_{\mathrm{b}})} \tag{3-6a}$$

或

$$K_{\mathrm{b}} = \frac{R_{\mathrm{b}}(1-T)}{(1-f_{\mathrm{b}})} \tag{3-6b}$$

式中 K_{b}——债券资金成本；

I_{b}——债券年利息；

B——债券筹集资金总额；

f_{b}——债券筹资费费率；

R_{b}——债券利率。

债券发行分平价发行、溢价发行和折价发行。平价发行是指以债券票面金额相同的价格出售债券；溢价发行是指以高于债券票面金额的价格出售债券；折价发行是指以低于债券票面金额的价格出售债券。为了更精确地计算资金成本，应以其实际发行价格作为债券筹资额。

【例3-2】

背景：某公司发行面值为1000万元的10年期债券，票面利率8%，发行费费率5%，企业所得税税率为20%。

问题：试计算以下三种情况该公司发行债券的资金成本：

（1）如果以1000万元的发行价格发行债券。

（2）如果以1200万元的发行价格发行债券。

(3) 如果以 850 万元的发行价格发行债券。

解析：(1) 如果以 1000 万元的价格发行：

$$K_b = \frac{R_b(1-T)}{(1-f_b)} = \frac{8\% \times (1-20\%)}{(1-5\%)} = 6.74\%$$

(2) 如果以 1200 万元的价格发行：

$$K_b = \frac{I_b(1-T)}{B(1-f_b)} = \frac{1000 \times 8\% \times (1-20\%)}{1200 \times (1-5\%)} = 5.61\%$$

(3) 如果以 850 万元的价格发行：

$$K_b = \frac{I_b(1-T)}{B(1-f_b)} = \frac{1000 \times 8\% \times (1-20\%)}{850 \times (1-5\%)} = 7.93\%$$

从计算结果可以看出，与原价发行相比，溢价发行的资金成本率更低，而折价发行的资金成本率更高。

3. 优先股资金成本

优先股是相对于"普通股"而言的，是股份公司发行的在分配红利和剩余财产时比普通股具有优先权的股份，是一种没有期限的有权凭证，具有如下特点：优先股的股东不参加公司的红利分配，无表决权和参与公司经营管理权；优先股有固定的股息，不受公司业绩好坏影响，并可以先于普通股股东领取股息；当公司破产进行财产清算时，优先股股东对公司剩余财产有先于普通股股东的要求权。

但优先股也是权益资金，也是税后支付股利，所以优先股的股利不能在税前扣除，因而在计算优先股成本时无须经过所得税的调整。计算公式为：

$$K_p = \frac{D_p}{P(1-f_p)} \tag{3-7a}$$

或

$$K_p = \frac{P_p i}{P_p(1-f_p)} = \frac{i}{1-f_p} \tag{3-7b}$$

式中 K_p——优先股资金成本；
D_p——优先股每年股息；
P——优先股筹资总额；
f_p——优先股筹资费费率；
P_p——优先股股票面值；
i——股息率。

【例 3-3】

背景：某公司为某项目发行优先股股票，股票面额 1000 万元，股息年利率为 12%，筹资费费率为 3%，企业所得税税率为 20%。

问题：试计算以下 2 种情况该公司发行优先股的资金成本：

(1) 如果以 1000 万元的价格发行。
(2) 如果以 1200 万元的价格发行。

解析：(1) 如果以 1000 万元的价格发行：

$$K_p = \frac{P_p i}{P_p(1-f_p)} = \frac{i}{1-f_p} = \frac{12\%}{1-3\%} = 12.37\%$$

(2) 如果以 1200 万元的价格发行：

$$K_p = \frac{D_p}{P(1-f_p)} = \frac{1000 \times 12\%}{1200 \times (1-3\%)} = 10.31\%$$

4. 普通股资金成本

普通股是指在公司的经营管理和盈利及财产的分配上享有普通权利的股份，代表满足所有债权偿付要求及优先股东的收益权与求偿权要求后对企业盈利和剩余财产的索取权，它构成公司资本的基础，是股票的一种基本形式，也是发行量最大，最为重要的股票。普通股股利是以所得税后净利润支付的，不能抵减所得税。计算普通股资金成本，常用的方法有"评价法"和"资本资产定价模型法"。

（1）评价法。

计算公式如下：

$$K_c = \frac{D_c}{P_c(1-f_c)} + G \tag{3-8}$$

式中　K_c——普通股资金成本；

　　　D_c——普通股每年股息；

　　　P_c——普通股筹资总额；

　　　f_c——普通股筹资费费率；

　　　G——普通股利年增长率。

【例 3-4】

背景：某公司发行普通股正常市价为 1000 万元，筹资费费率为 3%，第一年的股利率为 12%，以后每年增长 5%。

问题：试求其资金成本率。

解析：$K_c = \dfrac{D_c}{P_c(1-f_c)} + G = \dfrac{1000 \times 12\%}{1000 \times (1-3\%)} + 5\% = 17.37\%$

（2）资本资产定价模型法。

计算公式如下：

$$K_c = R_f + \beta(R_m - R_f) \tag{3-9}$$

式中　R_f——无风险报酬率；

　　　R_m——平均风险股票必要报酬率；

　　　β——股票的风险校正系数。

无风险收益率（Risk-free rate of return）是指把资金投资于一个没有任何风险的投资对象所能得到的收益率。

【例 3-5】

背景：某证券市场平均风险股票必要报酬率为 16%，无风险报酬率为 10%，某一股份公司普通股值为 1.25。

问题：试计算该普通股的资金成本。

解析：$K_c = R_f + \beta(R_m - R_f) = 10\% + 1.25 \times (16\% - 10\%) = 17.50\%$

5. 融资租赁资金成本

企业通过融资租赁的方式租入某项资产，获得其使用权，相当于融入了该资产价值等额的资金。但租赁需要定期支付租金，并且租金列入企业成本，可以减少应付所得税。因此，其租金成本率计算公式为：

$$K_L = \frac{E}{P_L}(1-T) \tag{3-10}$$

式中　K_L——融资租赁资金成本率；
　　　E——年租金额；
　　　P_L——租赁资产价值。

【例 3-6】

背景：某公司采用融资租赁方式租入一台价值 500 万元的设备，年租金 50 万元，企业所得税税率为 20%。

问题：试计算该融资租赁方式的资金成本。

解析：$K_L = \frac{E}{P_L}(1-T) = \frac{50}{500} \times (1-20\%) = 8\%$

6. 留存盈余资金成本

留存盈余是指企业未以股利等形式发放给投资者而保留在企业的那部分盈利，即经营所得净收益的积余，包括盈余公积和未分配利润。留存盈余是所得税后形成的，其所有权属于股东，实质上相当于股东对公司的追加投资。股东将留存盈余留用于公司，是想从中获取投资报酬，所以留存盈余也有资金成本，即股东失去的向外投资的机会成本。它与普通股成本的计算基本相同，只是不考虑筹资费用。若按评价法，则计算公式为：

$$K_r = \frac{D_c}{P_c} + G \tag{3-11}$$

式中　K_r——融资租赁资金成本率；
　　　其他符号同前。

7. 加权平均资金成本

工程项目的资金筹集一般采用多种融资方式，不同来源的资金，其资金成本率各不相同。由于条件制约，项目不可能只从某种低成本的来源筹集资金，而是采用各种筹资方案的有机组合。因此，为了对整个项目的融资方案进行筹资决策，在计算各种融资方式个别资金成本的基础上，还要计算整个融资方案的加权平均资金成本，以反映工程项目的整个资金方案的资金成本状况。其计算公式为：

$$K_W = \sum_{j=1}^{n} K_j \times W_j \tag{3-12}$$

式中　K_W——加权平均资金成本；
　　　K_j——第 j 种融资渠道的资金成本；
　　　W_j——第 j 种融资渠道筹集的资金占全部资金的比重（权数）。

练习题

1. 既有法人和新设法人作为项目资金筹措的主体，分别适用于哪些项目类型？
2. 既有法人和新设法人作为项目资金筹措的主体时，项目资本金的来源分别有哪些？
3. 债务资金的来源主要有哪些？
4. 项目融资的特点有哪些？

5. 有哪些主要的项目融资模式，每种项目融资模式的含义、特点分别是什么？
6. 下列属于发行债券的资金成本中的资金占用费的是（　　）。
   A. 发行债券代理费　　B. 债券印刷费　　C. 发行债券广告费　　D. 债券利息
7. 某企业经批准平价发行优先股股票，筹资费费率和年股息率分别为5%和10%，所得税税率为20%，则优先股成本为（　　）。
   A. 5.26%　　B. 5.49%　　C. 5.71%　　D. 10.53%
8. 在个别资金成本的计算中，不必考虑筹资费用影响因素的是（　　）。
   A. 银行借款　　B. 发行债券　　C. 普通股　　D. 留存收益
9. 在个别资金成本计算中，需要考虑抵税因素的是（　　）。
   A. 普通股　　B. 发行债券　　C. 优先股　　D. 留存收益
10. 某企业计划筹集资金1000万元，所得税税率为20%，有关资料如下：
   （1）向银行借款100万元，借款年利率为7%，手续费费率为2%。
   （2）按溢价发行债券，债券面值总额140万元，溢价发行价格总额150万元，票面利率为9%，每年支付一次利息，筹资费费率为3%。
   （3）发行普通股400万元，每股发行价10元，预计第1年每股股利1.2元，股利增长率为8%，筹资费费率为6%。
   （4）其余所需资金通过企业留存收益取得。

   问题：
   （1）计算债务资金的个别资金成本。
   （2）计算权益资金的个别资金成本。
   （3）计算加权资金成本。

第四章 工程项目经济评价的基本方法

 **本章内容提要**

经济评价是投资项目评价的核心内容。本章系统地介绍了项目经济评价指标体系的静态评价指标和方法,以及动态评价指标和方法,详细阐述了各评价指标的概念、经济含义、计算公式、应用条件、判别标准等,并结合投资方案类型(互斥方案、独立方案、混合型方案),介绍了各种评价指标在方案比选中的选择和运用,重点介绍了寿命周期可比性的互斥方案的比选方法。本章知识结构如图 4-1 所示。

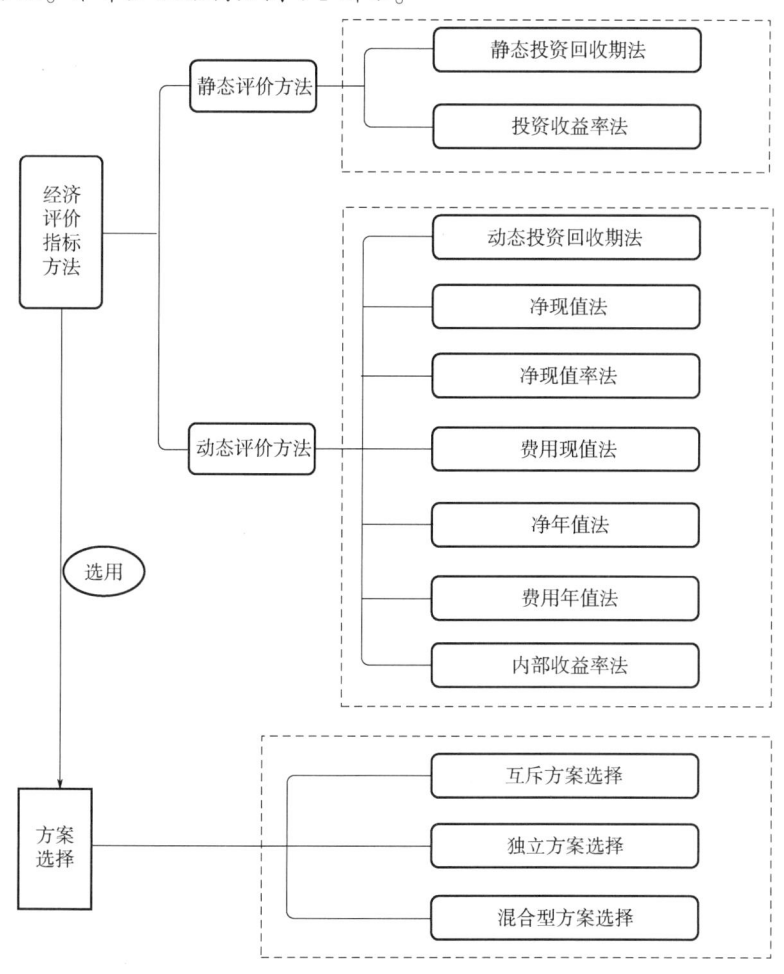

图 4-1 工程项目经济评价的基本方法知识结构

第一节 投资项目经济评价的指标分类

投资项目评价是从技术、经济、工程、资源、环境、政治、国防和社会等多方面对项目方案进行全面的、系统的、综合的技术经济分析、比较、论证和评价，从多种可行性方案中选择最优方案。其中，经济评价是投资项目评价的核心内容。为了保证投资决策的正确性、科学性和合理性，掌握项目经济评价的方法是十分重要的。

投资项目经济评价的指标可以按不同的标准进行分类。

一、按是否考虑时间因素来分类

投资项目经济评价指标按是否考虑时间因素，可分为静态评价指标和动态评价指标。

静态评价指标，是指在进行项目方案效益和费用的计算时，不考虑资金的时间价值，不计利息，如投资收益率等。因此，静态评价指标比较简单、直观、使用方便，但不够精确，一般只作为辅助指标，常用于初步可行性研究，对方案进行粗略分析评选和初选。

动态评价指标，是指在对项目方案的效益和费用计算时，考虑资金的时间价值，采用复利计算方法，把不同时点的效益和费用折算到同一时间点的等值价值，为项目方案的比选确立相同的时间基础，如净现值、内部收益率等。因此，动态的评价指标计算烦琐，但因其体现了资金的增值规律，准确反映了方案的经济效益状况，主要用于项目详细可行性研究阶段，是经济评价的主要方法。

二、按经济性质来分类

投资项目经济评价指标按经济性质分类可分为时间型、价值型和效率型三类指标。

时间型指标是以时间来衡量方案的经济效益状况，如投资回收期、借款偿还期等。价值型指标以货币量（价值量）为衡量方案的经济效益，如净现值、净年值、费用现值、费用年值等。效率型指标反映方案消耗或占用资源的使用效率，如投资收益率、净现值率、内部收益率等。这三类指标从不同角度考察项目的经济性，在对项目方案进行经济效益评价时，应当尽量同时选用这三类指标以利于较全面地反映项目的经济性。

三、按考查方案经济性的不同来分类

按考查方案经济性的不同，可将经济评价指标分为盈利能力指标、清偿能力指标和财务生存能力指标。

盈利能力指标反映方案所具有的获取回报的能力，其高低反映方案占用资源的增值能力，即回报能力，如投资回收期、净现值、内部收益率等。清偿能力指标反映方案在运行中清偿债务资本的能力，如利息备付率、资产负债率等。财务生存能力指标反映项目财务现状支持项目运营的能力，如净现金流量、累计盈余资金。

投资项目方案的决策结构是多种多样的，各类指标适用范围和应用方法也是不同的，其关系可见表4-1。在建设项目经济评价实践中，可根据项目评价阶段、评价深度和项目的特征具体选用。

表 4-1　项目经济评价指标

分类标准	指标类型	具体指标
按是否考虑时间因素	静态指标	静态投资回收期、投资收益率、资本金净收益率、利息备付率、偿债备付率、资产负债率
	动态指标	动态投资回收期、净现值、净现值率、内部收益率、净年值
按经济性质	时间型指标	投资回收期、借款偿还期
	价值型指标	净现值、净年值、费用现值、费用年值
	效率型指标	投资收益率、净现值率、内部收益率
按考查方案的经济性的不同	盈利能力指标	投资回收期、投资收益率、资本金净收益率、净现值、净现值率、净年值、内部收益率
	清偿能力指标	利息备付率、偿债备付率、资产负债率
	财务生存能力指标	净现金流量、累计盈余资金

第二节　静态评价方法

在经济评价中，不考虑资金时间价值因素的评价方法，称为静态评价方法。静态的评价指标主要有静态投资回收期、投资收益率、利息备付率、偿债备付率、资产负债率等。本节主要讨论静态投资回收期法和投资收益率法，其他的将在后面章节中讨论。

一、静态投资回收期法

（一）概念

投资回收期法，又称为投资还本期法或投资偿还期法，是指从项目投资开始（第 0 年）算起，用项目投产后的净收益（包括利润和折旧）回收全部投资（包括固定资产投资和流动资金投资）所需的时间，一般以年为计算单位。如果从投产年或达产年算起，应予以注明。投资回收期有静态和动态之分，动态投资回收期将在本章第三节中介绍。

项目投资通过项目收益进行回收，所以投资回收期反映了方案的盈利能力。只有项目的全部投资被回收以后，项目生产经营才可能实现投资者和其他相关利益主体的愿望，投资的回收过程伴随着投资的风险，故投资回收期也反映方案运行中的风险。投资回收期指标既反映项目的盈利能力，又反映项目风险，因而是项目评价中的常用指标。一般认为，投资回收期越短，则实施方案的盈利能力越强，运行风险越小；投资回收期越长，则盈利能力越差，运行风险越高。

所谓静态投资回收期（P_t），是不考虑资金的时间价值，无现金流折现，从项目投资之日算起，用项目各年的净收益回收全部投资所需要的时间。它是反映项目财务投资回收能力、考察项目投资盈利水平的经济效益指标。

（二）计算

静态投资回收期的计算公式为：

$$\sum_{t=0}^{P_t}(CI-CO)_t = 0 \tag{4-1}$$

式中　P_t——投资回收期（年）；
　　　CI——现金流入量；
　　　CO——现金流出量；
$(CI-CO)_t$——第 t 年的净现金流量。

静态投资回收期亦可根据全部投资财务现金流量表中累计净现金流量计算求得，其详细计算公式为：

$$P_t = \left[\frac{累计净现金流量}{开始出现正值或零的年份数}\right] - 1 + \frac{上年累计净现金流量绝对值}{当年净现金流量} \tag{4-2a}$$

特别强调，当投资在期初一次性投入，且每年的净收益固定不变时，静态投资回收期的计算公式简化为：

$$P_t = \frac{TI}{R} \tag{4-2b}$$

式中　TI——总投资；
　　　R——年收益。

用投资回收期 P_t 评价投资项目时，需要与同类项目的历史数据和投资者意愿确定的基准投资回收期 P_c 相比较，判别准则如下：

若 $P_t \leq P_c$，则项目可以考虑接受。

若 $P_t > P_c$，则项目应予以拒绝。

【例4-1】 某工程项目期初投资1000万元，一年建成投产并获得收益。每年收益和经营成本见表4-2。该项目寿命期为10年，若基准投资回收期为6年，试计算该项目的投资回收期，并判断方案是否可行。

表4-2　现金流量表　　　　　　　　　　　　　　（单位：万元）

年份 项目	0	1	2	3	4	5	6	7	8	9	10
投资额	1000										
年收入		400	500	500	530	550	550	550	550	550	580
年经营成本		300	300	200	200	200	200	200	200	200	250

解：计算项目的净现金流量和累计现金流量，见表4-3，则

$$P_t = 5 - 1 + |-120|/350 = 4.34 （年）$$

$P_t < P_c$，所以项目可行。

表4-3　现金流量表　　　　　　　　　　　　　　（单位：万元）

年份 项目	0	1	2	3	4	5	6	7	8	9	10
投资额	1000										
年收入		400	500	500	530	550	550	550	550	550	580

(续)

年份 项目	0	1	2	3	4	5	6	7	8	9	10
年经营成本		300	300	200	200	200	200	200	200	200	250
NCF	−1000	100	200	300	280	350	350	350	350	350	330
∑NCF	−1000	−900	−700	−400	−120	230	580	930	1280	1630	1960

静态投资回收期的优点：

（1）概念清晰，反映问题直观，计算方法简单。

（2）该指标不仅在一定程度上反映项目的经济性，而且反映项目的风险大小。项目决策面临着未来的不确定性因素的挑战，这种不确定性所带来的风险随着时间的延长而增加，因为离现时越远，人们所能确知的东西就越少。为了减少这种风险，当然是希望投资回收期越短越好。因此，作为能够在一定程度上反映项目经济性和风险性的静态投资回收期，在项目评价中具有独特的地位和作用，被广泛用作项目评价的辅助性指标。

静态投资回收期指标的缺点：

（1）它没有反映资金的时间价值。

（2）它没有考虑回收以后的收入和支出数据，故不能全面反映项目在寿命期内的真实状态，难以对不同方案的比选做出正确评价。

二、投资收益率法

（一）概念

投资收益率，是指项目达到设计生产能力后的一个正常年份的年息税前利润与项目总投资的比率。对生产期内各年的年息税前利润变化幅度较大的项目，则应计算生产期内年平均年息税前利润与项目总投资的比率。它适用于项目处于初期阶段或者项目投资不大、生产比较稳定的财务盈利性分析。

（二）计算

总投资收益率的计算公式为：

$$\text{ROT} = \frac{\text{EBIT}}{\text{TI}} \times 100\% \tag{4-3}$$

式中 TI——总投资额，包括固定资产投资和流动资金等；

EBIT——项目达产后正常年份的年息税前利润或平均年息税前利润，包括企业利润总额和支出利息。

总投资收益率指标未考察资金的时间价值，而且没有考虑项目建设期、寿命期等众多经济数据，故通常仅用于项目初步可行性研究阶段。

用总投资收益率指标评价投资方案的经济效果，需要与同类项目的历史数据及投资者意愿等确定的基准投资收益率作比较。若基准收益率为 R_b，则判别标准如下：

当 $\text{ROT} \geq R_b$，则项目可以考虑接受。

当 $\text{ROT} < R_b$，则项目应予以拒绝。

【例4-2】 某项目经济数据见表4-4，已知基准投资收益率为15%，达产年为第5年，试计算项目的总投资收益率并对项目的取舍作出判断。

解：由表中数据可得：

$$ROT = \frac{EBIT}{TI} \times 100\% = \frac{200}{750} \times 100\% = 27\%$$

表 4-4　某项目的投资及收益　　　　　　　　　　　　　　（单位：万元）

年份 项目	0	1	2	3	4	5	6	7	8	9	10
1. 建筑投资	180	240	80								
2. 流动资金			250								
3. 总投资（1+2）	180	240	330								
4. 营业收入				300	400	500	500	500	500	500	500
5. 总成本				250	300	350	350	350	350	350	350
6. 利息				50	50	50	50	50	50	50	50
7. 息税前利润（4-5+6）				100	150	200	200	200	200	200	200
8. 累计净现金流量	-180	-420	-750	-650	-500	-300	-100	100	300	500	700

三、静态评价方法小结

（1）静态评价方法应用广泛，其最大的优点是简便、直观，主要适用于方案的初期评价。

（2）静态投资回收期、投资收益率等静态指标都要与相应的基准值进行比较，以此判断方案是否可行。

（3）静态投资回收期和投资收益率可以独立对单一方案进行评价。

（4）静态评价方法的缺点有：不能直观反映项目的总体盈利能力，因为它没有计算偿还完投资以后的盈利情况；未考虑方案在经济寿命期内费用、收益的变化情况，未考虑各方案经济寿命的差异对经济效果的影响；未考虑资金的时间价值，当项目运行时间较长时，不宜采用。

第三节　动态评价方法

考虑资金时间价值的评价方法称为动态评价方法。它以等值计算为基础，把投资方案中发生在不同时点的现金流，转换为同一时点的值或等值序列，计算方案的特征值（指标值），然后依据所选定的指标基准值并在满足可比性的条件下，进行评价比较，以确定较优方案。

常用的动态评价方法主要有：动态投资回收期法、净现值法、净现值率法、费用现值法、净年值法、费用年值法、内部收益率法。

一、动态投资回收期法

（一）概念

动态投资回收期（P_D）是指在考虑资金时间价值的条件下，按设定的基准收益率收回全部投资所需的时间。该方法主要是为了克服静态投资回收期法未考虑资金时间因素的缺点。

(二) 计算

根据动态投资回收期的概念，其计算公式可表示为：

$$\sum_{t=0}^{P_D} (CI - CO)_t (1 + i_0)^{-t} = 0 \tag{4-4}$$

式中 i_0——基准收益率；

P_D——动态投资回收期。

动态投资回收期亦可根据全部投资财务现金流量表中累计净现金流量的折现值计算求得，其详细计算公式为：

$$P_D = \left[\frac{累计净现金流量折现值}{开始出现正值或零的年份数} \right] - 1 + \frac{上年累计净现金流量折现值的绝对值}{当年净现金流量折现值} \tag{4-5}$$

用动态投资回收期评价投资项目的可行性需要与基准动态投资回收期比较，若基准动态投资回收期为 P_b，其判别准则如下：

若 $P_D \leq P_b$，则项目可以考虑接受；否则应予以拒绝。

【例 4-3】 用【例 4-1】的数据计算其动态投资回收期，并对项目进行可行性判断。基准折现率为 8%，基准动态投资回收期为 6 年。

解：计算项目的现金流量折现值和累计现金流量折现值，见表 4-5。

$$P_D = 5 - 1 + |-120|/350 = 4.34 \text{（年）}$$

$P_D < P_b$，所以项目可行。

表 4-5 现金流量表　　　　　　　　　　　　　　（单位：万元）

年份 项目	0	1	2	3	4	5	6	7	8	9	10
投资额	1000										
年收入		400	500	500	530	550	550	550	550	550	580
年经营成本		300	300	200	200	200	200	200	200	200	250
NCF	-1000	100	200	300	280	350	350	350	350	350	330
∑NCF	-1000	-900	-700	-400	-120	230	580	930	1280	1630	1960
P	-1000	92.6	171.5	238.1	205.8	238.2	220.6	204.2			
∑P	-1000	-907.4	-735.9	-497.8	-292	-53.8	166.8	371			

动态投资回收期法没有考虑回收期后的经济效果，因此也不能全面反映项目在寿命期内的真实效益，通常只适用于辅助性评价。

二、净现值法

(一) 概念

净现值 (Net Present Value，NPV) 是指按一定的折现率 (基准折现率 i_0)，将各年的净现金流量折现到同一时点 (计算基准年，通常是期初) 的现值的累加值。净现值法是考察建设项目在其计算期内盈利能力的主要动态评价指标之一。

(二) 计算

净现值的计算公式为：

$$\mathrm{NPV} = \sum_{t=0}^{n} (\mathrm{CI} - \mathrm{CO})_t (1 + i_0)^{-t} \tag{4-6}$$

式中　i_0——基准收益率；

　　　NPV——净现值；

　　　n——计算期。

(三) 判断标准

(1) 对单一方案，当 NPV≥0，表示项目实施后的收益率不小于基准收益率，方案可予以接受；当 NPV<0，表示项目的收益率没有达到基准收益率，应予以拒绝。

(2) 寿命期相等的多方案，则净现值非负且最大最优。

【例 4-4】 某项目期初投资 1000 万元，投产后年净收益为 300 万元，若计算期为 5 年，基准收益率为 10%，期末残值为 0。试用净现值法判断该方案的可行性。

解： 根据题意列出项目的现金流量表，见表 4-6。

NPV = 137.24 万元 > 0，方案可行。

项目的净现值为 137.24 万元，说明项目达到 10% 的收益率外，还有额外的 137.24 万元的收益现值。

表 4-6　项目现金流量表　　　　　　　　　　　（单位：万元）

年份	0	1	2	3	4	5
现金流入 CI_t		300	300	300	300	300
现金流出 CO_t	1000					
净现金流量 NCF_t	−1000	300	300	300	300	300
折现系数 $(1+i)^{-t}$	1	0.9091	0.8264	0.7513	0.6830	0.6209
折现值 P	−1000	272.73	247.93	225.39	204.93	186.28
累计折现值 $\sum P$	−1000	−727.27	−479.34	−253.94	−49.04	137.24

净现值也可利用现金流量图，采用等值计算方法求得。

【例 4-5】 某工程项目第 1 年投资 1000 万元，第 2 年投资 500 万元，两年建成投产并获得收益。每年收益和经营成本见表 4-7。若基准收益率为 5%，试画出该项目净现金流量图，并用净现值法判断方案是否可行。

表 4-7　项目现金流量表　　　　　　　　　　　（单位：万元）

年份	0	1	2	3	4	5	6	7	8	9
投资额	1000	500								
年收入			400	450	500	500	500	500	500	550
年经营成本			300	300	250	250	250	250	250	250

解： 算出项目各年的净现金流量，并画出项目净现金流量图，如图 4-2 所示。

根据净现金流量图，可计算该项目的净现金值为：

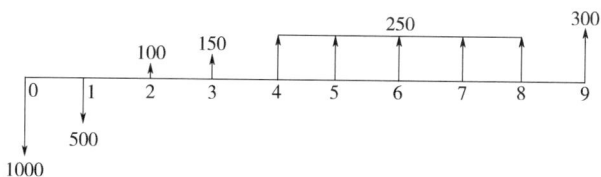

图 4-2 项目净现金流量图

$$NPV = -1000 - 500\,(P/F,\ 5\%,\ 1) + 100\,(P/F,\ 5\%,\ 2) + 150\,(P/F,\ 5\%,\ 3) + $$
$$250\,(P/A,\ 5\%,\ 5)(P/F,\ 5\%,\ 3) + 300\,(P/F,\ 5\%,\ 9)$$
$$= -127.5945\ (万元)$$

由于 NPV < 0，所以项目不可行，应予以拒绝。

需要注意的是，NPV < 0，并不代表方案不盈利，只是达不到基准收益率要求的盈利水平。

（四）净现值函数

净现值函数是指净现值 NPV 随着折现率 i 的变化而变化的函数关系。从净现值计算公式可知，在项目净现金流量既定的情况下，折现率 i 变化时，净现值 NPV 将随 i 的增大而减少。若 i 连续变化，可得出 NPV 随 i 变化的函数，即净现值函数。

例如，某项目期初投资 1000 万元，当年投产并收益，每年净现金流量为 400 万元，寿命期为 4 年，则该项目的净现值表达式为：

$$NPV = 400\,(P/A,\ i,\ 4) - 1000$$

其净现值随折现率变化值和净现值函数曲线见表 4-8 和图 4-3。

表 4-8 净现值随折现率 i 的变化值

折现率 i（%）	0	5	10	15	20	22	25	30	40	∞
净现值 NPV/万元	600	418	268	142	35	0	-55	-134	-260	-1000

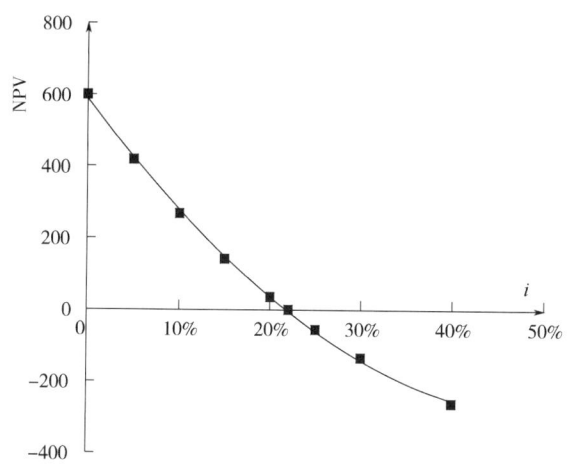

图 4-3 净现值函数曲线

从图 4-3 可以发现，净现值函数曲线一般有以下特点：

净现值随折现率 i 的增大而减小。因此，当基准折现率越大，项目的净现值越小，甚至为零或者负值,方案被接受的可能性就越小。

净现值随折现率的增大从正值变为负值,其临界点 NPV=0 时的折现率是一个具有重要意义的折现率,后面会对其进行详细分析。

(五) 基准折现率 i_0 的确定

基准折现率 i_0 又称为最低期望收益率,是企业或者行业投资者以动态观点所确定的、可接受的投资项目的最低标准收益率,它表明投资决策者对项目资金时间价值的估价,是投资者应当获得的最低盈利水平,是评价和判断投资方案在经济上是否可行的重要经济参数,是选择方案的决策标准。

基准折现率 i_0 的确定一般以行业的平均收益率为基准,同时综合考虑资金成本和机会成本、投资风险、通货膨胀率以及资金限制等因素。国家发展和改革委员会按照企业和行业投资收益率,并考虑了产业政策、资源劣化程度、技术进步和价格变动等因素,分行业确定颁布了基准收益率,基准收益率也是国家对投资调控的手段。

(六) 净现值 NPV 的优缺点

1. 净现值 NPV 的优点

(1) 考虑了投资项目在整个经济寿命期内的收益。

(2) 考虑了投资项目在整个经济寿命期内的再投资。

(3) 反映了纳税后的投资效果。

2. 净现值 NPV 的缺点

(1) 基准折现率 i_0 难以事先确定。i_0 定得高,NPV 值较少甚至为负,使方案难以通过;反之,方案又容易被通过。

(2) 用净现值比选方案时,没有考虑投资额的大小,不能直接反映资金的利用效率。例如,两个投资方案 A 和 B,寿命周期相同,A 方案投资 1000 万元,净现值为 100 万元;B 方案投资 500 万元,净现值为 60 万元,如按净现值比选,由于 $NPV_A > NPV_B$,所以 A 方案优于 B 方案。但实际上 B 方案资金利用率高于 A 方案,为了考虑资金的利用效率,通常用净现值率作为净现值的辅助指标。

(3) 用净现值对多方案进行比选时,方案周期必须相等;若不等,必须采用最小公倍数法使各方案周期相等,或采用年值法比选。

三、净现值率法

(一) 概念

净现值用于多方案比较时,虽然能反映每个方案的盈利水平,但是由于没有考虑各方案投资额的多少,因而不能直接反映资金的利用效率。为了考察资金的利用效率,可采用净现值率作为净现值的补充指标。

净现值率 (NPVR) 和净现值一样是反映建设项目在计算期内获利能力的动态评价指标。净现值率是按基准折现率求得的方案计算期内的净现值与其全部投资现值的比率。

(二) 计算

净现值率的计算公式为:

$$NPVR = \frac{NPV}{K_p} \tag{4-7}$$

式中　NPVR——净现值率；
　　　K_p——项目总投资现值。

净现值率的经济含义是表示单位投资现值所取得的净现值额，也就是单位投资现值所取得的超额净效益。净现值率的最大化，将有利于实现有限投资取得净贡献的最大化。

净现值率法的判别准则：用净现值率评价方案时，当NPVR≥0，方案可行；当NPVR＜0，方案不可行。

用净现值率进行方案比较时，以净现值率较大的方案为优。净现值率一般作为净现值的辅助指标来使用。净现值率法主要适用于多方案的优劣排序。

【例4-6】 某物流工程有A、B两种方案均可行，现金流量见表4-9，当基准折现率为10%时，试用净现值法和净现值率法比较评价择优方案。

表4-9　A、B方案现金流量表　　　　　　　（单位：万元）

年份		0	1	2	3	4	5
投资	A	2000					
	B	3000					
现金流入	A		1000	1500	1500	1500	1500
	B		1500	2500	2500	2500	2500
现金流出	A		400	500	500	500	500
	B		1000	1000	1000	1000	1000

解：用净现值判断：

$NPV_A = -2000 + (1000 - 400)(P/F, 10\%, 1) + (1500 - 500)(P/A, 10\%, 4)(P/F, 10\%, 1)$
　　　$= 1427$（万元）

$NPV_B = -3000 - 1000(P/A, 10\%, 5) + 1500(P/F, 10\%, 1) + 2500(P/A, 10\%, 4)(P/F, 10\%, 1)$
　　　$= 1777$（万元）

由于$NPV_A < NPV_B$，所以方案B更优。

用净现值率判断：

$$NPVR_A = 1427/2000 = 0.7135$$
$$NPVR_B = 1777/3000 = 0.5923$$

由于$NPVR_A > NPVR_B$，所以方案A更优，这与用净现值法计算的结论相反。

由此可见，当方案的投资额不相等时，除用净现值法外，往往需要用净现值率作为辅助评价指标，才能做出更合理的评价。

本例中，方案A的净现值率为0.7135，其含义是方案A除了有10%的基准收益率外，每万元现值投资尚可获得0.7135万元的现值收益。

四、费用现值法

（一）概念

在对多个方案比较选优时，如果各方案产出价值相同，或者各方案能够满足同样需要，但其产出效益难以用价值形态（货币）计量（如环保、教育、保健、国防）时，可以通过对各方案费用现值或费用年值的比较进行选择。费用年值法将在本节后面介绍。

费用现值是不同方案在计算期内的各年成本按基准收益率换算为基准年的现值与方案的总投资现值的和。费用现值越小，其方案经济效益就越好。

（二）计算

考虑资金时间的费用现值公式为：

$$PC = \sum_{t=0}^{n} CO_t(P/F, i_0, t)$$
$$= \sum_{t=0}^{n} (K + C' - S_v - W)_t (P/F, i_0, t) \tag{4-8}$$

式中　PC——费用现值或现值成本；
　　　C'——年经营成本；
　　　S_v——计算期末回收的固定资产余值；
　　　W——计算期末回收的流动资金。

【例 4-7】 某项目有三个方案 A、B、C 均能满足同样的需要。其费用数据见表 4-10。在基准折现率 10% 的情况下，试用费用现值法确定最优方案。

解：$PC_A = 200 + 80 (P/A, 10\%, 10) = 691.6$（万元）
　　$PC_B = 300 + 50 (P/A, 10\%, 10) = 607.25$（万元）
　　$PC_C = 500 + 20 (P/A, 10\%, 10) = 622.9$（万元）

表 4-10　三个方案的费用数据　　　　　　　　（单位：万元）

方案	总投资 （第 0 年年末）	年运营费用 （第 1 年到第 10 年）
A	200	80
B	300	50
C	500	20

根据费用最小的选优原则，方案 B 最优，C 次之，A 最差。

在运用费用现值法进行多方案比较时，应注意以下两点：①各方案除费用指标外，其他指标和有关因素应基本相同，如产量、质量、收入应基本相同，在此基础上比较费用的大小。②被比较的各方案，特别是费用现值最小的方案，应是能够达到盈利目的的方案。因为费用现值只能反映费用的大小，而不能反映净收益情况，所以这种方法只能比较方案优劣，而不能用于判断方案是否可行。

五、净年值法

净年值（金）法，是将各方案在寿命期内不同时点发生的所有现金流量按基准收益率换算成与其等值的等额支付序列年值（金）。由于换算成年值（金），所以有了时间上的可比性，故可据此进行不同寿命期方案的评价、比较和选择。

（一）概念

净年值法（NAV），是将方案各个不同时点的净现金流量按基准收益率折算成与其等值的整个寿命期内的等额支付序列年值后再进行评价、比较和选择的方法。

(二) 计算

净年值的计算公式为：

$$NAV = NPV(A/P, i_0, n) \tag{4-9}$$

式中 NAV——净年值。

判别准则为：

(1) 在独立方案或单一方案评价时，NAV≥0，方案可行；NAV<0，方案不可行。

(2) 多方案比较时，净年值大的方案为优选方案。

显而易见，净年值是方案在寿命期内每年除获得按基准收益率应得的收益外，所取得的等额超额收益。

将式 (4-9) 与式 (4-6) 相比较可知，净年值与净现值在项目评价的结论上是一致的。因此，就项目的评价结论而言，净年值与净现值是等效评价指标。净现值给出的信息是项目在整个寿命期内获取的超出最低期望盈利的超额收益现值，净年值给出的信息是寿命期内每年的等额超额收益。由于信息的含义不同，而且由于在某些决策结构形式下，采用净年值比采用净现值更为简便和易于计算，故净年值指标在经济评价指标体系中也占有很重要的地位。

【例 4-8】 某投资方案的净现金流量如图 4-4 所示，设基准收益率为 10%，求该方案的净年值。

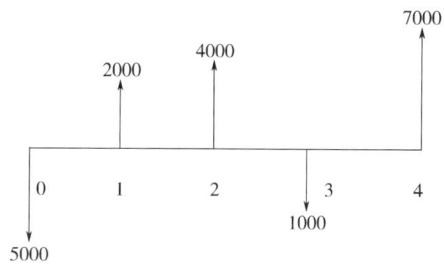

图 4-4 投资方案现金流量（单位：万元）

解：NAV = [−5000 + 2000 (P/F, 10%, 1) + 4000 (P/F, 10%, 2) − 1000 (P/F, 10%, 3) + 7000 (P/F, 10%, 4)] (A/P, 10%, 4)
= 1311 (万元)

还可以先计算项目的终值来求年值：

NAV = [−5000 (F/P, 10%, 4) + 2000 (F/P, 10%, 3) + 4000 (F/P, 10%, 2) − 1000 (F/P, 10%, 1) + 7000] (A/F, 10%, 4)
= 1311 (万元)

六、费用年值法

(一) 概念

与净现值和净年值指标的关系类似，费用年值（AC）与费用现值也是一对等效评价指标，费用年值是将方案计算期内不同时点发生的所有支出，按基准收益率折算成与其等值的等额支付序列年费用。

(二) 计算

根据费用年值与费用现值的关系，费用年值计算公式为：

$$AC = \left[\sum_{t=0}^{n} CO_t(P/F, i_0, t)\right](A/P, i_0, t)$$

$$= \left[\sum_{t=0}^{n} (K + C' - S_v - W)_t (P/F, i_0, t)\right](A/P, i_0, t) \quad (4\text{-}10)$$

式中 AC——费用年值。

【例 4-9】 两种机床资料见表 4-11，基准收益率为 15%，试用年费用比较评价和选择最优可行方案。

表 4-11 两种机床资料数据

	投资/元	年经营费用/元	净残值/元	使用寿命/年
机床 A	3000	2000	500	3
机床 B	4000	1600	0	5

解：$AC_A = [3000 + 2000(P/A, 15\%, 3) - 500(P/F, 15\%, 3)](A/P, 15\%, 3)$
$= 3170$（元）

$AC_B = [4000 + 1600(P/A, 15\%, 5)](A/P, 15\%, 3) = 2793$（元）

所以，机床 B 为最优可选方案。

七、内部收益率法

（一）概念

内部收益率（Internal Rate of Return，IRR）又称为内部报酬率，是指项目在计算期内净现值等于零时的折现率。它是除净现值以外的另一个重要的动态经济评价指标。净现值是求收益与耗费的绝对值，而内部收益率是求收益与耗费的相对值。

（二）计算

内部收益率可从以下方程式计算得出。

$$\sum_{t=0}^{n} (CI - CO)_t (1 + i)^{-t} = 0 \Rightarrow IRR = i \quad (4\text{-}11)$$

内部收益率的几何意义可以在图 4-3 中得到解释。由图 4-3 可知，随折现率的不断增大，净现值不断减小。当折现率增至 22% 时，项目净现值为零。对该项目而言，其内部收益率即为 22%。一般而言，IRR 是 NPV 函数曲线与横轴交点处的折现率。

内部收益率的判别准则：

求得的内部收益率 IRR 要与项目的基准收益率 i_0 相比较。当 $IRR \geq i_0$ 时，表明项目可行；当 $IRR < i_0$ 时，则表明项目不可行。

式（4-11）是一个高次方程，直接用式（4-11）求解 IRR 是比较复杂的，因此在实际应用中通常采用"线性内插法"求 IRR 的近似解。线性内插法求解 IRR 的原理如图 4-5 所示，其求解步骤如下：

(1) 计算各年的净现金流量。

(2) 在满足下列两个条件的基础上，预先估计两个适当的折现率 i_1 和 i_2：

1) $i_1 < i_2$ 且 $|i_1 - i_2| \leq 5\%$，实际应用中常会有 $|i_1 - i_2| \leq 3\%$。

2) $NPV(i_1) > 0$ 和 $NPV(i_2) < 0$。如果预估的 i_1 和 i_2 不满足这两个条件就要重新预估直至满足条件。

(3) 用线性内插法近似求得内部收益率 IRR。如图 4-5 所示，

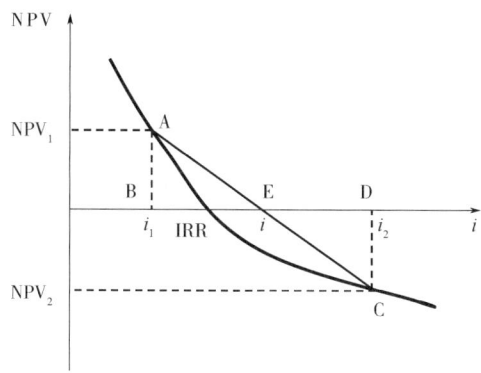

图 4-5 线性内插法图解

因为 $\triangle ABE \sim \triangle CDE$

所以 $\dfrac{AB}{CD} = \dfrac{BE}{DE}$

即 $\dfrac{NPV_1}{|NPV_2|} = \dfrac{i - i_1}{i_2 - i}$

解得

$$IRR \approx i = i_1 + \dfrac{NPV_1}{NPV_1 + |NPV_2|}(i_2 - i_1) \qquad (4\text{-}12)$$

式中 i_1——插值用的低折现率；
  i_2——插值用的高折现率；
  NPV_1——i_1 计算的净现值（正值）；
  NPV_2——用 i_2 计算的净现值（负值）。

【例 4-10】 某工程的现金流量见表 4-12，基准收益率为 10%，试用内部收益率法分析该方案是否可行。

表 4-12 现金流量表 （单位：万元）

年份	0	1	2	3	4	5
现金流量	-100	20	30	20	40	40

解：取 $i_1 = 10\%$

$NPV_1 = -100 + 20(P/F, 10\%, 1) + 30(P/F, 10\%, 2) + 20(P/F, 10\%, 3) +$
    $40(P/F, 10\%, 4) + 40(P/F, 10\%, 5)$
  $= -100 + 20 \times 0.9091 + 30 \times 0.8265 + 20 \times 0.7513 + 40 \times 0.6830 + 40 \times 0.6209$
  $= 10.16$（万元） > 0

取 $i_2 = 15\%$

$NPV_2 = -100 + 20(P/F, 15\%, 1) + 30(P/F, 15\%, 2) + 20(P/F, 15\%, 3) +$
    $40(P/F, 15\%, 4) + 40(P/F, 15\%, 5)$
  $= -100 + 20 \times 0.8696 + 30 \times 0.7561 + 20 \times 0.6575 + 40 \times 0.5718 + 40 \times 0.4972$
  $= -4.02$（万元） < 0

可见，IRR 在 10% ~ 15%。

$$IRR = i_1 + \frac{NPV_1}{NPV_1 + |NPV_2|}(i_2 - i_1)$$

$$= 10\% + \frac{10.16}{10.16 + |-4.02|}(15\% - 10\%) = 13.05\%$$

因为 IRR = 13.05% > 10%，所以该方案可行。

（三）内部收益率的经济含义

内部收益率是用以评价项目方案全部投资的经济效益的指标，其数值大小表达的并不是一个项目初始投资的收益率，而是尚未回收的投资余额的年盈利率。

【例 4-11】 某企业用 10000 元购买设备，计算期为 5 年，各年的净现金流量如图 4-5 所示。

解： $NPV = -10000 + 2000(P/F, i, 1) + 4000(P/F, i, 2) +$
$7000(P/F, i, 3) + 5000(P/F, i, 4) + 3000(P/F, i, 5) = 0$

以 $i_1 = 28\%$ 代入，得 $NPV_1 = 79$ 元；以 $i_2 = 30\%$ 代入，得 $NPV_2 = -352$ 元。

$$IRR = 28\% + \frac{79}{79 + |-352|}(30\% - 28\%) = 28.35\%$$

用 IRR = 28.35% 来计算，收回全部投资所需要的时间见表 4-13。

表 4-13 投资余额利息计算表 （单位：元）

年份	t 期期初未收回的投资	t 至 t+1 期获得的利息	t 期期末的现金流量	t 至 t+1 期期初未收回的投资
	(1)	(2) = (1) × i	(3)	(4) = (1) + (2) + (3)
0			-10000	-10000
1	-10000	-2835	2000	-10835
2	-10835	-3072	4000	-9907
3	-9907	-2809	7000	-5716
4	-5716	-1621	5000	-2337
5	-2337	-663	3000	0

在 5 年内现金流入的偿还过程如图 4-6 所示。

从图中可知，IRR = 28.35%，不仅是使各期现金流量的现值之和为零的利率，而且也是使投资加上各年未回收的投资余额的利息在项目计算期结束时正好全部回收的利率。

内部收益率的经济含义可以这样理解：在项目的整个寿命期内按利率 i = IRR 计算，始终存在未能回收的投资，而在寿命期结束时，投资恰好被完全回收。也就是说，在项目寿命期内，项目始终处于"偿付"未被回收的投资的状况。因此，项目的"偿付"能力完全取决于项目内部，故有"内部收益率"之称谓。

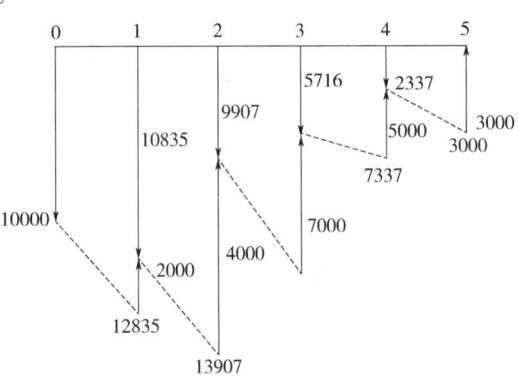

图 4-6 IRR 经济含义示意图（单位：元）

由上例可知，内部收益率的经济含义还有另一种表达方式，即它是项目寿命期内没有回收的投资的盈利率。它不是初始投资在整个寿命期内的盈利率，因而它不仅受到项目初始投资规模的影响，而且受项目寿命期内各年净收益大小的影响。

（四）内部收益率唯一性的讨论

【例 4-12】 某项目净现金流量见表 4-14。

表 4-14　正负号多次变化的净现金流序列　　　　　　（单位：万元）

年 份	0	1	2	3
净现金流量	-100	470	-720	360

经过计算可知，使该项目净现值为零的折现率有三个：$i_1 = 20\%$，$i_2 = 50\%$，$i_3 = 100\%$。净现值曲线如图 4-7 所示。

求解内部收益率的方程式是一个高次方程。为方便起见，令 $(1+\mathrm{IRR})^{-1} = x$，$(\mathrm{CI}-\mathrm{CO})_t = a_t$（$t=1, 2, 3, \cdots, n$），则方程可写成式（4-13）。

$$a_0 + a_1 x + a_2 x^2 + \cdots + a_n x^n = 0 \quad (4-13)$$

这是一个 n 次方程，必有 n 个根（包括复数根和重根），故其正实数根可能不止一个。根据笛卡儿符号法则，若方程的系数序列 $\{a_0, a_1, a_2, \cdots, a_n\}$ 的正负号的变化次数为 p，则方程的正根个数（1 个 k 重根按 k 个计算）等于 p 或比 p 少一个正偶数。当 $p=0$ 时，方程无正根；当 $p=1$ 时，方程有且仅有一个单正根。也就是说，在 $-1 < \mathrm{IRR} < \infty$ 的域内，若项目净现金流量序列 $(\mathrm{CI}-\mathrm{CO})_t$（$t=1, 2, 3, \cdots, n$）的正负号仅变一次，内部收益率肯定有唯一解，而当净现金流序列的正负号有多次变化时，内部收益率方程可能有多解。

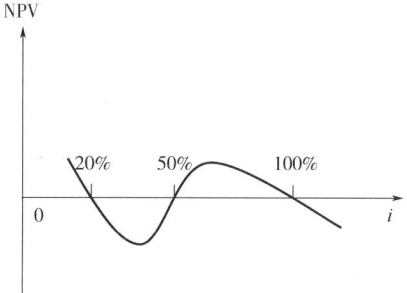

图 4-7　内部收益率多解示意图

在例 4-12 中，净现金流序列（-100，470，-720，360）的正负号变化了 3 次，内部收益率方程恰有 3 个正数根。

通常将投资项目净现金流序列的符号只变一次且由负变正的项目称作常规项目，净现金流序列符号变化多次的项目称作非常规项目。

就通常情况而言，在项目寿命期初（投资建设期和投产初期），净现金流量一般为负值（现金流出大于现金流入），项目进入正常生产期后，净现金流量就会变成正值（现金流入大于流出），所以，绝大多数投资项目属于常规项目。只要其累积净现金流量大于零，内部收益率就有唯一解。

非常规投资项目内部收益率方程可能有多个正实根，这些根中是否有真正的内部收益率需要按照内部收益率的经济含义进行检验。即若以这些根作为盈利率，在项目寿命期内是否始终存在未被回收的投资。以【例 4-12】中 $i_1 = 20\%$ 为例，表示投资回收过程的现金流量图如图 4-8 所示。

在图 4-8 中，初始投资（100 万元）在第 1 年年末完全收回，且项目有净盈余 350 万元；第 2 年年末又有未收回的投资（300 万元）；第 3 年即寿命期末又

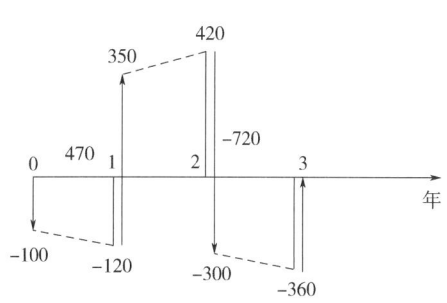

图 4-8　以 20% 利率回收投资的现金流量图

全部收回。根据内部收益率的经济含义可知，第2年年初的350万元净盈余，其20%的盈利率不是在项目之内，而是在项目之外获得的，故这20%不是项目的内部收益率。同样，对 i_2 和 i_3 做类似的计算，就会发现寿命期内（第1年）都存在初始投资不但全部收回且有盈余的情况，故它们也不是项目的内部收益率。

可以证明，对于非常规项目，只要内部收益率方程存在多个正根，则所有的根都不是真正的项目内部收益率。但若非常规项目的内部收益率方程只有一个正根，则这个根就是项目的内部收益率。

在实际工作中，对于非常规项目可以用通常的办法（如试算内插法）先求出一个 IRR 的解，对这个解按照内部收益率的经济含义进行检验。若满足内部收益率经济含义的要求（项目寿命期内始终存在未被收回的投资），则这个解就是内部收益率的唯一解，否则项目无内部收益率，不能使用内部收益率指标进行评价。

内部收益率被普遍认为是项目投资的盈利率，反映了投资的使用效率，概念清晰明确。比起净现值与净年值来，各行各业的实际经济工作者更喜欢采用内部收益率。内部收益率的另一个优点，就是在计算净现值和净年值时都需要事先给定基准折现率，这是一个既困难又易引起争论的问题；而内部收益率不是事先外生给定的，是内生决定的——由项目现金流计算出来的。

内部收益率的不足之处是计算比较麻烦，而且在实际应用中还有一定的局限性。如果只根据 IRR 指标大小来进行多方案比较选择最优方案时，可能会使那些投资大、IRR 小，但收益总额大的方案落选。因此，IRR 指标往往和 NPV 指标结合起来使用，因为 NPV 指标大的方案，IRR 未必大，反之亦然。

八、动态评价方法小节

前面讲述的一些主要指标在投资项目评价中的意义也可以由累积折现值和累积净现金流量曲线形象地表示出来。

图4-9是根据【例4-2】中的表4-4经济数据绘出的示意图。图中项目寿命期为10年，AM 为第一笔投资180万元，第2年年末投资结束并开始投资回收的过程，投资总额为 BD。在不考虑资金时间价值的情况下，累积净现金流量曲线 ADCG 在 C 点与横坐标相交，AB 表示项目建设期阶段，基本建设投资和流动资金投资均在这一阶段完成；BH 表示生产经营期

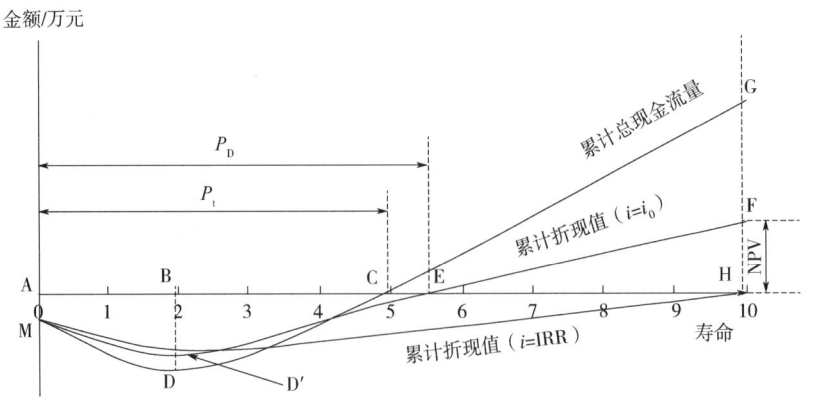

图4-9 累计净现金流量和累计折现值曲线示意图

阶段。静态投资回收期为 AC，到项目寿命期末累积净现金流量为 GH。

当项目各年净现金流量以基准折现率 i_0 折现时，累积折现值曲线 AD′EF 与横坐标交于 E 点，这条曲线反映了项目逐年累积折现值随时间的变化。BD′表示总投资现值；动态投资回收期为 AE；项目寿命期末的累积折现值 FH 即为项目的净现值。

当项目各年净现金流量以内部收益率 IRR 折现时，在项目寿命期内累积折现值始终为负值，意味着始终存在未被收回的投资，到项目寿命期结束时，投资恰被全部收回，这意味着若以内部收益率为折现率，项目净现值为零。

第四节　投资方案的选择

工程项目方案进行经济评价，除了采用上述的评价指标（如投资回收期、净现值、内部收益率等）对单个方案进行评价外，往往决策者还面临多个方案之间进行评价选择，即投资项目有几种可供选择的技术方案。在实践中，由于决策的复杂性，往往只有对多方案进行比较评价，才能决策出技术上先进适用、经济上合理有利、社会效益大的最优方案。

多方案的动态评价方法的选择与各比选项目方案的类型，即项目方案之间的相互关系有关。按方案之间的经济关系，可分为相关方案与非相关方案。如果采纳或放弃某一方案并不显著地改变另一方案的现金流系列，或者不影响另一方案，则认为这两个方案在经济上是不相关的。如果采纳或放弃某一方案显著地改变了其他方案的现金流系列，或者要影响其他方案，则认为这两个（或多个）方案在经济上是相关的。为了叙述上的方便，根据方案的性质，我们将方案分为三种类型：

（1）互斥型。即在多方案中只能选择一个，其余方案必须放弃。方案不能同时存在，方案之间的关系具有互相排斥的性质。

（2）独立型。作为评价对象的各个方案的现金流量是独立的，不具有相关性，且任一方案的采用与否都不影响其他方案是否采用的决策。即方案之间不具有排斥性，采纳一方案并不要求放弃另外的方案。如果决策的对象是单一方案，则可以认为是独立方案的特例。

（3）混合型。在方案群内包括的各个方案之间既有独立关系，又有互斥关系。不同类型方案的评价指标和方法是不同的，下面分别进行分析。

一、互斥方案的选择

在对互斥方案进行评价时，经济效果评价包含了两部分的内容：一是用经济效果评价指标（如 NPV≥0，NAV≥0，IRR≥i_0）检验方案自身的经济性，称为"绝对经济效果检验（评价）"。凡通过绝对效果检验的方案，就认为它在经济上是可行的，否则就应予以拒绝。二是考察可行方案中哪个方案相对最优，称为"相对经济效果检验（评价）"。一般先以绝对经济效果评价筛选出可行方案，然后以相对经济效果评价优选方案。其步骤如下：①按项目方案投资额从小到大将方案排序；②以投资额最低的方案为临时最优方案，计算此方案的绝对经济效果指标，并与判别标准比较，直至找到可行方案；③依次计算各可行方案间的相对经济效果，并与判别标准（如基准收益率）比较，优胜劣汰，最终取胜者即为最优方案。

在上节中介绍的投资回收期、净现值、净年值、内部投资收益率均可以用来进行绝对经济效果检验。关于相对经济效果指标将在下面介绍。

互斥型方案进行比较时，必须具备以下的可比性条件：①被比较方案的费用及效益计算口径一致；②被比较方案具有相同的计算期；③被比较方案现金流量具有相同的时间单位。

如果以上条件不能满足，各个方案之间不能进行直接比较，就必须经过一定转化后才能进行比较。

（一）寿命期相同的互斥方案的选择

对于寿命期相同的互斥方案，计算期通常设定为其寿命期，这样能满足在时间上的可比性。互斥方案的评价与选择的指标通常采用净现值、净年值和内部收益率比较法，这些方法在本章第二节已初步介绍，本节中将做进一步介绍。

1. 增量分析法

先分析一个寿命期相同的互斥方案评价的例子。

【例4-13】 A、B 是两个互斥方案，其寿命期均为 10 年，方案 A 期初投资为 200 万元，第 1 年到第 10 年每年的净收益为 39 万元。方案 B 期初投资为 100 万元，第 1 年到第 10 年每年的净收益为 19 万元。若基准折现率为 10%，试选择方案。

解：首先计算两个方案的绝对经济效果指标 NPV 和 IRR，计算结果见表 4-15。

$$NPV_A = -200 + 39 (P/A, 10\%, 10) = 39.64 （万元）$$
$$NPV_B = -100 + 19 (P/A, 10\%, 10) = 22.89 （万元）$$

由方程式

$$-2300 + 650 (P/A, IRR, 10) = 0$$
$$-1500 + 500 (P/A, IRR, 10) = 0$$

可求得

$$IRR_A = 14.4\%, IRR_B = 15.1\%$$

表 4-15 互斥方案 A、B 的净现金流量及经济效果指标　　　　（单位：万元）

年份	0	1~10	NPV	IRR
方案 A 的净现金流量	-200	39	39.64	14.4
方案 B 的净现金流量	-100	19	22.89	15.1
增量净现金流量（A-B）	-100	20	16.75	13.8

NPV_A 和 NPV_B 均大于零，IRR_A 和 IRR_B 也均大于基准折现率，所以方案 A 和方案 B 都能通过绝对经济效果检验，且使用 NPV 指标和使用 IRR 指标进行绝对经济效果检验结论是一致的。

用净现值判断，由于 $NPV_A > NPV_B$，故按净现值最大准则方案 A 优于方案 B；用内部收益率判断，$IRR_A < IRR_B$，方案 B 优于方案 A，这与按净现值最大准则比选的结论相矛盾。到底按哪种准则进行互斥方案比选更合理呢？解决这个问题需要分析投资方案比选的实质。投资额不等的互斥方案比选的实质是判断增量投资（或称差额投资）的经济合理性，即投资大的方案相对于投资小的方案多投入的资金能否带来满意的增量收益。显然，若增量投资能够带来满意的增量收益，则投资额大的方案优于投资额小的方案，若增量投资不能带来满意的增量收益，则投资额小的方案优于投资额大的方案。

以上分析中采用的通过计算增量净现金流量评价增量投资经济效果，对投资额不等的互斥方案进行比选的方法称为增量分析法或差额分析法。这是互斥方案比选的基本方法。

2. 增量分析指标

净现值、净年值、投资回收期、内部收益率等评价指标都可用于增量分析，下面作进一步讨论。

(1) 差额净现值。对于互斥方案，利用不同方案的差额现金流量来计算分析的方法，称为差额净现值法。设 A、B 为投资额不等的互斥方案，A 方案比 B 方案投资大，两方案的差额净现值可由式 (4-14) 求出。由式 (4-14) 可知，差额净现值等于净现值的差。

$$\Delta NPV = \sum_{t=0}^{n} [(CI_A - CO_A)_t - (CI_B - CO_B)_t](1+i_0)^{-t}$$
$$= \sum_{t=0}^{n} (CI_A - CO_A)_t (1+i_0)^{-t} - \sum_{t=0}^{n} (CI_b - CO_b)_t (1+i_0)^{-t} \quad (4-14)$$
$$= NPV_A - NPV_B$$

其分析过程是：首先计算两个方案的净现金流量之差，然后分析投资大的方案相对投资小的方案所增加的投资在经济上是否合理，即差额净现值是否大于零。若 $\Delta NPV \geq 0$，表明增加的投资在经济上是合理的，投资大的方案优于投资小的方案；反之，则说明投资小的方案是更经济的。

当有多个互斥方案进行比较时，为了选出最优方案，需要各个方案之间进行两两比较。首先将它们按投资额的大小顺序进行排列，然后从小到大进行比较。每比较一次就淘汰一个方案，从而可大大减少比较次数。

必须注意的是，差额净现值只能用来检验差额投资的效果，或者说是相对效果。差额净现值大于零只表明增加的投资是合理的，并不表明全部投资是合理的。因此，在采用差额净现值法对方案进行比较时，首先必须保证比选的方案都是可行方案。

【例 4-14】 有三个互斥型的投资方案，寿命周期均为 10 年，各方案的初始投资和年净收益见表 4-16。试在折现率为 10% 的条件下选择最佳方案。

表 4-16 互斥方案 A、B、C 的净现金流量表 （单位：万元）

方案	初始投资	年净收益
A	170	44
B	260	59
C	300	68
B - A	-90	15
C - B	-40	9

解： 投资方案按投资额从小到大排列顺序是 A、B、C。首先检验 A 方案的绝对效果，可看作是 A 方案与不投资进行比较。

$$NPV_{A-0} = -170 + 44 (P/A, 10\%, 10) = 100.34 （万元）$$

由于 NPV_{A-0} 大于零，说明 A 方案的绝对效果是好的。

$$NPV_{B-A} = -90 + 15 (P/A, 10\%, 10) = 2.17 （万元）$$

NPV_{B-A} 大于零，即方案 B 优于方案 A，淘汰方案 A。

$$NPV_{C-B} = -40 + 9 (P/A, 10\%, 10) = 15.30 （万元）$$

NPV_{C-B} 大于零，表明投资大的 C 方案优于投资小的 B 方案。

如果用净现值法来计算该题可以得到同样的结论。

$$NPV_A = -170 + 44\ (P/A,\ 10\%,\ 10) = 100.34\ (万元)$$
$$NPV_B = -260 + 59\ (P/A,\ 10\%,\ 10) = 102.51\ (万元)$$
$$NPV_C = -300 + 68\ (P/A,\ 10\%,\ 10) = 117.81\ (万元)$$

因为 $NPV_C > NPV_B > NPV_A > 0$，所以 C 方案最好，B 次之，A 最差。

因此，实际工作中应根据具体情况选择比较方便的比选方法。当有多个互斥方案时，直接用净现值最大准则选择最优方案比两两比较的增量分析更为简便。分别计算各备选方案的净现值，根据净现值最大准则选择最优方案可以将方案的绝对经济效果检验和相对经济效果检验结合起来，判别准则可表述为：净现值最大且非负的方案为最优可行方案。

（2）差额内部收益率。所谓差额内部收益率，是指相比较的两个方案差额净现值等于零时的折现率，假设 A 方案投资大于 B 方案投资，其计算公式为

$$\Delta NPV = \sum_{t=0}^{n} [(CI_A - CO_A)_t - (CI_B - CO_B)_t](1 + \Delta IRR)^{-t}$$
$$= \sum_{t=0}^{n} (\Delta CI - \Delta CO)_t (1 + \Delta IRR)^{-t} = 0 \qquad (4\text{-}15)$$

式中　ΔCI——互斥方案 A、B 的差额（增量）现金流入；

　　　ΔCO——互斥方案 A、B 的差额（增量）现金流出；

　　　ΔIRR——互斥方案 A、B 的差额内部收益率。

差额内部收益率定义的另一种表述方式是：两互斥方案净现值（或净年值）相等时的折现率。其计算公式也可以写成

$$\sum_{t=0}^{n} (CI_A - CO_A)_t (1 + \Delta IRR)^{-t} - \sum_{t=0}^{n} (CI_B - CO_B)_t (1 + \Delta IRR)^{-t} = 0 \qquad (4\text{-}16)$$

用差额内部收益率比选方案的判别准则是：若 $\Delta IRR > i_0$，则投资大的方案为优；若 $\Delta IRR < i_0$，则投资小的方案为优。

下面用净现值函数曲线来说明差额内部收益率的几何意义以及比选方案的原理。

在图 4-10 中曲线 A、B 分别为方案 A、B 的净现值函数曲线。

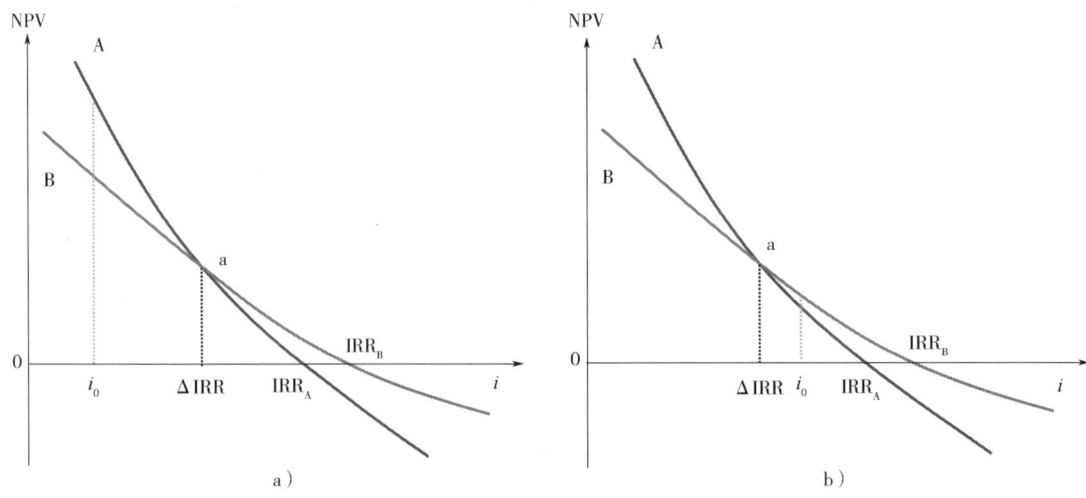

图 4-10　差额内部收益率比选方案

在图中，a 点为 A、B 两方案净现值曲线的交点，在这一点两方案净现值相等。a 点所对应的折现率即为两方案的差额内部收益率 ΔIRR。由图 4-10a 中可以看出，当 $\Delta \text{IRR} > i_0$ 时，$\Delta \text{NPV}_A > \Delta \text{NPV}_B$；由图 4-10b 中可以看出，当 $\Delta \text{IRR} < i_0$ 时，$\Delta \text{NPV}_A < \Delta \text{NPV}_B$。由此可见，用 ΔIRR 与 NPV 比选方案的结论是一致的。

在对互斥方案进行比较选择时，净现值最大准则是正确的，而内部收益率最大准则只在基准折现率大于被比较的两方案的差额内部收益率的前提下成立。也就是说，如果将投资大的方案相对于投资小的方案的增量投资用于其他投资机会，会获得高于差额内部收益率的盈利率时，用内部收益率最大准则进行方案比选的结论就是正确的。但是若基准折现率小于差额内部收益率，用内部收益率最大准则选择方案就会导致错误的决策。由于基准折现率是独立确定的，不依赖于具体待比选方案的差额内部收益率，故用内部收益率最大准则比选方案是不可靠的。

与差额净现值法类似，差额内部收益率只能说明增加投资部分的经济性，并不能说明全部投资的绝对效果。因此，采用差额内部收益率法进行方案比选时，首先必须要判断各比选方案的绝对效果，只有当方案的绝对效果评价是可行的情况下，才能作为比选对象。

【例 4-15】 两个互斥方案，寿命期相同，资料见表 4-17，基准折现率为 15%，试用差额投资内部收益率法比选最优可行方案。

表 4-17　方案资料数据

项目 方案	投资/万元	年收入/万元	年支出/万元	净残值/万元	使用寿命/年
A	5000	1600	400	200	10
B	6000	2000	600	0	10

解： 第一步，计算 NPV 值，判别方案自身可行性。

$$\begin{aligned} \text{NPV}_A &= -5000 + (1600 - 400)(P/A, 15\%, 10) + 200(P/F, 15\%, 10) \\ &= -5000 + 1200 \times 5.019 + 200 \times 0.2472 \approx 1072 \text{（万元）} \end{aligned}$$

$$\begin{aligned} \text{NPV}_B &= -6000 + (2000 - 600)(P/A, 15\%, 10) \\ &= -6000 + 1400 \times 5.019 \approx 1027 \text{（万元）} \end{aligned}$$

NPV_A、NPV_B 均大于零，所以方案 A、B 均可行，按净现值最大判断，方案 A 优于方案 B。

第二步，计算差额投资内部收益率，比较、选择最优可行方案。

设 $i_1 = 12\%$，$i_2 = 14\%$。

$$\begin{aligned} \Delta \text{NPV}_1 &= [-6000 + (2000 - 600)(P/A, 12\%, 10)] - [-5000 + (1600 - 400)(P/A, \\ & \quad 12\%, 10) + 200(P/F, 12\%, 10)] \\ & \approx 66 \text{（万元）} \end{aligned}$$

$$\begin{aligned} \Delta \text{NPV}_2 &= [-6000 + (2000 - 600)(P/A, 14\%, 10)] - [-5000 + (1600 - 400)(P/A, \\ & \quad 14\%, 10) + 200(P/F, 14\%, 10)] \\ & \approx -10 \text{（万元）} \end{aligned}$$

$$\Delta \text{IRR} = i_1 + \frac{\Delta \text{NPV}_1}{\Delta \text{NPV}_1 + |\Delta \text{NPV}_2|} \times (i_2 - i_1)$$

$$= 12\% + \frac{66}{66 + |-10|}(14\% - 12\%) = 13.7\%$$

因为 $\Delta \text{IRR} < i_0$，所以投资小的方案 A 为优。

我们可以回过头来看【例 4-13】，用 ΔNPV 和 ΔIRR 来评价方案，则

$$\Delta \text{NPV} = (39 - 19)(P/A, 10\%, 10) - (200 - 100) = 22.892 \text{（万元）}$$

由方程式 $\quad \Delta \text{NPV} = (39 - 19)(P/A, \Delta \text{IRR}, 10) - (200 - 100) = 0$

可解得 $\quad \Delta \text{IRR} = 15.11\%$

计算结果表明：$\Delta \text{NPV} > 0$，说明投资额大的方案 A 优于投资额小的方案 B；$\Delta \text{IRR} > i_0$，增量投资也有满意的经济效果，同样是投资大的方案 A 优于投资小的方案 B，这两种方法的评价结果是一致的。

（二）寿命期不同的互斥方案的选择

对于寿命期不等的互斥方案，通常需设定一个共同的分析期（或称计算期），以保证在利用资金等值原理进行经济效果评价时的时间可比性。

对于寿命期不等的互斥方案进行比选，同样要求方案具有时间可比性。满足这一要求需要解决两个方面的问题：一是设定一个合理的共同分析期；二是给寿命期不等于分析期的方案选择合理的方案接续假定或者残值回收假定。下面结合具体指标来分析。

1. 年值法

年值法是指投资方案在计算期的收入及支出，按一定的折现率换算为等值年值，用以评价或选择方案的一种方法。在对寿命期不同的互斥方案进行比选时，特别是参加比选的方案数量较多时，年值法是最为简便的方法。年值法使用的指标有净年值与费用年值。

设 m 个互斥方案，其寿命期分别为 $n_1, n_2, n_3, \cdots, n_m$，方案 j（$j = 1, 2, \cdots, m$）在其寿命期内的净年值为：

$$\begin{aligned} \text{NAV}_j &= \text{NPV}_j (A/P, i_0, n_j) \\ &= \sum_{t=0}^{n_j} (\text{CI}_j - \text{CO}_j)_t (P/F, i_0, t)(A/P, i_0, n_j) \end{aligned} \quad (4\text{-}17)$$

净年值最大且非负的方案为最优可行方案。

【例 4-16】 三个互斥方案 A、B、C，寿命期不等，各自的现金流量见表 4-18，试进行比选（基准折现率为 10%）。

表 4-18　A、B、C 方案的现金流量　　　　　　　　　（单位：万元）

方案＼年份	0	1	2	3	4	5	6
A	-1000	400	400	400	400		
B	-1400	700	700	700			
C	-2500	700	700	700	700	700	700

解： 采用年值法

$\text{NAV}_A = -1000(A/P, 10\%, 4) + 400 = 84.53$（万元）

$\text{NAV}_B = -1400(A/P, 10\%, 3) + 700 = 137.05$（万元）

$\text{NAV}_C = -2500(A/P, 10\%, 6) + 700 = 125.98$（万元）

由于 $\text{NAV}_B > \text{NAV}_C > \text{NAV}_A$，所以 B 方案最优。

用年值法进行寿命期不等的互斥方案比选,实际上隐含着这样一种假定:各备选方案在其寿命结束时均可按原方案重复实施或以与原方案经济效果水平相同的方案接续。因为一个方案无论重复实施多少次,其年值是不变的,所以年值法实际上假定了各方案可以无限多次重复实施。在这一假定前提下,年值法以"年"为时间单位比较各方案的经济效果,从而使寿命不等的互斥方案间具有了时间可比性。

2. 现值法

当互斥方案寿命不等时,一般情况下,各方案的现金流量在各自寿命期内的现值不具有可比性。如果要使用现值指标进行方案比选,必须设定一个共同的分析期。分析期的设定通常有以下几种方法:

(1) 最小公倍数法。此法以不同方案寿命期的最小公倍数作为计算期,在此期间各方案分别以同样规模重复投资多次,据此算出各方案的净现值,然后进行比较选优。

【例4-17】 某企业为节能实施技术改造,现有两个方案可供选择,各方案的有关数据见表4-19,试在基准折现率12%的条件下选择最优方案。

表4-19 A、B 方案数据

方案	投资额/万元	年净收益/万元	寿命期/年
A	800	360	6
B	1200	480	8

解:由于方案的寿命期不同,须先求出两个方案寿命期的最小公倍数,其最小公倍数为24年。两个方案重复后的现金流量图如图4-11所示。从现金流量图中可以看出,方案 A 重复4次,方案 B 重复3次。

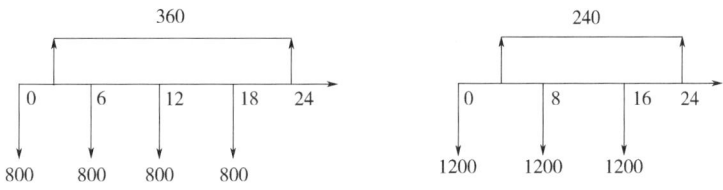

图4-11 最小公倍数年内现金流量图

$\text{NPV}_A = -800 - 800 (P/F, 12\%, 6) - 800 (P/F, 12\%, 12) - 800 (P/F, 12\%, 18) + 360 (P/A, 12\%, 24)$
$= 1287.7 \text{(万元)}$

$\text{NPV}_B = -1200 - 1200 (P/F, 12\%, 8) - 1200 (P/F, 12\%, 16) + 480 (P/A, 12\%, 24)$
$= 1856.1 \text{(万元)}$

由于 $\text{NAV}_B > \text{NAV}_A$,故方案 B 优于方案 A。

(2) 年值折现法。按某一共同的分析期将各备选方案的年值折现,得到用于方案比选的现值。这种方法实际上是年值法的一种变形,隐含着与年值法相同的接续方案假定。设方案 j ($j = 1, 2, 3, \cdots, m$) 寿命期为 n_j,共同分析期为 N,按年值折现法,方案 j 净现值的计算公式为:

$$\text{NPV}_j = \left[\sum_{t=0}^{n_j} (CI_j - CO_j)_t (P/F, i_0, t) \right] (A/P, i_0, n_j) (P/A, i_0, N) \quad (4\text{-}18)$$

用年值折现法求净现值时,共同分析期 N 取值的大小不会影响方案比选结论,但通带 N 的取值不大于最长的方案寿命期,不小于最短的方案寿命期。

用上述方法计算出的净现值用于寿命期不等互斥方案评价的判断准则是:净现值最大且非负是最优可行方案。对于仅有或仅需计算费用现金流量的互斥方案,可比照上述方法计算费用现值进行比选,判断准则是:费用现值最小的方案为最优可行方案。

【例 4-18】 针对【例 4-17】的数据,用年值折现法来比选方案。

解:取最短的寿命期 6 年作为共同的分析期,用年值折现法来求各方案的净现值。

$NPV_A = -800 + 360 \ (P/A, 12\%, 6) = 679.96$(万元)

$NPV_B = [-1200 \ (A/P, 12\%, 8) + 480] \ (P/A, 12\%, 6)$

$\quad\quad = (-1200 \times 0.2013 + 480) \times 4.111 = 980.23$(万元)

由于 $NAV_B > NAV_A$,所以选 B 方案。

对于某些不可再生资源开发型项目(如煤、石油开采),在进行寿命期不等的互斥方案比选时,方案可重复实施的假定不成立。在这种情况下,不能用含有方案重复假定的年值法和前面介绍的现值法,也不能用含有同一假定的后面将介绍的差额内部收益率法。对于这类方案,可以直接按方案各自寿命期计算的净现值进行比选。这种处理方法所隐含的假定是:用最长的方案寿命期作为共同分析期,寿命期短的方案在其寿命期结束后,其再投资按基准折现率取得收益。

(3)差额内部收益率法。用内部收益率法进行寿命期不等的互斥方案经济效果评价,需要首先对各备选方案进行绝对效果检验,然后再对通过绝对效果检验的方案用差额内部收益率的方法进行比选。

通常,用差额内部收益率法进行寿命期不等的互斥方案比选,应满足下列条件之一:①初始投资额大的方案年均净现金流量大,且寿命期长;②初始投资额小的方案年均净现金流量小,且寿命期短。

$$\text{方案 } j \text{ 的年均净现金流量} = \sum_{t=0}^{n_j} (CI_j - CO_j)_t / n_j \tag{4-19}$$

求解寿命期不等的互斥方案间差额内部收益率的方程可用令两方案净年值相等的方式建立,其中隐含了方案可重复实施的假定。设互斥方案 A、B 的寿命期分别为 n_A、n_B,求解差额内部收益率 ΔIRR 的方程为

$$\sum_{t=0}^{n_A} [(CI_A - CO_A)_t (P/F, \Delta IRR, t)](A/P, \Delta IRR, n_A)$$

$$= \sum_{t=0}^{n_B} [(CI_B - CO_B)_t (P/F, \Delta IRR, t)](A/P, \Delta IRR, n_B) \tag{4-20}$$

方案比选的判别准则为:在 ΔIRR 存在的情况下,若 $\Delta IRR > i_0$,则年均净现金流量大的方案为优;若 $0 < \Delta IRR < i_0$,则年均净现金流量小的方案为优。

【例 4-19】 设互斥方案 A、B 的寿命期分别为 5 年和 3 年,各自寿命期内的净现金流量见表 4-20。试用差额内部收益率法比选方案($i_0 = 10\%$,单位:万元)。

解:首先进行绝对效果检验,计算每个方案在各自寿命期内现金流量的内部收益率。根据方程

$$-300 + 96 \ (P/A, IRR_A, 5) = 0$$

$$-100 + 42 (P/A, \text{IRR}_A, 3) = 0$$

可求得 $\text{IRR}_A = 18.14\%$，$\text{IRR}_B = 12.53\%$。

表 4-20　方案 A、B 的净现金流量表　　　　　　　　　（单位：万元）

方案＼年份	0	1	2	3	4	5
A	-300	96	96	96	96	96
B	-100	42	42	42		

由于 IRR_A 和 IRR_B 均大于基准折现率，故方案 A、B 均能通过绝对效果检验。

再判断方案是否符合差额内部收益率指标法的条件。初始投资大的方案 A 的年均净现金流量为 $-300/5 + 96 = 36$（万元），初始投资小的方案 B 的年均净现金流量为 $-100/3 + 42 = 8.7$（万元），即初始投资额大的方案 A 年均净现金流量大于初始投资额小的年均净现金流量，且方案 A 的寿命 5 年长于方案 B 的寿命 3 年，差额内部收益率法可以使用。建立方程：

$$[-300 + 96 (P/A, \Delta\text{IRR}, 5)] (A/P, \Delta\text{IRR}, 5)$$
$$- [-100 + 42 (P/A, \Delta\text{IRR}, 3)] (A/P, \Delta\text{IRR}, 3) = 0$$

利用线性内插法，可求得 $\Delta\text{IRR} = 20.77\% > i_0$，由判断准则可知，应选择年均净现金流量大的方案 A。

二、独立方案的选择

（一）完全不相关的独立方案

独立方案的采用与否，只取决于方案自身的经济性，即只需检验它们是否能够通过基于净现值、净年值或内部收益率等指标的绝对效果评价。因此，多个独立方案与单一方案的评价方法是相同的，这里就不举例了。

（二）有资源约束的独立方案的选择

有资源约束的独立方案是指方案之间虽然不存在相互排斥或相互补充的关系，但由于资源方面的约束，不能同时满足所有方案对投资的要求，或者由于投资项目的不可分性，这些约束条件意味着接受某几个方案就必须要放弃另一些方案，使之成为相关的互相排斥的方案。

1. 独立方案互斥化法

尽管独立方案之间互不相关，但在有约束条件下，它们会成为相关方案。独立方案互斥化的基本思想是把各个独立方案进行组合，其中每一个组合方案就代表一个相互排斥的方案，这样就可以利用互斥方案的比选方法，选择最佳的方案组合。

【例 4-20】　某公司有 5 个可供选择的独立方案，计算期均为 10 年，期初投资和每年净收益见表 4-21，当投资限额为 1000 万元、2000 万元时，最优方案组合分别是什么？（$i_0 = 10\%$，单位：万元）

表 4-21　各方案的现金流量表　　　　　　　　　（单位：万元）

方案	A	B	C	D	E
投资	275	350	460	520	700
年净收益	84	92	118	135	180

解：由于有资源（投资额）约束，因而不能同时立项。

各方案的寿命期相同，因而可用净现值最大的组合方案为最佳方案。先计算各方案的净现值，各方案的净现值及排序见表 4-22。

$NPV_A = -275 + 84 (P/A, 10\%, 10) = 199.6$（万元）

$NPV_B = -350 + 39 (P/A, 10\%, 10) = 169.8$（万元）

$NPV_C = -460 + 118 (P/A, 10\%, 10) = 206.7$（万元）

$NPV_D = -520 + 135 (P/A, 10\%, 10) = 242.8$（万元）

$NPV_E = -700 + 180 (P/A, 10\%, 10) = 317.0$（万元）

当投资（K）限额为 1000 万元时，

$K_{(C+D)} = 460 + 520 = 980$（万元），$NPV_{CD} = 449.5$（万元）

$K_{(A+E)} = 250 + 700 = 950$（万元），$NPV_{AE} = 516.6$（万元）

所以最优组合方案是 A 和 E；

当投资限额为 2000 万元时，$K_{(A+C+D+E)} = 1955$ 万元，

$NPV_{ACDE} = 966.1$ 万元，最优组合方案是 A、C、D 和 E。

表 4-22 各方案的有关数据表　　　　　　　　　　（单位：万元）

方案	A	B	C	D	E
投资	275	350	460	520	700
年净收益	84	92	118	135	180
净现值	199.6	169.8	206.7	242.8	317.0
排序	④	⑤	③	②	①

当方案的个数增加时，其组合数将成倍增加。所以这种方法比较适用于方案数量较少的情况。当方案数量较多时，可采用效率型指标排序法。

2. 效率型指标排序法

效率型指标排序法是通过选取能反映投资效率的指标，用这些指标把投资方案按投资效率的高低顺序排列，在资金约束下选择最佳方案组合，使有限资金能获得最大效益。常用的排序指标有净现值指数与内部收益率。

（1）净现值率排序法。净现值率排序法是将各方案的净现值率按大小顺序，并依此次序选取方案。这一方法的目标是达到一定总投资的净现值最大。

（2）内部收益率排序法。内部收益率排序法是将方案按内部收益率的高低依次排序，然后按顺序选取方案。这一方法的目标是达到总投资效益最大。

【例 4-21】 表 4-23 所列为 7 个相互独立的投资方案，寿命期均为 8 年。基准折现率为 10%，若资金总额为 380 万元，用净现值率法进行评选。

表 4-23 各方案的现金流量　　　　　　　　　（单位：万元）

方案	A	B	C	D	E	F	G
期初投资	80	115	65	90	100	70	40
各年净现金流量	24.7	25.6	15.5	30.8	26	12.2	8

解：各方案的净现值、净现值率及排序见表 4-24。

表 4-24　各方案计算数据及排序

方案	A	B	C	D	E	F	G
净现值/万元	51.77	21.58	17.69	74.34	38.71	-4.91	2.68
净现值排序	2	4	5	1	3	7	6
净现值率	0.65	0.19	0.27	0.83	0.38	-0.07	0.07
净现值率排序	②	⑤	④	①	③	淘汰	⑥

由表 4-23 可知，方案 F 净现值率小于零，应淘汰。方案的优先顺序为 D—A—E—C—B—G。当资金总额为 380 万元时，最优组合方案是 D、A、E、C、G。

值得注意的是，用净现值率或内部收益率排序来比选独立方案，并不一定能保证获得最佳组合方案。只有当各方案投资占总投资比例很小或者入选方案正好分配完总投资时才能保证获得最佳组合方案，因为没有分配的投资无法产生经济效益。

三、混合型方案的选择

当方案组合中既包含有互斥方案，也包含有独立方案时，就构成了混合方案。独立方案或互斥方案的选择，属于单项决策。但在实际情况下，需要考虑各个决策之间的相互关系。混合型方案的特点，就是在分别决策的基础上，研究系统内诸方案的相互关系，从中选择最优的方案组合。

混合型方案选择的程序如下：①按组际间的方案互相独立、组内方案互相排斥的原则，形成所有各种可能的方案组合；②以互斥型方案比选的原则筛选组内方案；③在总的投资限额下，以独立型方案比选原则选择最优的方案组合。

【例 4-22】 某公司下设 3 个工厂 A、B、C，各厂都有几个互斥的技术改造方案，见表 4-25，各方案寿命期都为 10 年（基准收益率为 12%，单位：万元）。试问：

（1）假如每个工厂都可以采用维持现状的方案（即不投资），那么在投资限额为 4000 万元时，如何选择方案？

（2）如果 B 厂方案必须投资，那么当投资限额为 3000 万元时，选择哪些方案为好？

表 4-25　混合方案 A、B、C 的数据　　　　　　　　（单位：万元）

工厂	A		B			C		
方案	A_1	A_2	B_1	B_2	B_3	C_1	C_2	C_3
初始投资	1000	2000	1000	2000	3000	1000	2000	3000
比现状能增加的年收益	272	511	200	326	456	509	639	878

解： 先用净现值法计算各方案的净现值，各方案在各厂内排序，见表 4-26。

表 4-26　混合方案比选　　　　　　　　　　　　　（单位：万元）

工厂	A		B			C		
方案	A_1	A_2	B_1	B_2	B_3	C_1	C_2	C_3
初始投资	1000	2000	1000	2000	3000	1000	2000	3000
比现状能增加的年收益	272	511	200	326	456	509	639	878

(续)

工厂	A		B			C		
净现值	536.8	887.2	130.0	-158.1	-423.6	1896.2	1610.4	1960.7
净现值排序	②	①	①	淘汰	淘汰	②	③	①

(1) 当投资（K）限额为 4000 万元时，
$K_{(A_2+B_1+C_1)} = 4000$ 万元，$NPV_{A_2B_1C_1} = 2913.4$ 万元
$K_{(A_2+C_2)} = 4000$ 万元，$NPV_{A_2C_2} = 2997.6$ 万元
$K_{(A_1+C_3)} = 4000$ 万元，$NPV_{A_1C_3} = 2497.5$ 万元
所以，选方案 A_2、C_2。

(2) 如果 B 厂的方案必须投资，即只能选择 B_1 方案。
当投资（K）限额为 3000 万元时，
$K_{(B_1+A_1+C_1)} = 3000$ 万元，$NPV_{A_1B_1C_1} = 2563.0$ 万元
$K_{(B_1+C_2)} = 3000$ 万元，$NPV_{B_1C_2} = 1740.4$ 万元
故选方案 A_1、B_1、C_1。

本例说明，可以先用 NPV 筛选方案淘汰一些不可取的方案，然后再用 NPV 优选方案。

练习题

1. 什么叫静态评价？什么叫动态评价？它们的区别是什么？
2. 简述投资回收期的概念及其计算。
3. 如何理解净现值？
4. 简述基准折现率的含义及其影响因素。
5. 净现值函数有什么特点？
6. 费用现值和费用年值的使用条件是什么？
7. 内部收益率的经济含义是什么？如何理解内部收益率的唯一性？
8. 简述净现值最大准则在多方案比选中的合理性。
9. 互斥方案比较的增量分析指标有哪些？各有什么特点？
10. 对寿命期不等的互斥方案比选有哪些方法？
11. 有资源约束的独立方案有哪些评价方法？如何选择？
12. 用表 4-27 数据计算净现值和内部收益率，并判断项目是否可行？（基准折现率为 10%，单位：万元。）

表 4-27　某项目净现金流量表

年份	0	1	2	3	4	5	6
净现金流量	-50	-80	40	60	60	60	60

13. 购买一台机床，已知该机床的制造成本为 6000 元，售价为 8000 元，预计运输费需 200 元，安装费用为 200 元。该机床运行投产后，每年可加工工件 2 万件，每件净收入为 0.2 元，该机床的初始投资几年可收回？若基准投资回收期为 4 年，则购买此机床是否合理？（不计残值）

14. 方案 A、B 在项目计算期内的现金流量见表 4-28，试分别用静态和动态评价指标比较其经济性。（基准折现率为 10%，单位：万元）

表 4-28 方案 A、B 在项目计算期内的现金流量

方案\年份	0	1	2	3	4
A	−500	−500	500	400	300
B	−800	−200	200	300	400

15. 有 A、B 两个方案，其费用和计算期见表 4-29。试用最小公倍数法和年成本法比选方案。（基准折现率为 10%，单位：万元）

表 4-29 方案 A、B 的费用和计算期

方案	A	B
投资	150	100
年经营成本	15	20
计算期	15	10

16. 某化工工程项目建设期为 2 年，第一年投资为 1800 万元，生产期为 14 年，若投产后预计年均收益为 270 万元，无残值，基准投资收益率为 10%，试用内部收益率 IRR 来判断项目的可行性。

17. 某项工程有三个投资方案，资料见表 4-30，基准折现率为 10%，试用差额投资内部收益率法选择最佳方案。

表 4-30 某项工程三个投资方案资料

方案\指标	A	B	C
投资/万元	2000	3000	4000
年收益/万元	580	780	920
寿命期/年	10	10	10

18. 有 6 个可供选择的独立方案，各方案初始投资及每年净收益见表 4-31，当资金预算为 2700 万元时，按净现值指数排序法对方案做出选择。（基准折现率为 10%，单位：万元）

表 4-31 各方案初始投资及每年净收益

方案\指标	A	B	C	D	E	F
投资	600	640	700	750	720	680
年净收益	250	280	310	285	245	210

19. 某公司欲充分利用自有资金，现正在研究各投资方案选择问题。A、B、C 为投资对象，彼此间相互独立。各投资对象分别有 3 个、4 个和 2 个互斥的方案，计算期均为 8 年，见表 4-32，基准折现率为 10%。当投资限额为 500 万元、700 万元时，该如何选择方案（用静态指标，单位：万元）。

表 4-32　各投资方案资料

项目 投资对象	方案	投资额	年收益
A	A_1	300	90
	A_2	400	95
	A_3	500	112
B	B_1	100	10
	B_2	200	44
	B_3	300	60
	B_4	400	68
C	C_1	200	43
	C_2	300	61

第五章 不确定性与风险分析

本章内容提要

前面几章内容都是确定性条件下的分析，考虑到工程项目的特点，存在一定程度的不确定性和风险，所以有必要进行不确定性和风险分析。本章主要阐述了不确定性分析的概念，详细介绍了不确定性分析与风险分析的各种方法。本章知识结构如图 5-1 所示。

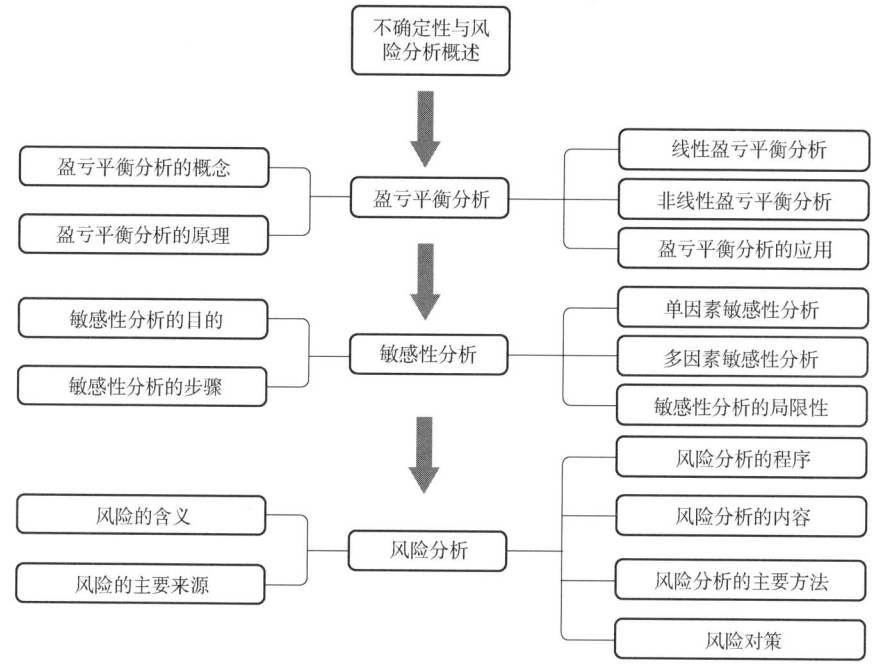

图 5-1 不确定性与风险分析知识结构

第一节 不确定性与风险分析概述

不确定性是指某一事件或活动由于缺乏足够信息，在其发展过程中会出现各种不确定性因素，从而导致该事件或活动的预期值与实际值之间出现偏差的现象。也就是对于一个特定的事件或活动，人们不能辨识最终产生的各种结果，并且难以估计它们发生的概率，所以无法用概率分布规律来描述。风险是有条件的不确定性，只是不确定未来是何种状态，而对每种状态发生的概率以及每种状态的后果是可以估计的。其结果可用概率分布规律来描述。

工程项目投资决策时面对未来，项目评价所采用的数据大部分来自估算和预测，有一定程度的不确定性和风险。为了尽量避免投资决策失误，有必要进行不确定性与风险分析。在进行工程项目投资决策之前，工程咨询人员在市场调查的基础上，掌握了大量的基础数据和相关资料，据此，对影响投资效果的各参数进行预测、分析和判断，作为投资决策的依据。但是由于外部环境（政治、社会、道德、文化、风俗习惯等）的变化以及预测方法的局限性，方案经济评价中所采用的基础数据与实际值有一定的偏差，从而使工程项目具有不确定性和风险。

工程项目的不确定性分析，就是考察建设投资、经营成本、产品售价、销售量、项目寿命等因素变化时，对项目经济评价指标所产生的影响。这种影响越强烈，表明所评价的项目方案对某个或某些因素越敏感。对于这些敏感因素，要求项目决策者和投资者予以充分的重视和考虑。工程项目不确定性分析的方法主要包括盈亏平衡分析和敏感性分析。

工程项目的风险分析主要涉及风险识别、风险估计、风险决策和风险应对。

盈亏平衡分析只适应于财务评价，敏感性分析和风险分析可同时用于财务评价和国民经济评价。

第二节　盈亏平衡分析

盈亏平衡分析是在完全竞争或垄断竞争的市场条件下，研究工程项目特别是工业项目产品生产成本、产销量与盈利的平衡关系的方法。对于一个工程项目而言，随着产销量的变化，盈利与亏损之间一般至少有一个转折点，我们称这种转折点为盈亏平衡点 BEP（Break Even Point），在这点上，营业收入与成本费用相等，既不亏损也不盈利。盈亏平衡分析就是要找出项目方案的盈亏平衡点。一般来说，对工程项目的生产能力而言，盈亏平衡点越低，项目盈利的可能性就越大，对不确定因素变化所带来的风险的承受能力就越强。

盈亏平衡分析的基本方法是建立成本与产量、营业收入与产量之间的函数关系，通过对这两个函数及其图形的分析，找出盈亏平衡点。

根据生产成本及销售收入与产量（或销售量）之间是否呈线性关系，盈亏平衡分析又可进一步分为线性盈亏平衡分析和非线性盈亏平衡分析。

一、线性盈亏平衡分析

（一）线性盈亏平衡分析的假定

（1）产品产量等于产品销售量。

（2）在所分析的产量范围内，固定总成本保持不变。

（3）生产量变化，单位变动成本不变，从而使总生产成本成为产量的线性函数。

（4）生产量变化，销售单价不变，从而使销售收入成为销售量的线性函数。

（二）线性盈亏平衡分析的基本公式

年营业收入方程：
$$R = PQ \tag{5-1}$$

年总成本费用方程：
$$C = F + VQ + tQ \tag{5-2}$$

年利润方程：
$$B = R - C = (P - V - t)Q - F \tag{5-3}$$

式中　R——年总营业收入；
　　　P——单位产品销售价格；
　　　Q——项目设计生产能力或年产量；
　　　C——年总成本费用；
　　　F——年总成本中的固定成本；
　　　V——单位产品变动成本；
　　　t——单位产品增值税；
　　　B——年利润。

当盈亏平衡时，$B = 0$，则：

年产量的盈亏平衡点：
$$\mathrm{BEP_Q} = \frac{F}{P - V - t} \tag{5-4}$$

营业收入的盈亏平衡点：
$$\mathrm{BEP_R} = P\left(\frac{F}{P - V - t}\right) \tag{5-5}$$

盈亏平衡点的生产能力利用率：
$$\mathrm{BEP_Y} = \frac{\mathrm{BEP_Q}}{Q} = \frac{F}{(P - V - t)Q} \tag{5-6}$$

经营安全率：
$$\mathrm{BEP_S} = 1 - \mathrm{BEP_Y} \tag{5-7}$$

平衡点的生产能力利用率一般不应大于75%；经营安全率一般不应小于25%。

产品销售价格的盈亏平衡点：
$$\mathrm{BEP_P} = \frac{F}{Q} + V + t \tag{5-8}$$

单位产品变动成本的盈亏平衡点：
$$\mathrm{BEP_V} = P - t - \frac{F}{Q} \tag{5-9}$$

以上分析如图 5-2 所示。

【例 5-1】 某工业项目设计方案年产量为 15 万 t，已知每吨产品的销售价格为 700 元，每吨产品缴付的增值税为 160 元，单位可变成本为 300 元，年总固定成本费用为 1500 万元。试求用产量表示的盈亏平衡点、盈亏平衡点的生产能力利用率、盈亏平衡点的售价。

解：设年产量为 Q，则
年总收入 $R = 700Q$
年总成本 $C = 1500 + (300 + 160)Q$
盈亏平衡时：$R = C$

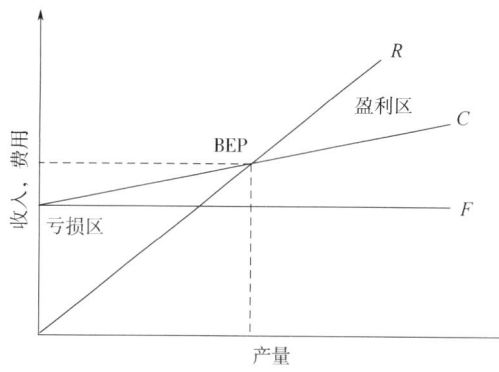

图 5-2　线性盈亏平衡分析图

BEP（产量）= 1500 ÷（700 – 300 – 160）= 6.25（万 t）
BEP（生产能力利用率）= 6.25 ÷ 15 × 100% = 41.67%
BEP（产品售价）= 1500 ÷ 15 + 300 + 160 = 560（元/t）

二、非线性盈亏平衡分析

线性盈亏平衡分析的基本假定具有一定的合理性，但在实际生产中随着项目产品销量的增加，市场上该产品的售价将会下降，因而营业收入与产销量之间是非线性关系；同时，企业增加产量时原材料价格可能上涨，还可能要多支付一些加班费、奖金以及设备维修费，使产品的单位可变成本增加，从而总成本与产销量之间也成非线性关系；这种情况下盈亏平衡点可能出现一个以上，如图 5-3 所示。

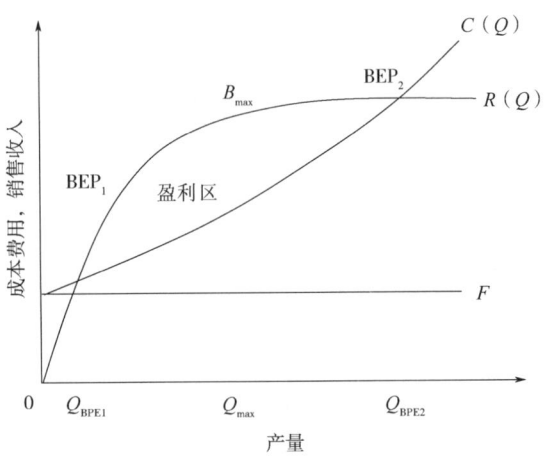

图 5-3 非线性盈亏平衡分析

【例 5-2】 某项目投产以后，它的年固定成本为 72000 元，单位产品变动成本为 30 元，由于原材料整批购买，每多生产一件产品，单位变动成本可降 0.001 元；售价为 60 元，销售每增加一件产品，售价下降 0.004 元。试求盈亏平衡点及最大利润时的销售量。

解：
（1）设该产品年销售量（或产量）为 Q，则有
产品的售价为：$(60 - 0.004Q)$
单位产品的变动成本为：$(30 - 0.001Q)$
年总成本为：$C(Q) = 72000 + (30 - 0.001Q)Q$
$= 72000 + 30Q - 0.001Q^2$
年总收入为：$R(Q) = 60Q - 0.004Q^2$
根据盈亏平衡原理：
$$C(Q) = R(Q)$$
$$72000 + 30Q - 0.001Q^2 = 60Q - 0.004Q^2$$
$$0.003Q^2 - 30Q + 72000 = 0$$
$$Q_1 = \frac{30 - \sqrt{30^2 - 4 \times 0.003 \times 72000}}{2 \times 0.003} = 4000（件）$$
$$Q_2 = \frac{30 + \sqrt{30^2 - 4 \times 0.003 \times 72000}}{2 \times 0.003} = 6000（件）$$

盈亏平衡点的销售量（或产量）有两个值，分别为 4000 件和 6000 件。
（2）设最大利润时的产量为 Q_{max}。
求最大利润时的产量 Q_{max}：
由 $B = R - C$ 得

$$B = -0.003Q^2 + 30Q - 72000$$

令 $B'(Q) = 0$ 得：$-0.006Q + 30 = 0$ 有 $Q_{\max} = \dfrac{30}{0.006} = 5000$（件）

即最大利润时的产量 $Q_{\max}$ 为 5000 件。

如果一个企业生产多种产品，可换算成单一产品，或选择其中一种不确定性最大的产品进行分析。

运用盈亏平衡分析，在方案选择时应优先选择平衡点较低者，盈亏平衡点越低意味着项目的抗风险能力越强，越能承受意外的风险。

三、盈亏平衡分析的应用

在互斥方案比选时，若各个方案同时受到某不确定因素的影响，以该不确定因素作为自变量，建立函数关系式并令其相等，这种分析方法也称作优劣平衡分析。

【例5-3】 生产一种新型净水器有三种方案可选，三种方案的年固定成本和单位变动成本见表 5-1，试分析各方案的经济生产规模。

表 5-1　方案参数表

方案	年固定成本/万元	单位变动成本/元
A	800	10
B	500	20
C	300	30

解：设年产量为 Q。

各个方案年总成本可表示为产量 Q 的函数：

$$TC_A = 800 + 0.001Q$$
$$TC_B = 500 + 0.002Q$$
$$TC_C = 300 + 0.003Q$$

各个方案年总成本函数曲线如图 5-4 所示：

Q_m 与 Q_n 是优劣平衡点，$Q_m = 20$（万件），$Q_n = 30$（万件）

当 $Q < Q_m$ 时：方案 C 总成本最低。

当 $Q_m < Q < Q_n$ 时：方案 B 总成本最低。

当 $Q > Q_n$ 时：方案 A 总成本最低。

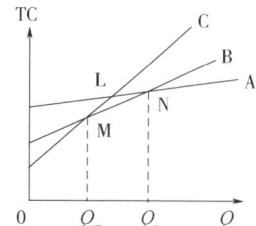

图 5-4　优劣平衡分析图

第三节　敏感性分析

敏感性分析是通过研究建设项目主要不确定因素发生变化时，项目经济效果指标发生的相应变化，找出项目的敏感因素，确定其敏感程度，并分析项目方案承受能力的敏感因素临界值。

对敏感性分析应注意三个方面的问题：

（1）敏感性分析具有针对性，是针对某一个（或几个）效益指标而言，来找出其对应的敏感因素。

（2）敏感性分析要建立一个定量（或定性）的关系，来反映敏感因素对效益指标的影响程度。

（3）敏感性分析要做出因这些因素变动对项目方案承受能力的判断。

在建设项目计算期内，不确定因素主要有：产品生产成本、产量（生产负荷）、主要原材料价格、燃料或动力价格、固定资产投资、建设周期、外汇汇率等。

一、敏感性分析的目的和步骤

（一）敏感性分析的目的

敏感性分析主要通过分析各个因素对项目经济评价指标影响程度的大小，找出敏感因素，以便为采取必要的风险防范措施提供依据。通过敏感性分析可以实现以下目的：

（1）掌控不确定性因素在什么范围内变化时，方案的经济效果最好，在什么范围内变化效果最差，以便对不确定性因素实施有效控制。

（2）区分敏感性大的方案和敏感性小的方案，以便选出敏感性小的，即风险小的方案。

（3）找出敏感性强的因素，向决策者提出是否需要进一步收集资料，进行研究，以提高经济分析的可靠性。

（二）敏感性分析的步骤

一般进行敏感性分析可按以下步骤进行：

1. 选定需要分析的不确定因素

这些因素主要有：产品产量（生产负荷）、产品售价、主要资源价格（原材料、燃料或动力等）、可变成本、固定资产投资、建设期贷款利率等。

2. 确定进行敏感性分析的经济评价指标

衡量建设项目经济效果的指标较多，敏感性分析一般只针对几个重要的指标进行分析，如净现值、内部收益率、投资回收期等。由于敏感性分析是在确定性经济评价的基础上进行的，故选为敏感性分析的指标应与经济评价所采用的指标一致。

3. 计算因不确定因素变动引起的评价指标的变动值

一般就所选定的不确定因素，设若干级变动幅度（通常用变化率表示）。然后计算与每级变动相应的经济价值指标值，建立一一对应的数量关系，用敏感性分析图或敏感性分析表的形式表示。

4. 计算敏感度系数并对敏感因素进行排序

所谓敏感因素是指该不确定因素的数值有较小的变动就能使项目经济评价指标出现较显著改变的因素。敏感度系数的计算公式为：

$$S_{AF} = \frac{\Delta A/A}{\Delta F/F} \tag{5-10}$$

式中　S_{AF}——评价指标 A 对于不确定因素 F 的敏感度系数；

$\Delta F/F$——不确定性因素 F 的变化率（%）；

$\Delta A/A$——不确定性因素 F 发生 ΔF 变化时，评价指标 A 的相应变化率（%）。

5. 计算变动因素的临界点

临界点是指项目允许不确定性因素向不利方向变化的极限值。超过极限，项目的效益指标将不可行。例如当建设投资上升到某值时，内部收益率将刚好等于基准收益率，此点称为建设投资上升的临界点。临界点可用临界点百分比或者临界值分别表示，其含义是某一变量的变化达到一定的百分比或者一定数值时，项目的评价指标将从可行转变为不可行。临界点可用专业软件计算，也可由敏感性分析图直接求得近似值。

6. 结果汇总分析

对敏感性结果汇总分析，常用敏感性分析表、敏感性分析图。一般应选择敏感程度小、承受风险能力强、可靠性大的项目或方案。

依据每次所考虑的变动因素的数目不同，敏感性分析又分单因素敏感性分析和多因素敏感性分析。

二、单因素敏感性分析

每次只考虑一个因素的变动，而假设其他因素保持不变时所进行的敏感性分析，称为单因素敏感性分析。

【例5-4】 某项目基本方案的基本数据见表5-2，试对该项目进行敏感性分析（基准收益率 $i_c = 10\%$）。

表5-2 基本方案的基本数据估算表 （单位：万元）

敏感因素	期初投资	年营业收入	年经营成本	经济寿命/年
数值	1000	600	400	10

解：以净现值作为经济评价的分析指标，则预期净现值为：

$$NPV = -1000 + (600 - 400)(P/A, 10\%, 10) = 228.91 （万元）$$

下面用净现值指标分别就期初投资额、年营业收入和年经营成本等三个不确定性因素作敏感性分析。

设期初投资额变动的百分比为 x，投资额变动对方案净现值影响的计算公式为：

$$NPV = -1000 \times (1+x) + (600 - 400)(P/A, 10\%, 10)$$

设年营业收入变动的百分比为 y，年营业收入变动对方案净现值影响的计算公式为：

$$NPV = -1000 + [600 \times (1+y) - 400](P/A, 10\%, 10)$$

设年经营成本变动的百分比为 z，年经营成本变动对方案净现值影响的计算公式为：

$$NPV = -1000 + [600 - 400 \times (1+z)](P/A, 10\%, 10)$$

对期初投资、年营业收入、年经营成本在基准方案的基础上逐一变化 $\pm 10\%$ 取值，所对应的方案净现值变化结果，见表5-3和图5-5。

表5-3 单因素敏感性分析表 （单位：万元）

	-10%	0%	10%	敏感度系数	敏感度排序
期初投资	328.91	228.91	128.91	-4.36	3
年营业收入	-139.76	228.91	597.59	216.11	1
年经营成本	474.70	228.91	-15.87	-10.74	2

可以看出，在同样的变动率下，年营业收入的变动对方案净现值的影响最大，其次是年经营成本的变动，期初投资额变动的影响最小。

根据上面的分析可知，对于本方案来说，年营业收入是敏感因素，应对产品价格带来的营业收入进行更准确的测算。如果未来产品价格变化的可能性较大，则意味着这一方案的风险亦较大。

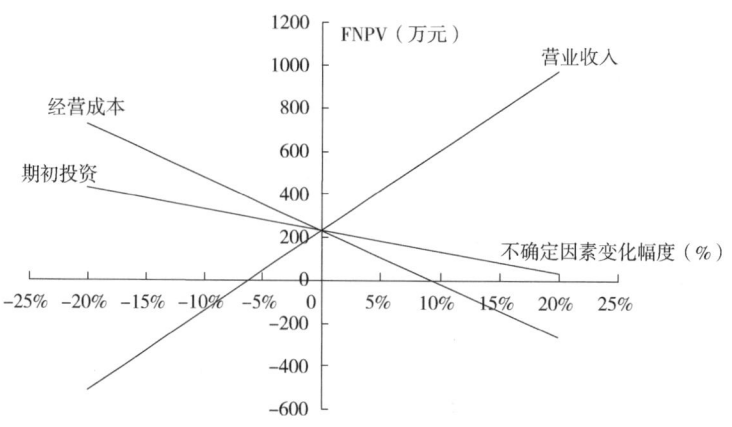

图 5-5 单因素敏感性分析图

三、多因素敏感性分析

单因素敏感性分析方法适合于分析项目方案的最敏感因素，但它忽略了各个变动因素综合作用的可能性。无论是哪种类型的技术项目方案，各个不确定因素对项目方案经济效益的影响，都是相互交叉综合发生，而且各个因素的变化率及其发生的概率都是随机的。因此，研究和分析经济评价指标受多个因素同时变化的综合影响，研究多因素的敏感性分析，更具有实用价值。

多因素敏感性分析要考虑可能发生的各个因素不同变动幅度的多种组合，计算起来要比单因素敏感性分析复杂得多，当同时变化的因素不超过 3 个时，一般可采用解析法和作图法相结合的方法进行分析。

四、敏感性分析的局限性

敏感性分析就各种不确定因素的可能变动对方案经济效果的影响作了定量描述。这有助于决策者了解方案的风险情况，便于确定在决策及项目实施过程中需要重点研究与控制的因素。但是，敏感性分析没有考虑各种不确定因素在未来发生变化的概率，这可能会影响分析结论的准确性。实际上，各种不确定因素在未来发生某一幅度变动的概率一般是有所不同的。可能有这样的情况，通过敏感性分析找出的某一敏感因素未来发生不利变动的概率很小，因而实际上所带来的风险并不大，以至于可以忽略不计；而另一不太敏感的因素未来发生不利变动的概率却很大，实际上所带来的风险比那个敏感因素更大。这种问题是敏感性分析所无法解决的，必须借助于风险分析方法。

第四节　风险分析

一、风险与风险分析

（一）风险的含义

风险，是一种必然会导致不良后果的不确定性，即损失的不确定性；不会产生不良后果的不确定性一般不称为风险。

理解风险的概念主要把握以下三个要素：

1. 不确定性是风险存在的必要条件

如果某种损失必定要发生或必定不会发生，人们可以提前计划或通过成本费用的方式予以明确，风险是不存在的。只有当人们对行为产生的未来结果无法事先准确预料时，风险才有可能存在。

2. 潜在损失是风险存在的充分条件

不确定性的存在并不一定产生风险，风险是与潜在损失联系在一起的，即实际结果与目标发生的负偏离，包括没有达到预期目标的损失。例如，如果投资者的目标收益率是10%，而实际的收益率在15%~20%，虽然具体数值无法确定，但最低的收益率都高于目标收益率，则无风险可言。如果这项投资的收益率估计可能在8%~15%，则它是一个有风险的投资，因为实际收益率有小于目标水平10%的可能性。

3. 经济主体是风险成立的基础

风险成立的基础是存在承担责任行为后果的经济主体（个人或组织），即风险行为人必须是行为后果的实际承担人。如果有某位投资者对其投资后果不承担任何责任，或者只负盈不负亏，那么投资风险对他就没有任何意义，他也不可能花费精力进行风险管理。

（二）风险分析

风险分析是对工程建设项目投资决策可能造成的失误和带来的经济损失所进行的估计和测算过程。分析工程项目方案的不确定性因素在未来发生变化的概率，确认风险出现的时间和影响范围，衡量风险量，在此基础上形成风险清单；综合考虑各种风险因素对项目经济效果的影响；确定不同风险的严重程度顺序及其应对的措施和成本。

（三）工程项目风险的主要来源

工程项目风险的主要来源有自然风险、社会风险、经济风险、法律风险和政治风险。

1. 自然风险

如地震，风暴，异常恶劣的雨、雪、冰冻天气等；未能预测到的特殊地质条件，如泥石流、河塘、流沙、泉眼等；恶劣的施工现场条件等。

2. 社会风险

社会风险包括宗教信仰的影响和冲击、社会治安的稳定性、社会道德习俗的禁忌、劳动者的素质、社会风气等。

3. 经济风险

经济风险包括国家经济政策的变化，产业结构的调整，银根紧缩；项目的产品市场变化；工程承包市场、材料供应市场、劳动力市场的变动；工资的提高、物价上涨、通货膨胀速度加快；金融风险、外汇汇率的变化等。

4. 法律风险

法律风险如法律不健全，有法不依、执法不严，相关法律内容发生变化；可能对相关法律未能全面、正确理解；环境保护法规的限制等。

5. 政治风险

政治风险（又称为"国家风险"）是指由于国家政局或政策变化、罢工、战争、动乱等因素引起社会动荡而造成财产损失及人员伤亡的风险。

二、风险分析的程序

风险分析是指认识项目可能存在的潜在风险因素，估计这些因素发生的可能性及由此造成的影响，分析为防止或减少不利影响而采取对策的一系列活动。包括风险识别、风险估计、风险评价与对策研究四个基本阶段。

项目决策分析中的风险分析应遵循以下程序：

首先，从认识风险特征入手去识别风险因素，选择适当的方法估计风险发生的可能性及其影响。

其次，评价风险程度，包括单个风险因素风险程度估计和对项目整体风险程度估计。

最后，提出针对性的风险对策，将项目风险进行归纳，提出风险分析结论。

三、风险分析的内容

（一）风险识别

风险因素识别应注意借鉴历史经验，特别是后评价的经验。同时可运用"逆向思维"方法来审视项目，寻找可能导致项目"不可行"的因素，以充分揭示项目的风险来源。

风险识别要根据行业和项目的特点，采用分析和分解原则，把综合性的风险问题分解为多层次的风险因素。

常用的方法主要有风险分解法、流程图法、头脑风暴法和情景分析法等。具体操作中，大多通过专家调查的方式完成。

（二）风险估计

估计风险发生的可能性及其对项目的影响，应采取定性描述与定量分析相结合的方法对风险做出全面估计。

注意：定性与定量不是绝对的，而是可以相互转化的。在深入研究和分解后，有些定性因素可以转化为定量因素。

（三）风险评价

风险评价是在风险估计的基础上，通过相应的指标体系和评价标准，对风险程度进行划分，以揭示影响项目成败的关键风险因素。风险评价包括单因素风险评价和整体风险评价。

单因素风险评价，即评价单个风险因素对项目的影响程度，以找出影响项目的关键风险因素。评价方法主要有风险概率矩阵、专家评价法等。

项目整体风险评价，即综合评价若干主要风险因素对项目整体的影响程度。对于重大投资项目或估计风险很大的项目，应进行投资项目的整体风险分析。

（四）风险对策

风险对策研究的作用有：

（1）提高投资的安全性。在投资项目决策前的可行性研究中，不仅要了解项目可能面临的风险，且要提出针对性的风险对策，避免风险的发生或将风险损失减低到最低程度，才能有助于提高投资的安全性，促使项目获得成功。

（2）为实施过程的风险监管提供依据。可行性研究阶段的风险对策研究可为投资项目实施过程的风险监督与管理提供依据。

（3）为优化方案提供依据。风险对策研究的结果应及时反馈到可行性研究的各个方面，并据此修改部分数据或调整方案，进行项目方案的再设计。

可行性研究阶段的风险对策研究是整个项目风险管理的重要组成部分，对策研究的基本要求包括：

（1）风险对策研究应贯穿于可行性研究的全过程。

（2）风险对策应具有针对性。针对特定项目主要的或关键的风险因素提出必要的措施，将其影响降低到最小程度。

（3）风险对策应有可行性。所谓可行，不仅指技术上可行，且从财力、人力和物力方面也是可行的。

（4）风险对策必具经济性。在风险对策研究中应将规避防范风险措施所付出的代价与该风险可能造成的损失进行权衡，旨在寻求以最少的费用获取最大的风险效益。

（5）风险对策研究是项目有关各方的共同任务。风险对策研究不仅有助于避免决策失误而且是投资项目以后风险管理的基础，因此它应是投资项目有关各方的共同任务。

（五）风险分析结论

完成风险识别和评估后，应归纳和综述项目的主要风险，说明其原因、程度和可能造成的后果，以便全面、清晰地展现项目的主要风险。同时将风险对策研究结果进行汇总。

四、风险分析的主要方法

（一）风险综合评价法

风险综合评价的方法中，最常用、最简单的分析方法是通过调查专家的意见，获得风险因素的权重和发生概率，进而获得项目的整体风险程度。其步骤主要包括：

（1）建立风险调查表。在风险识别完成后，建立投资项目主要风险清单，将该投资项目可能遇到的所有重要风险全部列入表中。

（2）判断风险权重。

（3）确定每个风险发生的概率。可以采用 1～5 标度，分别表示可能性很小、较小、中等、较大、很大，以此代表 5 种程度。

（4）计算每个风险因素的等级。

（5）最后将风险调查表中全部风险因素的等级相加，得出整个项目的综合风险等级。

（二）蒙特卡洛模拟

1. 使用条件

当在项目评价中输入的随机变量个数多于三个，每个输入变量可能出现三个以上以至无限多种状态时（如连续随机变量），就不能用理论计算法进行风险分析，这时就必须采用蒙特卡洛模拟技术。

2. 原理

用随机抽样的方法抽取一组输入变量的数值，并根据这组输入变量的数值计算项目评价指标，抽样计算足够多的次数可获得评价指标的概率分布，并计算出累计概率分布、期望值、方差、标准差，计算项目由可行转变为不可行的概率，从而估计项目投资所承担的风险。

3. 蒙特卡洛模拟的程序

（1）确定风险分析所采用的评价指标，如净现值、内部收益率等。

(2) 确定对项目评价指标有重要影响的输入变量。
(3) 经调查确定输入变量的概率分布。
(4) 为各输入变量独立抽取随机数。
(5) 由抽得的随机数转化为各输入变量的抽样值。
(6) 根据抽得的各输入随机变量的抽样值组成一组项目评价基础数据。
(7) 根据抽样值组成基础数据计算出评价指标值。
(8) 重复第（4）步到第（7）步，直至预定模拟次数。
(9) 整理模拟结果所得评价指标的期望值、方差、标准差和期望值的概率分布，绘制累计概率图。
(10) 计算项目由可行转变为不可行的概率。

4. 应用蒙特卡洛模拟法时应注意的问题

(1) 在运用蒙特卡洛模拟法时，假设输入变量之间是相互独立的，在风险分析中会遇到输入变量的分解程度问题。

输入变量分解得越细，输入变量个数也就越多，模拟结果的可靠性也就越高。但变量分解过细往往造成变量之间有相关性，就可能导致错误的结论。为避免此问题，可采用以下办法处理。

1) 限制输入变量的分解程度。
2) 限制不确定变量个数。模拟中只选取对评价指标有重大影响的关键变量，其他变量保持在期望值上。
3) 进一步收集有关信息，确定变量之间的相关性，建立函数关系。

(2) 蒙特卡洛法的模拟次数。从理论上讲，模拟次数越多越正确，但实际上一般应在 200～500 次为宜。

(三) 专家调查法

专家调查法是基于专家的知识、经验和直觉，发现项目潜在风险的分析方法。

适用范围：适用于风险分析的全过程。

注意：采用专家调查法时，专家应有合理的规模，人数一般应在 10～20 位。专家的人数取决于项目的特点、规模、复杂程度和风险的性质，没有绝对的规定。

专家调查法有很多，其中头脑风暴法、德尔菲法、风险识别调查表、风险对照检查表和风险评价表是最常用的几种方法。风险识别调查表的格式见表5-4。

表5-4 风险识别调查表

编号：　　　　　　　　　　　　　　时间：

项目名称	
风险类型	
风险描述	
风险对项目目标的影响	
风险的来源、特征	

1. 风险识别调查表

风险识别调查表主要定性描述风险的来源与类型、风险特征、对项目目标的影响等。

2. 风险对照检查表

风险对照检查表是一种规范化的定性风险分析工具，具有系统、全面、简单、快捷、高效等优点，容易集中专家的智慧和意见，不容易遗漏主要风险；对风险分析人员有启发、开拓思路的作用。

适用范围：

（1）当有丰富的经验和充分的专业技能时，项目风险识别相对简单，并可以取得良好的效果。

（2）对照检查表的设计和确定是建立在众多类似项目经验基础上的，需要大量类似项目的数据。而对于新的项目或完全不同环境下的项目，则难以适应。

需要针对项目的类型和特点，制定专门的风险对照检查表。

3. 风险评价表

通过专家凭借经验独立对各类风险因素的风险程度进行评价，最后将各位专家的意见归集起来。风险评价表通常重在说明。

注意：说明中应对程度判定的理由进行描述，并尽可能明确最悲观值（或最悲观情况）及其发生的可能性。

（四）风险概率估计

1. 客观概率估计

客观概率：是实际发生的概率，可以根据历史统计数据或是大量的试验来推定。

两种方法：

（1）将一个事件分解为若干子事件，通过计算子事件的概率来获得主要事件的概率。

（2）通过足够量的试验，统计出事件的概率。

客观概率估计：是指应用客观概率对项目风险进行的估计，它利用同一事件，或是类似事件的数据资料，计算出客观概率。

客观概率估计法最大的缺点是需要足够的信息，但通常是不可得的。

注意：客观概率只能用于完全可重复事件，因而并不适用于大部分现实事件。

2. 主观概率估计

主观概率：基于个人经验、预感或直觉而估算出来的概率，是一种个人的主观判断。

主观概率估计：基于经验、知识或类似事件比较的专家推断概率。

注意：当有效统计数据不足或是不可能进行试验时，主观概率是唯一选择。

主观概率专家估计的具体步骤：

（1）根据需要调查问题的性质组成专家组。专家组成员由熟悉该风险因素的现状和发展趋势的专家、有经验的工作人员组成。

（2）调查某一变量可能出现的状态数或状态范围和各种状态出现的概率或变量发生在状态范围内的概率，由每个专家独立使用书面形式反映出来。

（3）整理专家组成员意见，计算专家意见的期望值和意见分歧情况，反馈给专家组。

（4）专家组讨论并分析意见分歧的原因。重新独立填写变量可能出现的状态或状态范围和各种状态出现的概率或变量发生在状态范围内的概率，如此重复进行，直至专家意见分歧程度满足要求值为止。这个过程可最多经历三个循环，否则不利于获得专家们的真实意见。

3. 风险概率分布

(1) 离散型概率分布。输入变量可能值是有限个数。各种状态的概率取值之和等于 1，它适用于变量取值个数不多的输入变量。

(2) 连续型概率分布，输入变量的取值充满一个区间。

4. 风险概率分析指标

描述风险概率分布的指标主要有期望值、方差、标准差及离散系数等。

(1) 期望值。期望值是风险变量的加权平均值。

(2) 方差和标准差。方差和标准差都是描述风险变量偏离期望值程度的绝对指标。

(3) 离散系数。离散系数是一组数据的标准差与其相应的均值之比，是测算数据离散程度的相对指标，其作用主要是用于比较不同组别数据的离散程度。

（五）概率分析法

概率分析法首先涉及的就是随机变量。所谓随机变量，就是我们能够知道其可能的取值范围，也知道它取各种值的可能性，但却不能肯定它最后确切的取值的变量。比如有一个变量 X，我们知道它的取值可能是 0.5、1.2、2.0，也知道 X 取值 0.5、1.2、2.0 时的可能性分别是 0.2、0.7 和 0.1，但是究竟 X 取什么值却不知道，那么 X 就称为随机变量。从随机变量的概念上来理解，可以说在投资项目经济评价中所遇到的大多数变量因素，如投资、成本、销售量、产品价格、项目寿命期等，都是随机变量。

概率分析一般按下列步骤进行：

(1) 选定一个或几个评价指标。通常是将内部收益率、净现值等作为评价指标。

(2) 选定需要进行概率分析的不确定性因素，通常有产品价格、销售量、主要原材料价格、投资额以及外汇汇率等。针对项目的不同情况，通过敏感性分析，选择最为敏感的因素作为概率分析的不确定性因素。

(3) 预测不确定性因素变化的取值范围及概率分布。

(4) 根据测定的风险因素取值和概率分布，计算评价指标的相应取值和概率分布。

(5) 计算评价指标的期望值和项目可接受的概率。

(6) 分析计算结果，判断其可接受性，研究减轻和控制不利影响的措施。

概率分析的方法有很多，这些方法大多以项目经济评价指标（主要是 NPV）的期望值的计算过程和计算结果为基础。这里仅介绍项目净现值的期望值和决策树法，计算项目净现值的期望值及净现值大于或等于零时的累计概率，以判断项目承担风险的能力。

1. 净现值的期望值

期望值是用来描述随机变量的一个主要参数。

从理论上讲，要完整地描述各随机变量，需要知道它的概率分布的类型和主要参数。但在实际应用中，这样做不仅非常困难，而且也没有太大的必要。因为在许多情况下，我们只需要随机变量的某些特征就可以了，在这些随机变量的主要特征中，最重要也是最常用的就是期望值。

期望值是大量重复事件中随机变量取值的平均值，换句话说，就是随机变量所有可能取值的加权平均值，权重为各种可能取值出现的概率。

期望值的计算公式可表达为：

$$E(X) = \sum_{i=1}^{n} X_i P_i \qquad (5\text{-}11)$$

式中 $E(X)$——随机变量 X 的期望值;
X_i——随机变量 X 的各种取值;
P_i——X 取 X_i 值时对应的概率值。

根据式 (5-11) 可推导出项目净现值的期望值计算公式为:

$$E(\text{NPV}) = \sum_{i=1}^{n} \text{NPV}_i \times P_i \tag{5-12}$$

式中 $E(\text{NPV})$——随机变量 NPV 的期望值;
NPV_i——随机变量 NPV 的各种取值;
P_i——对应于各种现金流量情况的概率值。

项目净现值的方差、标准差、离散系数的计算公式如下:
净现值的方差

$$D(\text{NPV}) = \sum_{i=1}^{n} p_i [\text{NPV}_i - E(\text{NPV})]^2 \tag{5-13}$$

净现值的标准差

$$\sigma(\text{NPV}) = \sqrt{D(\text{NPV})} \tag{5-14}$$

净现值的离散系数:

$$V(\text{NPV}) = \frac{\sigma(\text{NPV})}{E(\text{NPV})} \tag{5-15}$$

【例 5-5】 已知某投资方案中各种因素可能出现的数值及其对应的概率见表 5-5。假设投资发生在期初,年净现金流量均发生在各年的年末。已知标准折现率为 10%,试用概率分析法判断项目风险性的大小。

表 5-5 投资方案变量因素值及概率

投资额/万元		年净收益/万元		寿命期/年	
数值	概率	数值	概率	数值	概率
130	0.30	25	0.25		
150	0.50	30	0.40	10	1.00
185	0.20	35	0.35		

解: (1) 确定风险因素组合状态及组合概率。

根据各因素的取值范围,共有 9 种不同的组合状态,根据净现值的计算公式,可求出各种状态的净现值及其对应的概率,见表 5-6。

表 5-6 方案所有组合状态的概率及净现值

投资额/万元	130			150			185			合计
概率	0.30			0.50			0.20			1.00
年净收益/万元	25	30	35	25	30	35	25	30	35	
概率	0.25	0.40	0.35	0.25	0.40	0.35	0.25	0.40	0.35	1.00
组合概率	0.075	0.12	0.105	0.125	0.20	0.175	0.05	0.08	0.07	1.00
净现值/万元	23.6	54.32	85.04	3.60	34.32	65.04	-31.40	-0.68	30.04	
净现值的期望/万元	36.39									
方差	477.82									

(2) 计算各组合状态净现值的期望值

$E(\text{NPV}) = 23.6 \times 0.075 + 54.32 \times 0.12 + 85.04 \times 0.105 + 3.6 \times 0.125 + 34.32 \times 0.2 +$
$\qquad 65.04 \times 0.175 - 31.4 \times 0.05 - 0.68 \times 0.08 + 30.04 \times 0.07$
$\qquad = 1.77 + 6.52 + 8.93 + 0.45 + 6.86 + 11.38 - 1.57 - 0.05 + 2.10$
$\qquad = 36.39$（万元）

投资方案净现值的期望值为 36.39 万元。

(3) 计算净现值小于零的累计概率

当组合状态的数量较多时，可以用列表的方法，将各组合状态及相应的净现值、组合概率等按净现值从小到大排列，依次计算累积概率，便可得到净现值小于零的累积概率。本例可以直接计算出净现值小于零的累计概率为

$$0.05 + 0.08 = 0.13 = 13\%$$

(4) 计算净现值的方差、标准差和离散系数

$D(\text{NPV}) = (23.6 - 36.39)^2 \times 0.075 + (54.32 - 36.39)^2 \times 0.12 + (85.04 - 36.39)^2 \times$
$\qquad 0.105 + (3.6 - 36.39)^2 \times 0.125 + (34.32 - 36.39)^2 \times 0.2 + (65.04 -$
$\qquad 36.39)^2 \times 0.175 - (31.4 - 36.39)^2 \times 0.05 - (0.68 - 36.39)^2 \times 0.08 +$
$\qquad (30.04 - 36.39)^2 \times 0.07$
$\qquad = 477.82$（万元）

$$\sigma(\text{NPV}) = \sqrt{D(\text{NPV})} = \sqrt{477.82} = 21.86$$

$$V(\text{NPV}) = \frac{\sigma(\text{NPV})}{E(\text{NPV})} = \frac{21.86}{36.39} = 0.60$$

从项目净现值小于零的累积概率和离散系数看，该项目风险较小。

2. 决策树法

决策树法是在已知各种情况发生概率的基础上，通过构造决策树来求取净现值的期望值大于等于零的概率，评价项目风险，判断其可行性的决策分析方法。它是直观运用概率分析的一种图解方法。决策树特别适用于多阶段决策分析。

决策树一般由决策点、机会点、方案枝、概率枝等组成，其绘制方法如图 5-6 所示。

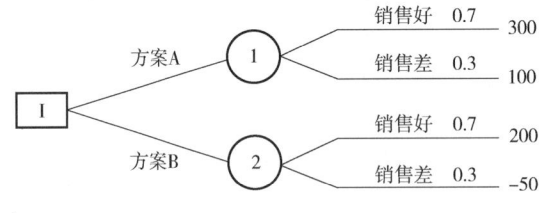

图 5-6 决策树

首先确定决策点，决策点一般用"□"表示；然后从决策点引出若干条直线，代表各个备选方案，这些直线称为方案枝；方案枝后面连接一个"○"，称为机会点；从机会点画出的各条直线，称为概率枝，代表将来的不同状态，概率枝后面的数值代表不同方案在不同状态下可获得的收益值。为了方便计算，对决策树中的"□"（决策点）和"○"（机会点）均进行编号。编号的顺序是从左到右，从上到下。

画出决策树后，就可以很容易地计算出各个方案的期望值并进行比选。下面通过实例来

说明如何运用决策树对方案进行比选。

【例5-6】 某项目有两个备选方案 A 和 B，两个方案的寿命期均为 10 年，生产的产品也完全相同，但投资额及年净收益均不同。方案 A 的投资额为 800 万元，其年净收益在产品销路好时为 300 万元，销路差时为 100 万元；方案 B 的投资额为 500 万元，其年净收益在产品销路好时为 200 万元，销路差时为 -50 万元。根据市场预测，在项目寿命期内，产品销路好的可能性为 70%，销路差的可能性为 30%。已知基准折现率为 10%，试根据以上资料对方案进行比选。

解： 首先，画出决策树。此题有一个决策点，两个备选方案，每个方案又面临着两种状态。由此画出其决策树，如图5-6所示。

然后，计算各个机会点净现值的期望值：

机会点①的期望值
$= 300 \times (P/A, 10\%, 10) \times 0.7 + 100 \times (P/A, 10\%, 10) \times 0.3 - 800$
$= 675$（万元）

机会点②的期望值
$= 200 \times (P/A, 10\%, 10) \times 0.7 + (-50) \times (P/A, 10\%, 10) \times 0.3 - 500$
$= 268$（万元）

机会点①的期望值大于机会点②的期望值，因此应该优先选择方案 A。

3. 层次分析法

层次分析法（The Analytic Hierarchy Process）是美国著名运筹学家，匹兹堡大学教授 T. L Saaty 于 20 世纪 70 年代中期提出的一种定性与定量相结合的决策分析方法，简称 AHP 方法。

层次分析法是一种多准则决策分析方法，在风险分析中它有两种用途：一是将风险因素逐层分解识别，直至最基本的风险因素，也称正向分解；二是两两比较同一层次风险因素的重要程度，列出该层风险因素的判断矩阵（判断矩阵可由专家调查法得出），判断矩阵的特征根就是该层次各个风险因素的权重，利用权重与同层次风险因素概率分布的组合，求得上一层风险的概率分布，直至求出总目标的概率分布，也称反向合成。

运用层次分析法解决实际问题一般包括五个步骤：

（1）建立所研究问题的递阶层次结构。
（2）构造两两比较判断矩阵。
（3）由判断矩阵计算被比较元素的相对权重。
（4）计算各层元素的组合权重。
（5）将各子项的权重与子项的风险概率分布加权叠加，即得出项目的经济风险概率分布。

五、风险对策

风险对策也称为风险防范手段或风险管理技术，它包括：

（一）风险回避

风险回避是投资主体有意识地放弃风险的行为，完全避免特定的损失风险，就是以一定的方式中断风险源，使其不发生或不发展，从而避免可能产生的潜在损失。例如，某建设工程的可行性研究报告表明，虽然从各种财务评价指标（如净现值、内部收益率指标）看是可行的，但通过敏感性分析发现，该工程对投资额、产品价格、经营成本均很敏感，这意味着该建设工程的不确定性很大，亦即风险很大，因而决定不投资建造该建设工程。简单的风险回避是一种最消极的风险处理办法，因为投资者在放弃风险行为的同时，往往也放弃了潜在的目标收益。例如，在涉外工程中，由于缺乏有关外汇市场的知识和信息，为避免承担由此而带来的经济风险，决策者决定选择本国货币作为结算货币，但从而也就失去了从汇率变化中获益的可能性。而且，回避一种风险可能产生另一种新的风险。在建设工程实施过程中，绝对没有风险的情况几乎不存在。就技术风险而言，即使是相当成熟的技术也存在一定的风险。例如，在地铁工程建设中，采用明挖法施工有支撑失败、顶板坍塌等风险。如果为了回避这种风险而采用逆作法施工方案，又可能会产生地下连续墙失败等其他新的风险。

（二）损失控制

损失控制是一种主动、积极的风险对策，是通过制定计划和采取措施降低损失的可能性或者是减少实际损失。控制阶段包括事前、事中和事后三个阶段。事前控制的目的主要是为了降低损失的概率，事中和事后控制主要是为了减少实际发生的损失。所以，损失控制可分为预防损失和减少损失两个方面工作。在实际工程中，损失控制方案应当是预防损失措施和减少损失措施的有机结合。

（三）风险转移

风险转移，是指通过契约，将让渡人的风险转移给受让人承担的行为。通过风险转移有时可大大降低经济主体的风险程度。风险转移的主要形式是合同和保险。

1. 合同转移

通过签订合同，将工程风险转移给非保险人的对方当事人。建设工程风险最常见的合同转移有以下三种情况：

（1）业主将合同责任和风险转移给对方当事人。在这种情况下，被转移者多数是承包商。例如，采用固定总价合同将涨价风险转移给承包商等。

（2）承包商进行工程分包。承包商中标承接某工程后，可能将该工程中专业技术要求很强而自己缺乏相应技术的工程内容分包给专业分包商，从而更好地保证工程质量。

（3）第三方担保。合同当事人的一方要求另一方为其履约行为提供第三方担保，担保方所承担的风险仅限于合同责任，即由于委托方不履行或不适当履行合同以及违约所产生的责任。第三方担保的主要表现是业主要求承包商提供履约担保和预付款担保（在投标阶段还有投标担保）。

2. 保险转移

保险是使用最为广泛的风险转移方式。通过购买保险，建设业主或承包商作为投保人将本应由自己承担的工程风险（包括第三方责任）转移给保险公司，从而使自己免受损失。而且，保险公司可向业主和承包商提供较为全面的风险管理服务，从而提高整个建设工程的风险管理水平。

（四）风险自留

1. 风险自留的类型

风险自留可分为非计划性风险自留和计划性风险自留两种类型。

（1）非计划性风险自留。导致非计划性风险自留的主要原因有：

1）缺乏风险意识。这往往是由于建设资金来源与建设工程业主的直接利益无关所造成的，这是我国过去和现在许多由国家提供建设资金的建设工程不自觉地采用非计划性风险自留的主要原因。此外，也可能是由于缺乏风险管理理论的基本知识而造成的。

2）风险识别失误。由于所采用的风险识别方法过于简单和一般化，没有针对建设工程风险的特点，或者缺乏建设工程风险的经验数据或统计资料，或者没有针对特定建设工程进行风险调查等，都可能导致风险识别失误，从而使风险管理人员未能意识到建设工程某些风险的存在，而这些风险一旦发生就成为自留风险。

3）风险评价失误。在风险识别正确的情况下，如仅采用定性风险评价方法，风险评价的方法不当可能导致风险评价结论错误。即使是采用定量风险评价方法，也可能由于风险衡量的结果出现严重误差而导致风险评价失误，结果将不该忽略的风险忽略了。

4）风险决策延误。在风险识别和风险评价均正确的情况下，可能由于迟迟没有做出相应的风险对策决策，致使某些风险已经发生，使得根据风险评价结果本不会做出风险自留选择的那些风险成为自留风险。

事实上，对于大型、复杂的建设工程来说，风险管理人员几乎不可能识别出所有的工程风险。但是，风险管理人员应当尽量减少风险识别和风险评价的失误，要及时做出风险对策决策，并及时实施决策，从而避免被迫承担重大和较大的工程风险。

（2）计划性风险自留。计划性风险自留是主动地、有意识地、有计划地选择，是风险管理人员在经过正确的风险识别和风险评价后做出的风险对策，是整个建设工程风险对策计划的一个组成部分。

2. 风险自留的适用条件

（1）别无选择。有些风险既不能回避，又不可能预防，且没有转移的可能性，只能自留，这是一种无奈的选择。

（2）期望损失不严重。风险管理人员对期望损失的估计低于保险公司的估计，据自己多年的经验和有关资料，风险管理人员确信自己的估计正确。

（3）损失可准确预测。在此，仅考虑风险的客观性。这一点实际上是要求建设工程有较多的单项工程和单位工程，满足概率分布的基本条件。

（4）企业有短期内承受最大潜在损失的能力。由于风险的不确定性，可能在短期内发生最大的潜在损失，这时，即使设立了自我基金或向母公司保险，已有的专项基金仍不足以弥补损失，需要企业从现金收入中支付。如果企业没有这种能力，可能因此而摧毁企业。对于建设工程的业主来说，与此相应的是要具有短期内筹措大笔资金的能力。

（5）投资机会很好（或机会成本很大）。如果市场投资前景很好，则保险费的机会成本就显得很大，不如采取风险自留，将保险费作为投资，以取得较多的投资回报。即使今后自留风险事件发生，也足以弥补其造成的损失。

（6）内部服务优良。如果保险公司所能提供的多数服务完全可以由风险管理人员在内部完成，且由于他们直接参与工程的建设和管理活动，从而使服务更方便，质量在某些方面也更高。在这种情况下，风险自留也是合理的选择。

练习题

1. 为什么要进行不确定性和风险分析？

2. 什么是盈亏平衡分析？盈亏平衡点有几种表现形式？

3. 单因素敏感性分析的步骤是什么？

4. 概率分析中，期望值和离散系数的经济含义有什么不同？

5. 风险分析的方法有哪些？

6. 某项目设计生产能力为年产 50 万件产品，估计单价为 100 元，单位产品可变成本为 80 元，年固定成本为 300 万元，求平衡点产量 Q^*、平衡点生产能力利用率 RBEP、平衡点价格 P^*。已知该产品销售税金及附加的合并税率为 5%。

7. 某项目方案预计在计算期内的支出、收入见表 5-7，试以净现值指标对该方案进行敏感性分析（基准收益率为 10%）。

表 5-7　某项目方案预计在计算期内的支出、收入　　　　　（单位：万元）

指标＼年份	0	1	2	3	4	5	6
投资	60	300	80				
年经营成本				150	200	200	200
年营业收入				300	400	400	400

第六章　工程项目可行性研究

本章内容提要

工程经济分析理论和方法在工程项目前期的应用主要体现在可行性研究工作中。可行性研究是工程项目决策阶段最重要的工作，需要对工程项目投资的必要性、可能性、可行性、经济性等重大问题，进行科学论证和多方案比较。本章知识结构如图6-1所示。

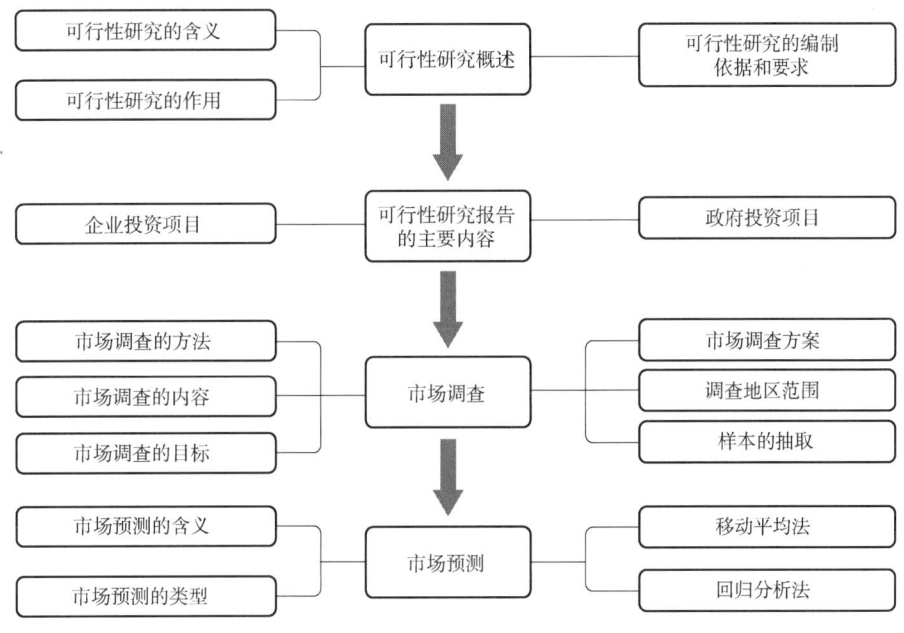

图6-1　工程项目可行性研究知识结构

第一节　可行性研究概述

一、可行性研究的含义

可行性研究（Feasibility Study）是在投资项目拟建之前，通过对拟建项目的建设条件（市场、资源、工程技术、经济和社会等）和建设方案的全面分析、论证和评价，从而得出该项目是否值得投资，建设方案是否合理、可行的研究结论，为项目的决策提供依据。

可行性研究是关于项目是否可行的研究。一个项目是否可行通常包含了四个问题：项目是否必要？项目能否实现？实现后的效果如何？项目实施的风险大小？任何项目首先要有客观的需要，这是项目建设的前提条件。同样，项目在技术上和经济上可行，才有可能实现。一个项目除了能实现，还必须要有良好的经济和社会效果。还应分析项目实施的不确定性因素和减少风险的措施。总之，可行性研究是指在投资决策前通过详细的调查研究，对拟建项目的必要性、可实现性、经济和社会的有利性及风险性等方面所做的全面系统的综合性研究。可行性研究是确定建设项目前具有决定性意义的工作，通过调查研究和分析论证，为项目决策者或决策部门提供决策依据，以减少或防止决策失误，从而提高投资效益，加速经济的发展。

可行性研究是建设项目决策分析与评价阶段最重要的工作。可行性研究的过程既是深入调查研究的过程，又是多方案比较选择的过程。

二、可行性研究的作用

（一）可行性研究是投资决策的依据

可行性研究对项目产品的市场需求、市场竞争力、建设方案、项目需要投入的资金、可能获得的效益以及项目可能面临的风险等都要做出结论。对企业投资项目，可行性研究的结论既是企业内部投资决策的依据；同时，对属于《核准目录》内须经政府投资主管部门核准的投资项目，可行性研究又是编制申请报告的依据。政府投资的项目，可行性研究是政府投资主管部门审批决策的依据。

（二）可行性研究是筹措资金和申请贷款的依据

银行等金融机构一般都要求项目业主提交可行性研究报告，通过对可行性研究报告的评估，分析项目产品的市场竞争力、采用技术的可靠性、项目的财务效益和还款能力，然后决定是否对项目提供贷款。

（三）可行性研究是编制初步设计文件的依据

按照项目建设程序，一般只有在可行性研究报告完成后，才能进行初步设计。初步设计文件应在可行性研究的基础上，根据审定的可行性研究报告进行编制。

三、可行性研究的编制依据和要求

（一）可行性研究的编制依据

(1) 项目建议书及其批复文件。

(2) 国家和地方的经济和社会发展规划、行业部门的发展规划，如江河流域开发治理规划、铁路公路路网规划、电力电网规划、森林开发规划，以及企业发展战略规划等。

(3) 有关的法律、法规和政策。

(4) 有关机构发布的工程建设方面的标准、规范、定额。

(5) 拟建场（厂）址的自然、经济、社会概况等基础资料。

(6) 合资、合作项目各方签订的协议书和意向书。

(7) 与拟建项目有关的各种市场信息资料或社会公众要求等。

（二）可行性研究的基本要求

(1) 预见性。可行性研究不仅应对历史、现状资料进行研究和分析，更重要的是为应对未来的市场需求、投资效益进行预测和估算。

（2）客观公正性。可行性研究必须坚持实事求是，在调查研究的基础上，按照客观情况进行论证和评价。

（3）可靠性。可行性研究应认真研究确定项目的技术经济措施，以保证项目的可靠性，同时也应否定不可行的项目或方案，以避免投资损失。

（4）科学性。可行性研究必须应用现代科学技术手段进行市场预测，运用科学的评价指标体系和方法分析评价项目的财务效益、经济效益和社会影响，为项目决策提供科学依据。

第二节　可行性研究报告的主要内容

可行性研究工作结果以可行性研究报告来体现。下面分别介绍列入《核准目录》的企业投资项目和政府投资项目的可行性研究报告内容。

一、企业投资项目的可行性研究报告内容

（一）项目建设的必要性

要从两个层次进行分析，一是结合项目功能定位，分析拟建项目对实现企业自身发展，满足社会需求，促进国家、地区经济和社会发展等方面的必要性；二是从国民经济和社会发展角度，分析拟建项目是否符合合理配置和有效利用资源的要求，是否符合区域规划、行业发展规划、城市规划的要求，是否符合国家产业政策和技术政策的要求，是否符合保护环境、可持续发展的要求等。

（二）市场分析

调查、分析和预测拟建项目产品和主要投入品在国际、国内市场的供需状况和销售价格；研究确定产品的目标市场；在竞争力分析的基础上，预测可能占有的市场份额；研究产品的营销策略。

（三）建设方案

主要包括建设规模与产品方案，工艺技术和主要设备方案，场（厂）址选择，主要原材料、辅助材料、燃料供应方案，总图运输和土建方案，公用工程方案，节能、节水措施，环境保护治理措施方案，安全、职业卫生措施和消防设施方案，项目的组织机构与人力资源配置等。

（四）投资估算

在确定项目建设方案工程量的基础上估算项目的建设投资，分别估算建筑工程费、设备购置费、安装工程费、工程建设其他费用、基本预备费、价差预备费，还要估算建设期利息和流动资金。

（五）融资方案

在投资估算确定融资额的基础上，研究分析项目的融资主体，资金来源的渠道和方式，资金结构及融资成本、融资风险等。结合融资方案的财务评价，比较、选择和确定融资方案。

(六) 财务评价（也称财务分析）

按规定科目详细估算营业收入和成本费用，预测现金流量；编制现金流量表等财务报表，计算相关指标；进行财务盈利能力、偿债能力分析以及财务生存能力分析，评价项目的财务可行性。

(七) 经济评价（也称国民经济评价）

对于财务现金流量不能全面、真实地反映其经济价值的项目，应进行经济分析。从社会经济资源有效配置的角度，识别与估算项目产生的直接和间接的经济费用与效益，编制经济费用效益流量表，计算有关评价指标，分析项目建设对社会经济所做出的贡献以及项目所耗费的社会资源，评价项目的经济合理性。

(八) 经济影响分析

对于行业、区域经济及宏观经济影响较大的项目，还应从行业影响、区域经济发展、产业布局及结构调整、区域财政收支、收入分配以及是否可能导致垄断等角度进行分析。对于涉及国家经济安全的项目，还应从产业技术安全、资源供应安全、资本控制安全、产业生产安全、市场环境安全等角度进行分析。

(九) 资源利用分析

对于高耗能、耗水、大量消耗自然资源的项目，如石油天然气开采、石油加工、发电等项目，应分析能源、水资源和自然资源利用效率；一般项目也应进行节能、节水、节地、节材分析；所有项目都要提出降低资源消耗的措施。

(十) 土地利用及移民搬迁安置方案分析

对于新增建设用地的项目，应分析项目用地情况，提出节约用地措施。涉及搬迁和移民的项目，还应分析搬迁方案和移民安置方案的合理性。

(十一) 社会评价或社会影响分析

对于涉及公共利益的项目，如农村扶贫项目，要在社会调查的基础上，分析拟建项目的社会影响，分析主要利益相关者的需求，对项目的支持和接受程度，分析项目的社会风险，提出需要防范和解决社会问题的方案。

(十二) 敏感性分析与盈亏平衡分析

进行敏感性分析，计算敏感度系数和临界点，找出敏感因素及其对项目效益的影响程度；进行盈亏平衡分析，计算盈亏平衡点，粗略预测项目适应市场变化的能力。

(十三) 风险分析

对项目主要风险因素进行识别，采用定性与定量分析方法估计风险程度，研究提出防范和降低风险的对策措施。

(十四) 结论与建议

在以上各项分析研究之后，应做出归纳总结，说明所推荐方案的优点，并指出可能存在的主要问题和可能遇到的主要风险，做出项目是否可行的明确结论，并对项目下一步工作和项目实施中需要解决的问题提出建议。

由于可行性研究报告是项目申请报告编制的基础，为方便列入《核准目录》的企业投资项目的申请报告编制，上述内容是针对列入《核准目录》的企业投资项目的可行性研究报告设置的。对于备案的企业投资项目，其可行性研究报告内容可以适当简化。

二、政府投资项目可行性研究报告的内容

对于政府投资建设的社会公益、公共基础设施和环境保护等项目，除上述各项内容外，可行性研究报告的内容还应包括：

(1) 政府投资的必要性。

(2) 项目需实施代建制的方案。

(3) 政府投资项目的投资方式。对采用资本金注入方式的项目，要分析出资人代表的情况及其合理性。

(4) 对于没有营业收入或收入不足以弥补运营成本的公益性项目，要从项目运营的财务可持续性角度，分析、研究政府提供补贴的方式和数额。

(5) 依法须进行招标的工程建设项目，应增加具体招标范围、拟采用的招标组织形式、招标方式等有关招标内容；不进行招标的，须说明不招标的原因。

三、不同项目可行性研究报告的侧重点不同

可行性研究报告的侧重点，因项目的性质、特点不同有所差别：

（一）水利水电项目

水利水电项目通常具有防洪、灌溉治涝、发电、供水等多项功能。需要重点研究水利水电资源的开发利用条件，水文、气象、工程地质条件，坝型与枢纽布置，库区淹没与移民安置等；项目经济评价以经济分析为主，财务评价为辅。

（二）交通运输项目

交通运输项目包括公路、铁路、机场、地铁、桥梁、隧道等项目，不生产实物产品，而是为社会提供运输服务。需要重点研究项目对经济和社会发展、区域综合运输网布局、路网布局等方面的作用和意义；项目经济评价以经济分析为主，财务评价为辅。

（三）农业开发项目

农业开发项目一般多为综合开发项目，可能包括农、林、牧、副、渔和加工业等项目，建设内容比较复杂。需要重点研究市场分析，建设规模和产品方案，原材料供应等；农业项目受气候等自然条件影响，效益与费用的不确定性较大。项目经济评价一般分项目层和经营层两个层次，项目层评价以经济分析为主，财务评价为辅。

（四）文教卫生项目

文教卫生项目包括学校、体育馆、图书馆、医院、卫生防疫与疾病控制系统等项目。项目建设的目的在于改善公共福利环境，提高人民生活水平，保障社会公平，促进社会发展。需要重点研究项目的服务范围，确定项目的建设规模；依据项目的功能定位，比较选择适宜的建筑方案、主要设备和器械；项目经济评价以经济分析为主。

（五）资源开发项目

资源开发项目包括煤、石油、天然气、金属、非金属等矿产资源的开发项目，水利水电资源的开发利用项目、森林资源的采伐项目等。需要重点研究资源开发利用的条件，包括资源开发的合理性、拟开发资源的可利用量、自然品质、赋存条件和开发价值；分析项目是否

符合资源总体开发规划的要求，是否符合资源综合利用、可持续发展的要求，是否符合保护生态环境的有关规定。

第三节 市场调查

一、市场调查的方法

市场调查的方法主要有观察法、实验法、访问法和问卷法。

（一）观察法（observation）

观察法是社会调查和市场调查研究的最基本的方法，是指研究者根据一定的研究目的、研究提纲或观察表，用自己的感官和辅助工具去直接观察被研究对象，从而获得资料的一种方法。科学的观察具有目的性和计划性、系统性和可重复性。如为研究某城市区域的商业价值或改善交通秩序，常需要调查某一街道的车流量以及人流量或方向。其方法是调查人员亲临现场或用仪器记录该街道在一定时间内所通行的车辆及行人数量、类别及方向。

（二）实验法（experimentation）

由调查人员根据调查的要求，用实验的方式，将调查的对象控制在特定的环境条件下，对其进行观察以获得相应的信息。控制对象可以是产品的价格、品质、包装等，在可控制的条件下观察市场现象，揭示在自然条件下不易发生的市场规律，这种方法主要用于市场销售实验和消费者使用实验。

（三）访问法（interview）

可以分为结构式访问、无结构式访问和集体访问。

结构式访问是实现设计好的、有一定结构的访问提纲的访问。调查人员要按照事先设计好的调查表或访问提纲进行访问，要以相同的提问方式和记录方式进行访问。提问的语气和态度也要尽可能地保持一致。

无结构式访问是没有统一的访问提纲，由调查人员与被访问者自由交谈的访问。它可以根据调查的内容，进行广泛的交流。如对商品的价格进行交谈，了解被调查者对价格的看法。

集体访问是通过集体座谈的方式听取被访问者的想法，收集信息资料。可以分为专家集体访问和消费者集体访问。

（四）问卷法（survey）

问卷法是通过设计调查问卷，让被调查者填写调查问卷的方式获得所调查对象的信息。在调查中将调查的资料设计成问卷后，让接受调查的对象将自己的意见或答案，填入问卷中。在一般进行的实地调查中，以问卷法应用最广；同时问卷法在网络市场调查中的运用也较为普遍。问卷法的运用，关键在于编制问卷、选择被试和结果分析。

问卷法的特点：

（1）问卷调查是标准化调查，即按照统一设计的有一定结构的问卷所进行的调查。

（2）问卷调查一般是间接调查，即调查者不与被调查者直接见面，而由被调查者自己填答问卷。

（3）问卷调查一般是书面调查，即调查者用书面提出问题，被调查者也用书面回答问题。

（4）问卷调查一般是抽样调查，即被调查者是通过抽样方法选取的，而且调查对象一般较多。

（5）问卷调查一般是定量调查，调查的主要目的是通过样本统计量推断总体。

二、市场调查的内容

市场调查的内容涉及市场营销活动的整个过程，主要包括：

（一）市场环境调查

市场环境调查主要包括经济环境、政治环境、社会文化环境、科学环境和自然地理环境等。具体的调查内容可以是市场的购买力水平，经济结构，国家的方针、政策和法律法规，风俗习惯，科学发展动态，气候等各种影响市场营销的因素。

（二）市场需求调查

市场需求调查主要包括消费者需求量调查、消费者收入调查、消费结构调查、消费者行为调查，调查的内容包括消费者为什么购买、购买什么、购买数量、购买频率、购买时间、购买方式、购买习惯、购买偏好和购买后的评价等。

（三）市场供给调查

市场供给调查主要包括产品生产能力调查、产品实体调查等。具体为某一产品市场可以提供的产品数量、质量、功能、型号、品牌等，生产供应企业的情况等。

（四）市场营销因素调查

市场营销因素调查主要包括产品、价格、渠道和促销的调查。产品的调查主要有了解市场上新产品开发的情况、设计的情况、消费者使用的情况、消费者的评价、产品生命周期阶段、产品的组合情况等。产品的价格调查主要有了解消费者对价格的接受情况，对价格策略的反应等。渠道调查主要包括了解渠道的结构、中间商的情况、消费者对中间商的满意情况等。促销活动调查主要包括各种促销活动的效果，如广告实施的效果、人员推销的效果、营业推广的效果和对外宣传的市场反应等。

（五）市场竞争情况调查

市场竞争情况调查主要包括对竞争企业的调查和分析，了解同类企业的产品、价格等方面的情况，他们采取了什么竞争手段和策略，以便做到知己知彼，通过调查帮助企业确定竞争策略。

市场调查是企业制定营销计划的基础。企业开展市场调查可以采用两种方式，一是委托专业市场调查公司来做，二是企业自己来做，企业可以设立市场研究部门，负责此项工作。市场调研工作的基本过程包括：明确调查目标、设计调查方案、制订调查工作计划、组织实地调查、调查资料的整理和分析、撰写调查报告。

三、市场调查的目标

进行市场调查，首先要明确市场调查的目标，按照企业的不同需要，市场调查的目标有所不同，企业实施经营战略时，必须调查宏观市场环境的发展变化趋势，尤其要调查所处行业未来的发展状况；企业制定市场营销策略时，要调查市场需求状况、市场竞争状况、消费者购买行为和营销要素情况；当企业在经营中遇到了问题，这时应针对存在的问题和产生的原因进行市场调查。

四、市场调查方案

一个完善的市场调查方案一般包括以下几方面内容：

（一）调查目的

根据市场调查目标，在调查方案中列出本次市场调查的具体目的。例如：本次市场调查的目的是了解某产品的消费者购买行为和消费偏好情况等。

（二）调查对象

市场调查的对象一般为消费者、零售商、批发商，零售商和批发商为经销调查产品的商家，消费者一般为使用该产品的消费群体。在以消费者为调查对象时，要注意到有时某一产品的购买者和使用者不一致，如对婴儿食品的调查，其调查对象应为孩子的母亲。此外还应注意到一些产品的消费对象主要针对某一特定消费群体或侧重于某一消费群体，这时调查对象应注意选择产品的主要消费群体，如对于化妆品，调查对象主要选择女性；对于酒类产品，其调查对象主要为男性。

（三）调查内容

调查内容是收集资料的依据，是为实现调查目标服务的，可根据市场调查的目的确定具体的调查内容。如调查消费者行为时，可按消费者购买、使用和使用后评价三个方面列出调查的具体内容项目。调查内容的确定要全面、具体，条理清晰、简练，避免面面俱到，内容过多，过于烦琐，避免把与调查目的无关的内容列入其中。

（四）调查表

调查表是市场调查的基本工具，调查表的设计质量直接影响到市场调查的质量。设计调查表要注意以下几点：

(1) 调查表的设计要与调查主题密切相关，重点突出，避免可有可无的问题。

(2) 调查表中的问题要容易让被调查者接受，避免出现被调查者不愿回答或让被调查者感到难堪的问题。

(3) 调查表中的问题次序要条理清楚，顺理成章，符合逻辑顺序，一般可遵循容易回答的问题放在前面，较难回答的问题放在中间，敏感性问题放在最后，封闭式问题在前，开放式问题在后。

(4) 调查表的内容要简明，尽量使用简单、直接、无偏见的词汇，保证被调查者能在较短的时间内完成调查表。

五、调查地区范围

调查地区范围应与企业产品销售范围相一致，当在某一城市做市场调查时，调查范围应为整个城市；但由于调查样本数量有限，调查范围不可能遍及城市的每一个地方，一般可根据城市的人口分布情况，主要考虑人口特征中收入、文化程度等因素，在城市中划定若干个小范围调查区域，划分原则是使各区域内的综合情况与城市的总体情况分布一致，将总样本按比例分配到各个区域，在各个区域内实施访问调查。这样可相对缩小调查范围，减少实地访问工作量，提高调查工作效率，减少费用。

六、样本的抽取

调查样本要在调查对象中抽取,由于调查对象分布范围较广,应制定一个抽样方案,以保证抽取的样本能较好地反映总体情况。样本的抽取数量可根据市场调查的准确程度的要求来确定,市场调查结果准确度要求越高,抽取样本数量应越多,但调查费用也越高,一般可根据市场调查结果的用途情况确定适宜的样本数量。实际市场调查中,在一个中等以上规模城市进行市场调查的样本数量,按调查项目的要求不同,可选择 200~1000 个样本,样本的抽取可采用统计学中的抽样方法。具体抽样时,要注意对抽取样本的人口特征因素的控制,以保证抽取样本的人口特征分布与调查对象总体的人口特征分布相一致。

七、资料的收集和整理方法

市场调查中,常用的资料收集方法有调查法、观察法和实验法,一般来说,前一种方法适宜于描述性研究,后两种方法适宜于探测性研究。企业做市场调查时,采用调查法较为普遍,调查法又可分为面谈法、电话调查法、邮寄法、留置法等。这几种调查方法各有其优缺点,适用于不同的调查场合,企业可根据实际调研项目的要求来选择。资料的整理方法一般可采用统计学中的方法,利用 Excel 工作表格,可以很方便地对调查表进行统计处理,从而获得大量的统计数据。

第四节 市场预测

一、市场预测的含义

市场预测,就是运用科学的方法,对影响市场供求变化的各个因素进行调查研究,分析和预见其发展趋势,掌握市场供求变化的规律,为经营决策提供可靠的依据。

预测为决策服务,是为了提高管理的科学水平,减少决策的盲目性,我们需要通过预测来把握经济发展或者未来市场变化的有关动态,减少未来的不确定性,降低决策可能遇到的风险,使决策目标得以顺利实现。

二、市场预测的类型

市场预测可以按不同的标准进行分类。

(一) 按预测的时间跨度分

按预测的时间跨度分,市场预测可以分为短期、当前、中期和长期预测。

短期预测,是根据市场上需求变化的现实情况,以旬、周为时间单位,预计一个季度内的需求量。

当前预测,主要是根据历史资料和市场变化,以月为时间单位测算出年度的市场需求量。

中期预测,是指 3~5 年的预测,一般是对经济、技术、政治、社会等影响市场长期发展的因素,经过深入调查分析后,所做出的关于未来市场发展趋势的预测,为编制 3~5 年计划提供科学依据。

长期预测，一般是5年以上的预测，是为制定经济发展的长期规划预测市场发展趋势，为综合平衡、统筹安排长期的产供销比例提供依据。

（二）按预测的空间范围分

按地理空间范围分，市场预测分为国内市场预测和国际市场预测。

按经济活动的空间范围分，市场预测可分为宏观的市场预测和微观的市场预测。

（三）按预测的性质分

按预测的性质分，市场预测可以分为定性预测和定量预测。

定性预测，是由预测人员凭借知识、经验和判断能力对市场的未来变化趋势做出性质和程度的预测。

定量预测，是以过去积累的统计资料为基础，运用数学方法进行分析计算后，对市场的未来变化趋势做出的数学测算。

三、预测方法

市场预测的方法一般可以分为定性预测和定量预测两大类。

（一）定性预测法

定性预测法也称为直观判断法，是市场预测中经常使用的方法。定性预测主要依靠预测人员所掌握的信息、经验和综合判断能力，预测市场未来的状况和发展趋势。这类预测方法简单易行，特别适用于那些难以获取全面的资料进行统计分析的问题。常用定性预测方法又包括专家会议法和德尔菲法。

（二）定量预测法

定量预测是利用比较完备的历史资料，运用数学模型和计量方法，来预测未来的市场需求。定量预测基本上分为两类，一类是时间序列模型，另一类是因果分析模型。

1. 时间序列模型

在市场预测中，经常遇到一系列随时间变化的经济指标值，如企业某产品按年（季）的销售量、消费者历年收入、购买力增长统计值等，这些按时间先后排列起来的一组数据称为时间序列。依时间序列进行预测的方法称为时间序列预测，下面主要分析常用的时间序列模型——移动平均法。

移动平均法是用分段逐点推移的平均方法对时间序列数据进行处理，找出预测对象的历史变动规律，并据此建立预测模型的一种时间序列预测方法。

1）一次移动平均值的计算。设实际的预测对象时间序列数据为 y_t（$t = 1, 2, \cdots, m$），一次移动平均值的计算公式为：

$$M_{t-1}^{[1]} = \frac{1}{n}(y_{t-1} + y_{t-2} + \cdots + y_{t-n}) \tag{6-1}$$

$$M_t^{[1]} = \frac{1}{n}(y_t + y_{t-1} + \cdots + y_{t-n+1})$$

$$= M_{t-1}^{[1]} + \frac{1}{n}(y_t - y_{t-n}) \tag{6-2}$$

式中 $M_t^{[1]}$——第 t 周期的一次移动平均值；

n——计算移动平均值所取的数据个数。

采取移动平均法做预测，关键在于选取用来求平均数的时期数 n，n 值越小，表明对近期观测值在预测中的作用越为重视，预测值对数据变化的反应速度也越快，但预测的修匀程度较低。反之，n 值越大，预测值的修匀程度越高，但对数据变化的反应速度较慢。一般对始终围绕一条水平线上下波动的数据，n 值的选取较为随意；对于具有向上或向下趋势型特点的数据，为提高预测值对数据变化的反应速度，n 值宜取得小一些；同时，n 的取值还应考虑预测对象时间序列数据点的多少及预测限期的长短。通常，n 的取值范围可在 3～20 之间。

移动平均法的优点：简单易行，容易掌握。移动平均法的缺点：n 值的选取没有统一的规则，事实上，不同 n 值的选择对所计算的平均数有较大的影响。

【例6-1】 已知某型号的小轿车连续 20 个月的全国销售量，见表6-1。取 $n=3$，试计算该种小轿车销售量的一次移动平均值。

表 6-1 家庭小轿车销售量表　　　　　　　　（单位：千辆）

月	1	2	3	4	5	6	7	8	9	10
销售量	12	17	22	24	22	27	34	33	32	36
$M_t^{[1]}$	/	/	17	21	22.67	24.33	27.67	27.33	33	33.67
月	11	12	13	14	15	16	17	18	19	20
销售量	35	40	44	45	46	50	52	53	54	54
$M_t^{[1]}$	34.33	37	39.67	43	45	47	49.33	51.67	53	53.67

$$M_3^{[1]} = \frac{1}{3}(y_1 + y_2 + y_3) = \frac{1}{3}(12 + 17 + 22) = 17 \text{（千辆）}$$

$$M_4^{[1]} = M_3^{[1]} + \frac{1}{3}(y_4 - y_1) = 17 + \frac{1}{3}(24 - 12) = 21 \text{（千辆）}$$

$$M_5^{[1]} = M_4^{[1]} + \frac{1}{3}(y_5 - y_2) = 21 + \frac{1}{3}(22 - 17) = 22.67 \text{（千辆）}$$

依此类推，可得出一次移动平均值序列，见表6-1。

2) 二次移动平均值的计算。二次移动平均值要在一次平均值序列的基础上进行，计算公式为：

$$\begin{aligned} M_t^{[2]} &= \frac{1}{n}(M_t^{[1]} + M_{t-1}^{[1]} + \cdots + M_{t-n+1}^{[1]}) \\ &= M_{t-1}^{[2]} + \frac{1}{n}(M_t^{[1]} - M_{t-n}^{[1]}) \end{aligned} \quad (6-3)$$

式中　$M_t^{[2]}$——第 t 周期的二次移动平均值。

【例6-2】 根据表6-1中的数据，取 $n=3$，计算二次移动平均值。

解： 由式 (6-3) 得：

$$M_5^{[2]} = \frac{1}{3}(M_5^{[1]} + M_4^{[1]} + M_3^{[1]}) = \frac{1}{3}(22.67 + 21 + 17) = 20.22 \text{（千辆）}$$

$$M_6^{[2]} = M_5^{[2]} + \frac{1}{3}(M_6^{[1]} - M_3^{[1]}) = 20.22 + \frac{1}{3}(24.33 - 17) = 22.67 \text{（千辆）}$$

$$M_7^{[2]} = M_6^{[2]} + \frac{1}{3}(M_7^{[1]} - M_4^{[1]}) = 22.67 + \frac{1}{3}(27.67 - 21) = 24.89 \text{（千辆）}$$

依此类推，可得出二次移动平均值序列，见表6-2。

表6-2 小轿车销售量表　　　　　　　　　　（单位：千辆）

月	1	2	3	4	5	6	7	8	9	10
$M_t^{[1]}$	/	/	17	21	22.67	24.33	27.67	27.33	33	33.67
$M_t^{[2]}$	/	/	/	/	20.22	22.67	24.89	26.44	29.33	31.33
月	11	12	13	14	15	16	17	18	19	20
$M_t^{[1]}$	34.33	37	39.67	43	45	47	49.33	51.67	53	53.67
$M_t^{[2]}$	33.67	35	37	39.89	42.56	45	47.11	49.33	51.33	52.78

3）利用移动平均值序列做预测。预测模型为：

$$\hat{y}_{t+T} = a_t + b_t T \tag{6-4}$$

式中　t——目前的周期序号；

　　　T——由目前到预测周期的周期间隔数；

　　　$\hat{y}_{t+T}$——第 $t+T$ 周期的预测值；

　　　a_t——线性预测模型的截距；

　　　b_t——线性预测模型的斜率，即每周期预测值的变化量。

$$a_t = 2M_t^{[1]} - M_t^{[2]} \tag{6-5}$$

$$b_t = \frac{2}{n-1}(M_t^{[1]} - M_t^{[2]}) \tag{6-6}$$

【例6-3】　根据表6-2中的数据建立预测方程，预测第21个月的家庭小轿车的销售量，目前的月序为20。

解：

$a_{20} = 2M_{20}^{[1]} - M_{20}^{[2]} = 2 \times 53.67 - 52.78 = 54.56$（千辆）

$b_{20} = \frac{2}{n-1}(M_{20}^{[1]} - M_{20}^{[2]}) = 53.67 - 52.78 = 0.89$（千辆）

$y_{21} = a_{20} + b_{20} \times T = 54.56 + 0.89 \times 1 = 55.45$（千辆）

2. 回归分析

（1）"回归"的含义。回归是指用于分析、研究一个变量（因变量）与一个或几个其他变量（自变量）之间的依存关系，其目的在于根据一组已知的自变量数据值，来估计或预测因变量的总体均值。在经济预测中，人们把预测对象（经济指标）作为因变量，把那些与预测对象密切相关的影响因素作为自变量。根据二者的历史和统计资料，建立回归模型，经过统计检验后用于预测。回归预测有一个自变量的一元回归预测和多个自变量的多元回归预测，这里仅讨论一元线性回归预测法。

（2）回归分析的基本条件。应用一组已知的自变量数据去估计、预测一个因变量之值时，这两种变量需要满足以下两个条件：

第一，统计相关关系。统计相关关系是一种不确定的函数关系，即一种因变量（预测变量）的数值与一个或多个自变量的数值明显相关但却不能精确且不能唯一确定的函数关系，其中的变量都是随机变量。经济现象中这种相关关系是大量存在的。例如粮食亩产量 y 与施肥量 x 之间的关系，二者明显相关但不存在严格的函数关系，亩产量不仅与施肥量有关，还与土壤、降雨量、气温等多种因素有关，这样亩产量 y 存在着随机性。

第二，因果关系。如果一个或几个自变量 x 变化时，按照一定规律影响另一变量 y，而 y 的变化不能影响 x，即 x 的变化是 y 变化的原因，而不是相反，则称 x 与 y 之间具有因果关系，反映因果关系的模型称为回归模型。

（3）回归分析法。回归分析法，是根据预测变量（因变量）与相关因素（自变量）之间存在的因果关系，借助数理统计中的回归分析原理，确定因果关系，建立回归模型并进行预测的一种定量预测方法。回归分析分为一元回归模型和多元回归模型，下面是采用一元线性回归模型预测的过程。

1）建立一元线性回归方程。一元线性回归方程如下：

$$y = a + bx \tag{6-7}$$

式中　y——因变量，即拟进行预测的变量；

x——自变量，即引起因变量 y 变化的变量；

a、b——回归系数，即表示 x 与 y 之间关系的系数。

2）用最小二乘法拟合回归曲线。利用普通最小二乘法对回归系数 a、b 进行估计，即

$$b = \frac{n\sum xy - \sum x \sum y}{n\sum x^2 - (\sum x)^2} \tag{6-8}$$

$$a = \frac{1}{n}(\sum y - b\sum x) \tag{6-9}$$

式中　n——样本数目，一般最好大于 20。

3）计算相关系数 r，进行相关检验。r 的计算公式为：

$$r = \frac{n\sum xy - \sum x \sum y}{\sqrt{[n\sum x^2 - (\sum x)^2][n\sum y^2 - (\sum y)^2]}} \tag{6-10}$$

$0 \leq |r| \leq 1$，$|r|$ 越接近 1，说明 x 与 y 的相关性越大，预测结果可信度越高。一般可用计算出的相关系数 r 与相关系数临界值 r_c 相比较，r_c 是由样本数 n 和显著性水平 a 两个参数决定的。只有当 $|r| > r_c$ 时，用回归方程描述 x 与 y 的关系才有意义。

4）求置信区间。由于回归方程中自变量 x 与因变量 y 之间的关系并不是确定的，因此对于任意的 x_0，无法确切地知道相应的 y_0，只能通过求置信区间判定在给定概率下 y_0 实际值的取值范围。当置信度为 95% 时，y_0 的置信区间近似为 $\hat{y}_0 \pm 2\hat{\sigma}$，这意味着 y_0 的实际值发生在 $(\hat{y}_0 - 2\hat{\sigma}, \hat{y}_0 + 2\hat{\sigma})$ 区间的概率为 95%。当置信度为 99% 时，y_0 的置信区间近似为 $\hat{y}_0 \pm 3\hat{\sigma}$。$\hat{y}_0$ 是与 x_0 相对应的根据回归方程计算的 y_0 的估计值，σ 为标准差的估计值，$\hat{\sigma}$ 的计算式为：

$$\hat{\sigma} = \sqrt{\frac{\sum(y_i - \hat{y}_i)^2}{n-2}} \tag{6-11}$$

1. 可行性研究的含义及作用是什么？
2. 可行性研究报告的主要内容有哪些？
3. 政府投资的社会公益项目的可行性研究报告有什么特点？
4. 市场调查的方法及内容是什么？
5. 市场预测的常用方法是什么？

6. 什么是最小二乘法？

7. 什么是相关系数？

8. 某产品 20 期的需求量见表 6-3。试计算一次和二次移动平均值，取 $n=3$，并建立预测方程。

表 6-3　某产品 20 期的需求量

周期数	1	2	3	4	5	6	7	8	9	10
需求量/万件	42	44	39	43	41	40	42	32	40	44
周期数	11	12	13	14	15	16	17	18	19	20
需求量/万件	43	51	49	56	60	59	61	68	67	72

9. 根据某地相关部门统计数据的分析，发现某家具销售量与同期该地区城镇竣工的高层住宅面积有相关关系，有关历史数据见表 6-4。试建立一元线性回归方程，并求相关系数。

表 6-4　某家具销售量与同期该地区城镇竣工高层住宅面积

年份	1995	1996	1997	1998	1999	2000	2001	2002	2003	2004
家具销售量/万件	54.6	69.3	54.3	61.4	87.9	110.9	149.1	117.1	57.2	59.4
竣工高层住宅面积/万 m^2	951.4	940.9	1024.2	1983.2	1861.4	2284.2	2297.3	975.9	549.6	718.2
年份	2005	2006	2007	2008	2009	2010	2011	2012	2013	2014
家具销售量/万件	79.2	119.4	67.5	113.8	154.5	230.1	210.4	250	235.8	250.5
竣工高层住宅面积/万 m^2	1085.9	1221.3	1452	2186	2067.2	2237.2	2190	2892	3389.3	3756

第七章 财务评价

本章内容提要

财务评价,又称财务分析,是项目经济分析与评价中为判定项目财务可行性所进行的一项重要工作,是项目经济评价的重要组成部分,是投融资决策的重要依据。本章知识结构如图 7-1 所示。

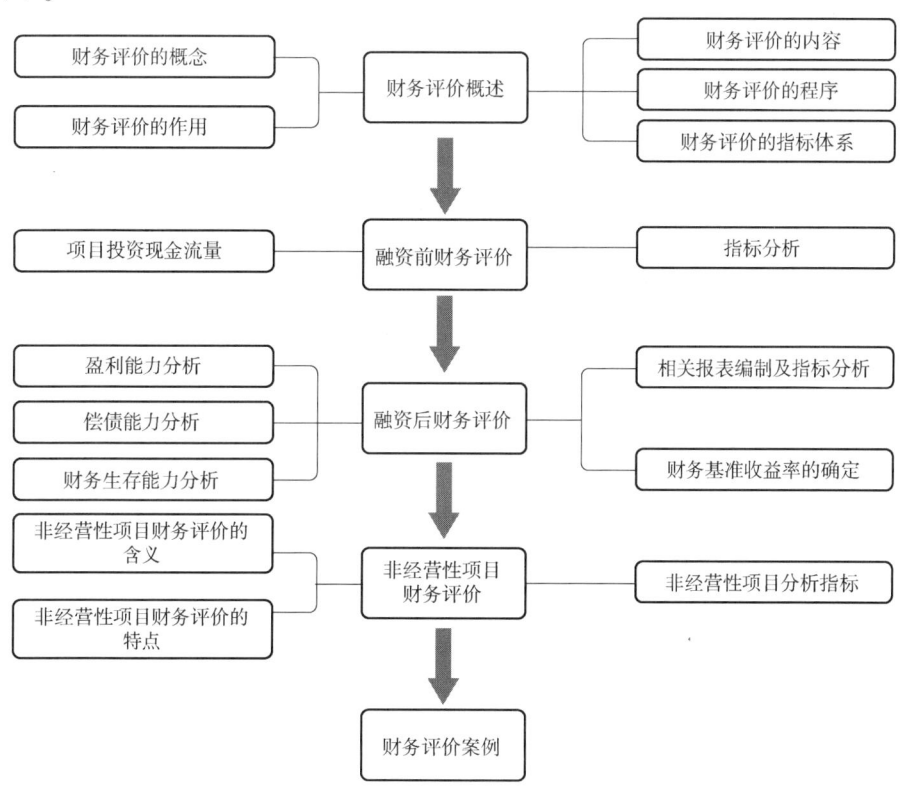

图 7-1 财务评价知识结构

第一节 财务评价概述

一、财务评价的概念和作用

(一) 财务评价的概念

财务评价是在现行会计规定、税收法规和价格体系下,通过财务效益与费用的估算以及编制财务辅助报表的基础上，编制财务基本报表，计算财务评价指标，考察和分析项目的盈利能力、偿债能力和财务生存能力，判断项目的财务可行性，明确项目对财务主体的价值及对投资者的贡献，为投资决策、融资决策以及银行审贷提供依据。

（二）财务评价的作用

（1）财务评价是重要的决策依据。在经营性项目决策过程中，财务评价结论是重要的决策依据。项目发起人决策是否发起或进一步推进该项目，权益投资人决策是否投资于该项目，债权人决策是否贷款给该项目，财务评价都是重要依据之一。对于那些需要政府核准的项目，各级核准部门在做出是否核准该项目的决策时，许多相关财务数据可作为项目对社会和经济影响大小的估算基础。

（2）财务评价在项目或方案比选中起着重要作用。项目评价的精髓是方案比选，在项目建设规模、产品方案、工艺技术方案、工程方案等方面都必须通过方案比选予以优化。财务评价结果可以反馈到建设方案构造和研究中，用于方案比选，优化方案设计，使项目整体更趋于合理。

（3）财务评价能配合投资各方谈判，促进平等合作。目前，投资主体多元化已成为项目的融资主流，存在着多种形式的合作方式，主要有国内合资或合作的项目、中外合资或合作的项目、多个外商参与的合资或合作的项目等。在酝酿合资、合作的过程中，咨询工程师会成为各方谈判的有力助手，财务评价结果起着组织投资各方平等合作的重要作用。

（4）财务评价中的财务生存能力分析对非经营性项目的财务可持续性的考察起着重要作用。

二、财务评价的内容和程序

（一）财务评价的内容

财务评价是在项目市场研究、生产条件及技术方案研究的基础上进行的，它主要通过估算有关的基础数据、编制财务报表、计算分析相关经济评价指标，做出评价结论。

项目决策可分为投资决策和融资决策两个层次。投资决策重在考察项目净现金流的价值是否大于其投资成本，融资决策重在考察资金筹措方案能否满足要求。根据不同决策的需要，财务评价可分为融资前分析和融资后分析。

财务评价内容根据项目性质和类型有所不同。对于经营性项目，财务评价应包括本章所述全部内容；对于非经营性项目，主要分析其财务生存能力，以便采取必要的措施使项目得以财务收支平衡，正常运营。

（二）财务评价的程序

（1）财务评价准备工作。

1）选择分析方法。在明确项目评价范围的基础上，根据项目性质和融资方式选取适宜的财务评价方法。

2）识别财务效益与费用范围。项目财务评价的利益主体主要包括项目投资经营实体（或项目财务主体）和权益投资方等。对于不同利益主体，项目带来的财务效益与费用范围不同，需要仔细识别。

3）估算财务效益与费用。选取必要的基础数据进行财务效益与费用的估算，包括营业收入、成本费用估算和相关税金估算等，并编制相关辅助报表。

（2）融资前分析。融资前的项目投资现金流量分析，体现项目或方案本身设计的合理性，用于投资决策以及方案或项目的比选，即用于考察项目是否基本可行，并值得为之融资。这对项目发起人、投资者、债权人和政府部门都是有用的。

融资前分析只进行盈利能力分析，并以动态分析为主，以静态分析为辅，编制项目投资现金流量表。

（3）融资后分析。如果融资前分析的结论是"可行"，再进一步考虑融资方案，进行项目的融资后分析，包括项目盈利能力分析、偿债能力分析和财务生存能力分析等，进而判断项目在融资条件下的合理性。

如果融资前分析结果不能满足要求，可返回对项目建设方案进行修改；若多次修改后分析结果仍不能满足要求，甚至可以做出放弃或暂时放弃项目的建议。

（4）进行不确定性和风险分析。

（5）得出评价结论。

三、财务评价报表和指标体系

根据财务评价基本报表可计算财务评价的盈利能力、偿债能力和财务生存能力的指标。财务评价报表和指标体系见表7-1。

表 7-1 财务评价指标体系

	财务评价内容	基本报表	财务评价指标	
			静态指标	动态指标
融资前	盈利能力分析	项目投资现金流量表	静态投资回收期	项目投资财务净现值 FNPV 项目投资财务内部收益率 FIRR 动态投资回收期
融资后	盈利能力分析	项目资本金现金流量表		项目资本金财务内部收益率 FIRR
		投资各方现金流量表		投资各方财务内部收益率 FIRR
		利润与利润分配表	总投资收益率 项目资本金净利润率	
	偿债能力分析	借款还本付息计划表	偿债备付率 利息备付率	
		资产负债表	资产负债率 借款偿还期	
	财务生存能力分析	财务计划现金流量表	各年净现金流量 各年累计盈余资金	
不确定性分析		盈亏平衡分析	盈亏平衡产量 盈亏平衡生产能力利用率	
		敏感性分析	敏感度系数 临界值	
风险分析		概率分析	FNPV≥0 的累计概率 定性分析	

第二节 融资前财务评价

融资前财务评价是在不考虑债务融资条件下,从项目投资总获利能力角度,考察项目方案设计的合理性,所以只进行盈利能力分析。分析的依据是项目投资现金流量表,以动态分析为主,静态分析为辅。

一、项目投资现金流量表

(一) 项目投资现金流量表的构成

项目投资现金流量表的构成见表 7-2。

表 7-2 项目投资现金流量表　　　　　　　　　　　　(单位:万元)

序号	年份 项目	计算期												合计
		1	2	3	4	5	6	7	8	9	10	11	12	
	生产负荷(%)			70.00	90.00	100.00	100.00	100.00	100.00	100.00	100.00	100.00	100.00	
1	现金流入	0.00	0.00	3920.00	5040.00	5600.00	5600.00	5600.00	5600.00	5600.00	5600.00	5600.00	7825.00	55985.00
1.1	营业收入	0.00	0.00	3920.00	5040.00	5600.00	5600.00	5600.00	5600.00	5600.00	5600.00	5600.00	5600.00	53760.00
1.2	补贴收入	0.00	0.00	0.00	0.00	0.00	0.00	0.00	0.00	0.00	0.00	0.00	0.00	0.00
1.3	回收固定资产余值	0.00	0.00	0.00	0.00	0.00	0.00	0.00	0.00	0.00	0.00	0.00	225.00	225.00
1.4	回收流动资金	0.00	0.00	0.00	0.00	0.00	0.00	0.00	0.00	0.00	0.00	0.00	2000.00	2000.00
2	现金流出	2400.00	5000.00	2655.96	3100.52	3222.80	3222.80	3222.80	3222.80	3222.80	3222.80	3222.80	3222.80	38938.88
2.1	建设投资	2400.00	3600.00	0.00	0.00	0.00	0.00	0.00	0.00	0.00	0.00	0.00	0.00	6000.00
2.2	流动资金	0.00	1400.00	400.00	200.00	0.00	0.00	0.00	0.00	0.00	0.00	0.00	0.00	2000.00
2.3	经营成本	0.00	0.00	1680.00	2160.00	2400.00	2400.00	2400.00	2400.00	2400.00	2400.00	2400.00	2400.00	23040.00
2.4	税金及附加	0.00	0.00	575.96	740.52	822.80	822.80	822.80	822.80	822.80	822.80	822.80	822.80	7898.88
2.5	维持运营投资	0.00	0.00	0.00	0.00	0.00	0.00	0.00	0.00	0.00	0.00	0.00	0.00	0.00
3	所得税前净现金流量(1-2)	-2400.00	-5000.00	1264.04	1939.48	2377.20	2377.20	2377.20	2377.20	2377.20	2377.20	2377.20	4602.20	17046.12
4	累计所得税前净现金流量	-2400.00	-7400.00	-6135.96	-4196.48	-1819.28	557.92	2935.12	5312.32	7689.52	10066.72	12443.92	17046.12	34099.92
5	调整所得税	0.00	0.00	234.14	353.00	412.43	412.43	412.43	487.43	487.43	487.43	487.43	487.43	4261.53
6	所得税后净现金流量	-2400.00	-5000.00	1029.91	1586.49	1964.78	1964.78	1964.78	1889.78	1889.78	1889.78	1889.78	4114.78	12784.59
7	累计所得税后净现金流量	-2400.00	-7400.00	-6370.10	-4783.61	-2818.84	-854.06	1110.72	3000.49	4890.27	6780.04	8669.82	12784.59	12609.32

计算指标:

项目投资财务内部收益率(FIRR)(所得税前) = 23.52%

项目投资财务内部收益率(FIRR)(所得税后) = 18.74%

项目投资财务净现值(FNPV)(所得税前) = 4079.45(万元)

项目投资财务净现值(FNPV)(所得税后) = 2264.13(万元)

投资回收期(P_t)(所得税前) = 5.77(年)

投资回收期(P_t)(所得税后) = 6.43(年)

（二）项目投资现金流量识别与报表编制

1. 现金流入

项目投资现金流量分析的现金流入主要由营业收入、补贴收入、增值税销项税额、回收固定资产余值及回收流动资金等五项内容构成。

营业收入是项目建成后对外销售产品或提供劳务所取得的收入。在计算时，一般是假定销售量等于生产量，其计算公式为：

$$销售收入 = 销售量 \times 销售单价 = 生产量 \times 销售单价 \tag{7-1}$$

2. 现金流出

现金流出主要包括建设投资、流动资金、经营成本、增值税进项税额、增值税及附加和维持运营投资。

以上是所得税前分析，视所得税为现金流出时为所得税后分析。

所得税额是在项目运营当年的应纳税所得额大于零的情况下，根据"应纳税所得额×所得税税率"的公式计算出来的。该所得税应根据息税前利润（EBIT）乘以所得税税率计算，称为调整所得税。

3. 净现金流量

净现金流量是计算评价指标的基础。项目计算期各年的净现金流量为各年现金流入量减去对应年份现金流出量而计算的。

4. 项目计算期的年序规定

现金流量表的年序规定为 1，2，…，n，有的年序规定为 0，1，2，…，n，要予以注意。采用第一种年序表示时，建设开始年计为计算期的第 1 年，年序为 1，以此类推。因此，在进行现金流量的折现计算时，第 1 年（即年序 1）的现金流量按发生在第 1 年年末折现，第 2 年（年序 2）的现金流量要按发生在第 2 年年末折现……应牢记这种规定，否则就会造成现金流量计算的混乱和错误。

二、项目投资现金流量分析的指标

项目投资现金流量分析的指标以动态指标计算为主。可计算以下评价指标：项目静态投资回收期（P_t）、动态投资回收期（P_D）、项目投资财务净现值（NPV）和项目投资财务内部收益率（IRR）。这些评价指标的计算方法详见第四章第二节和第三节。

第三节 融资后财务评价

融资后分析应以融资前分析和初步的融资方案为基础，考察项目在拟定的投融资条件下的盈利能力、偿债能力和财务生存能力，判断项目方案在融资条件下的可行性。编制项目资本金现金流量表、投资各方现金流量表、利润表、财务计划现金流量表、借款还本付息计划表、资产负债表等财务评价基本报表，据此分别计算盈利能力、偿债能力和财务生存能力的分析指标，得出评价结论。

一、盈利能力分析

主要包括项目资本金现金流量表、投资各方现金流量表和利润表的编制及相应指标计算分析。

(一) 项目资本金现金流量表

1. 项目资本金现金流量表的构成

项目资本金现金流量表的构成见表7-3。

表7-3 项目资本金现金流量表 （单位：万元）

序号	年份\项目	计算期												合计
		1	2	3	4	5	6	7	8	9	10	11	12	
	生产负荷（%）			70.00	90.00	100.00	100.00	100.00	100.00	100.00	100.00	100.00	100.00	
1	现金流入	0.00	0.00	3920.00	5040.00	5600.00	5600.00	5600.00	5600.00	5600.00	5600.00	5600.00	7825.00	55985.00
1.1	营业收入	0.00	0.00	3920.00	5040.00	5600.00	5600.00	5600.00	5600.00	5600.00	5600.00	5600.00	5600.00	53760.00
1.2	补贴收入	0.00	0.00	0.00	0.00	0.00	0.00	0.00	0.00	0.00	0.00	0.00	0.00	0.00
1.3	回收固定资产余值	0.00	0.00	0.00	0.00	0.00	0.00	0.00	0.00	0.00	0.00	0.00	225.00	225.00
1.4	回收流动资金	0.00	0.00	0.00	0.00	0.00	0.00	0.00	0.00	0.00	0.00	0.00	2000.00	2000.00
2	现金流出	2400.00	600.00	3273.47	4028.83	4394.98	4371.91	4348.85	4400.79	3762.73	3762.73	3762.73	5162.73	44269.72
2.1	项目资本金	2400.00	600.00											3000.00
2.2	借款本金偿还	0.00	0.00	615.00	615.00	615.00	615.00	615.00	615.00	0.00	0.00	0.00	1400.00	5090.00
2.3	借款利息支付			224.50	213.75	193.00	162.25	131.50	100.75	70.00	70.00	70.00	70.00	1305.75
2.4	经营成本	0.00	0.00	1680.00	2160.00	2400.00	2400.00	2400.00	2400.00	2400.00	2400.00	2400.00	2400.00	23040.00
2.5	税金及附加			575.96	740.52	822.80	822.80	822.80	822.80	822.80	822.80	822.80	822.80	7898.88
2.6	所得税	0.00	0.00	178.01	299.56	364.18	371.86	379.55	462.24	469.93	469.93	469.93	469.93	3935.09
2.7	维持运营投资	0.00	0.00	0.00	0.00	0.00	0.00	0.00	0.00	0.00	0.00	0.00	0.00	0.00
3	净现金流量(1-2)	-2400.00	-600.00	646.53	1011.17	1205.03	1228.09	1251.15	1199.21	1837.28	1837.28	1837.28	2662.28	11715.28

计算指标：

资本金财务内部收益率（FIRR）= 28.81%

资本金财务净现值（FNPV）= 3303.49（万元）

2. 项目资本金现金流量识别和报表编制

项目资本金现金流量分析需要编制项目资本金现金流量表，该表的现金流入包括营业收入（必要时还可包括补贴收入），在计算期的最后一年，还包括回收固定资产余值及回收流动资金。

现金流出主要包括建设投资和流动资金中的项目资本金（权益资金）、经营成本、营业税金及附加、还本付息和所得税。

如果计算期内需要投入维持运营投资，也应将其作为现金流出（通常可设定维持运营投资由企业自有资金支付）。

项目资本金现金流量表是站在项目投资主体的角度考察项目的现金流入和流出情况，要注意它与项目投资现金流量表的区别。

(二) 投资各方现金流量表

1. 投资各方现金流量表的构成

投资各方现金流量表的构成示例见表7-4。

表 7-4 投资各方现金流量表示例

序号	年份	计算期								合计
		1	2	3	4	5	6	…	n	
1	现金流入									
1.1	实分利润									
1.2	资产处置收益分配									
1.3	租赁费收入									
1.4	技术转让收入									
1.5	其他现金流入									
2	现金流出									
2.1	实缴资本									
2.2	租赁资产支出									
2.3	其他现金流出									
3	净现金流量（1－2）									

2. 投资各方现金流量识别和报表编制

对于某些项目，为了考察投资各方的具体收益，还需要进行投资各方现金流量分析。投资各方现金流量分析是从投资各方实际收入和支出的角度，确定现金流入和现金流出，分别编制投资各方现金流量表，计算投资各方的内部收益率指标，考察投资各方可能获得的收益水平。

投资各方现金流量表中的现金流入和现金流出科目需要根据项目的具体情况和投资各方因项目发生的收入和支出角度，确定现金流入和支出情况选择填列。依据该表计算的投资各方财务内部收益率指标，其表达式和计算方法同项目投资财务内部收益率，只是依据表格和净现金流量内涵不同，判断的基准参数也不同。

（三）利润表

1. 利润表的构成

利润表的构成见表 7-5。

表 7-5 利润表 （单位：万元）

序号	项目\年份	计算期												合计
		1	2	3	4	5	6	7	8	9	10	11	12	
1	营业收入	0.00	0.00	3920.00	5040.00	5600.00	5600.00	5600.00	5600.00	5600.00	5600.00	5600.00	5600.00	53760.00
2	税金及附加	0.00	0.00	575.96	740.52	822.80	822.80	822.80	822.80	822.80	822.80	822.80	822.80	7898.88
3	总成本费用	0.00	0.00	2632.00	3101.25	3320.50	3289.75	3259.00	2928.25	2897.50	2897.50	2897.50	2897.50	30120.75
4	补贴收入	0.00	0.00	0.00	0.00	0.00	0.00	0.00	0.00	0.00	0.00	0.00	0.00	0.00
5	利润总额（1－2－3＋4）	0.00	0.00	712.04	1198.23	1456.70	1487.45	1518.20	1848.95	1879.70	1879.70	1879.70	1879.70	15740.37
6	弥补以前年度亏损													
7	应纳税所得额（5＋6）	0.00	0.00	712.04	1198.23	1456.70	1487.45	1518.20	1848.95	1879.70	1879.70	1879.70	1879.70	15740.37

(续)

序号	年份 项目	计算期											合计
		1	2	3	4	5	6	7	8	9	10	11	12	
8	所得税	0.00	0.00	178.01	299.56	364.18	371.86	379.55	462.24	469.93	469.93	469.93	469.93	3935.09
9	净利润(5−8+6)	0.00	0.00	534.03	898.67	1092.53	1115.59	1138.65	1386.71	1409.78	1409.78	1409.78	1409.78	11805.28
10	期初未分配利润	0.00	0.00	0.00	0.00	0.00	0.00	0.00	0.00	0.00	0.00	0.00	0.00	0.00
11	可供分配利润(9+10)	0.00	0.00	534.03	898.67	1092.53	1115.59	1138.65	1386.71	1409.78	1409.78	1409.78	1409.78	11805.28
12	提取法定盈余公积金	0.00	0.00	53.40	89.87	109.25	111.56	113.87	138.67	140.98	140.98	140.98	140.98	1180.53
13	可供投资者分配利润(11−12)	0.00	0.00	480.63	808.81	983.27	1004.03	1024.79	1248.04	1268.80	1268.80	1268.80	1268.80	10624.75
14	应付优先股股利													0.00
15	提取任意盈余公积金													0.00
16	应付普通股股利(13−14−15)													0.00
17	各投资方利润分配	0.00	0.00	480.63	808.81	983.27	1004.03	1024.79	1248.04	1268.80	1268.80	1268.80	1268.80	10624.75
18	未分配利润(13−14−15−17)													
19	息税前利润(利润总额+利息支出)	0.00	0.00	936.54	1411.98	1649.70	1649.70	1649.70	1949.70	1949.70	1949.70	1949.70	1949.70	17046.12
20	息税折旧摊销前利润(息税前利润+折旧+摊销)	0.00	0.00	1664.04	2139.48	2377.20	2377.20	2377.20	2377.20	2377.20	2377.20	2377.20	2377.20	22821.12

2. 利润表的编制

利润表反映项目计算期内各年的利润总额、所得税及税后利润的分配情况，并计算总投资收益率和项目资本金净利润率指标。

表中营业收入、营业税金及附加和总成本费用的数据分别取自相应的辅助报表。

$$利润总额 = 营业收入 - 营业税金及附加 - 总成本费用 + 补贴收入 \tag{7-2}$$

$$所得税 = 应纳税所得额 \times 所得税税率 \tag{7-3}$$

应纳税所得额是指利润总额进行调整后的数额，在建设项目财务评价中，主要是按减免所得税及用税前利润弥补上年度亏损的有关规定进行的调整。在利润表中计算时，利润总额有可能出现负值，应予以注意。当出现负值时，当年不计提所得税，下一年的利润总额要减去亏损部分。

$$税后利润（净利润） = 利润总额 - 所得税 \tag{7-4}$$

$$可供分配利润 = 净利润 + 期初未分配利润 \tag{7-5}$$

$$可供投资者分配利润 = 可供分配利润 - 提取法定盈余公积金 \tag{7-6}$$

$$未分配利润 = 可供投资者分配利润 - 应付优先股股利 -$$
$$提取任意盈余公积金 - 各投资方利润分配 \tag{7-7}$$

税后利润按法定盈余公积金、应付利润及未分配利润等项进行分配。

法定盈余公积金按照当年净利润的 10% 提取,盈余公积金已达注册资金 50% 时可以不再提取。

可供投资者分配利润为向投资者分配的利润。

未分配利润主要是指用于偿还固定资产投资借款。按照国家现行财务制度规定,可供分配利润应首先用于偿还长期借款,偿还完毕,才向投资者进行分配。

(四) 盈利能力指标计算

1. 项目资本金财务内部收益率 (FIRR)

根据项目资本金现金流量可计算项目资本金财务内部收益率 (FIRR)。

按照我国财务评价方法的要求,一般可以只计算项目资本金财务内部收益率一个指标,其表达式和计算方法同项目投资财务内部收益率,只是所依据的表格和净现金流量的内涵不同,判断的基准参数(财务基准收益率)也不同。

判断准则:项目资本金财务基准收益率应体现项目发起人(代表项目所有权益投资者)对投资获利的最低期望值(也称最低可接受收益率)。当项目资本金财务内部收益率大于或等于该最低可接受收益率时,说明在该融资方案下,项目资本金获利水平超过或达到了要求,该融资方案是可以接受的。

根据利润表可分析总投资收益率和项目资本金净利润率两个静态盈利能力指标。

2. 总投资收益率

定义:总投资收益率表示总投资的盈利水平,是指项目达到设计能力后正常年份的年息税前利润(EBIT)或运营期内年平均息税前利润与项目总投资的比率。

其计算式为:

$$总投资收益率 = \frac{年息税前利润}{项目总投资} \times 100\% \tag{7-8}$$

式中

$$年息税前利润 = 利润总额 + 支付的全部利息 \tag{7-9}$$

$$年息税前利润 = 营业收入 - 营业税金及附加 - 经营成本 - 折旧和摊销 \tag{7-10}$$

总投资收益率高于同行业的收益率参考值,表明用总投资收益率表示的盈利能力满足要求。

3. 项目资本金净利润率

定义:项目资本金净利润率表示项目资本金的盈利水平,是指项目达到设计能力后正常年份的年净利润或运营期内年平均净利润与项目资本金的比率。

其计算式为:

$$项目资本金净利润率 = \frac{年净利润}{项目资本金} \times 100\% \tag{7-11}$$

判断准则:项目资本金净利润率高于同行业的净利润率参考值表明用项目资本金净利润率表示的盈利能力满足要求。

二、偿债能力分析

偿债能力分析主要是通过编制借款还本付息计划表和资产负债表,计算利息备付率、偿债备付率等比率指标,分析企业(项目)是否能够按计划偿还为项目所筹措的债务资金,判断其偿债能力。

(一)借款还本付息计划表

1. 借款还本付息计划表的构成

借款还本付息计划表的构成见表7-6。

表7-6 借款还本付息计划表　　　　　　　　　　　　　　　(单位:万元)

序号	年份\项目	计算期												合计
		1	2	3	4	5	6	7	8	9	10	11	12	
1	借款1	0.00	3690.00	3075.00	2460.00	1845.00	1230.00	615.00	0.00	0.00	0.00	0.00	0.00	12915.00
1.1	期初本息余额		0.00	3690.00	3075.00	2460.00	1845.00	1230.00	615.00					12915.00
1.1.1	当期借款	3600.00	0.00											3600.00
1.1.2	应还利息		90.00	0.00										90.00
1.2	当期还本付息			799.50	768.75	738.00	707.25	676.50	645.75	0.00	0.00	0.00	0.00	4335.75
1.2.1	还本			615.00	615.00	615.00	615.00	615.00	615.00					3690.00
1.2.2	付息			184.50	153.75	123.00	92.25	61.50	30.75					645.75
1.3	期末借款余额	0.00	3690.00	3075.00	2460.00	1845.00	1230.00	615.00	0.00					12915.00
2	借款2	0.00	800.00	1200.00	1400.00	1400.00	1400.00	1400.00	1400.00	1400.00	1400.00	1400.00	0.00	13200.00
2.1	期初本息余额			800.00	1200.00	1400.00	1400.00	1400.00	1400.00	1400.00	1400.00	1400.00	1400.00	13200.00
2.2	当期还本付息			40.00	60.00	70.00	70.00	70.00	70.00	70.00	70.00	70.00	1470.00	2060.00
2.2.1	还本			0.00	0.00	0.00	0.00	0.00	0.00	0.00	0.00	0.00	1400.00	1400.00
2.2.2	付息			40.00	60.00	70.00	70.00	70.00	70.00	70.00	70.00	70.00	70.00	660.00
2.3	期末还款余额		800.00	1200.00	1400.00	1400.00	1400.00	1400.00	1400.00	1400.00	1400.00	1400.00	0.00	13200.00
3	债券													
3.1	期初债务余额													
3.2	当期还本付息													
3.2.1	还本													
3.2.2	付息													
3.3	期末债务余额													
4	利息备付率			4.17	6.61	8.55	10.17	12.55	19.35	27.85	27.85	27.85	27.85	
5	偿债备付率			1.77	2.22	2.49	2.58	2.68	2.68	27.25	27.25	27.25	1.30	

2. 借款还本付息计划表的编制

应根据与债权人商定的或预计可能的债务资金偿还条件和方式计算并编制借款还本付息计划表。其中:

借款:在建设期,期初借款余额等于上年借款本金和建设期利息之和;在生产期,等于上年尚未还清的借款本金。

当期还本付息:当期还本付息可以根据当年偿还借款本金和利息的资金来源填写。期末余额=期初借款余额+当期借款本金+当期应计利息-当期还本-当期付息。

债券:债券的性质应当等同于借款。

（二）资产负债表

1. 资产负债表的构成

资产负债表的构成见表7-7。

表7-7 资产负债表　　　　　　　　　　　　　　（单位：万元）

序号	年份＼项目	计算期 1	2	3	4	5	6	7	8	9	10	11	12
1	资产	2400.00	7490.00	7512.90	7157.02	6620.52	6086.33	5554.45	5047.37	5157.60	5298.57	5439.55	4180.53
1.1	流动资产总额	0.00	1400.00	2150.40	2522.02	2713.02	2906.33	3101.95	3022.37	3560.10	4128.57	4697.05	3865.53
1.1.1	货币资金	0.00	1400.00	2150.40	2522.02	2713.02	2906.33	3101.95	3022.37	3560.10	4128.57	4697.05	3865.53
1.1.2	应收账款												
1.1.3	预付账款												
1.1.4	存货												
1.1.5	其他												
1.2	在建工程	2400.00	6090.00										
1.3	固定资产净值			4162.50	3735.00	3307.50	2880.00	2452.50	2025.00	1597.50	1170.00	742.50	315.00
1.4	无形及其他资产净值			1200.00	900.00	600.00	300.00	0.00					
2	负债及所有者权益	2400.00	7490.00	7512.90	7157.02	6620.52	6086.33	5554.45	5047.37	5157.60	5298.57	5439.55	4180.53
2.1	流动负债总额	0.00	0.00	0.00	0.00	0.00	0.00	0.00	0.00	0.00	0.00	0.00	0.00
2.1.1	短期借款												
2.1.2	应付账款												
2.1.3	预收账款												
2.1.4	其他												
2.2	建设投资借款	0.00	3690.00	3259.50	2613.75	1968.00	1322.25	676.50	30.75	0.00	0.00	0.00	0.00
2.3	流动资金借款	0.00	800.00	1200.00	1400.00	1400.00	1400.00	1400.00	1400.00	1400.00	1400.00	1400.00	0.00
2.4	负债小计	0.00	4490.00	4459.50	4013.75	3368.00	2722.25	2076.50	1430.75	1400.00	1400.00	1400.00	0.00
2.5	所有者权益	2400.00	3000.00	3053.40	3143.27	3252.52	3364.08	3477.95	3616.62	3757.60	3898.57	4039.55	4180.53
2.5.1	资本金	2400.00	3000.00	3000.00	3000.00	3000.00	3000.00	3000.00	3000.00	3000.00	3000.00	3000.00	3000.00
2.5.2	资本公积金												
2.5.3	累计盈余公积金	0.00	0.00	53.40	143.27	252.52	364.08	477.95	616.62	757.60	898.57	1039.55	1180.53
2.5.4	累计未分配利润	0.00	0.00	0.00	0.00	0.00	0.00	0.00	0.00	0.00	0.00	0.00	0.00

2. 资产负债表的编制

资产负债表由两部分组成，即资产、负债及所有者权益。

（1）资产。资产由流动资产总额、在建工程、固定资产净值、无形及其他资产净值4项组成。

（2）负债及所有者权益。负债包括流动负债总额、建设投资借款、流动资金借款。

所有者权益包括资本金、资本公积金、累计盈余公积金、累计未分配利润。

(三) 偿债能力指标计算

根据借款还本付息计划表和资产负债表的数据可以计算借款偿还期（P_d）或者利息备付率（ICR）、偿债备付率（DSCR）和资产负债率（LOAR）等指标

1. 利息备付率

定义：利息备付率是指项目在借款偿还期内，各年可用于支付利息的息税前利润与当期应付利息的比值。主要用于衡量项目偿付借款利息的能力。

其计算式为：

$$利息备付率 = \frac{息税前利润}{当期应付利息} \tag{7-12}$$

判断准则：利息备付率应当大于1，并结合债权人的要求确定。

2. 偿债备付率

定义：偿债备付率是指在借款偿还期内，用于计算还本付息的资金与应还本付息金额的比值，它表示可用于计算还本付息的资金偿还借款本息的保障程度。

其计算式为：

$$偿债备付率 = \frac{息税前利润 + 折旧 + 摊销 - 企业所得税}{应还本付息金额} \tag{7-13}$$

还本付息金额，包括还本金额和计入总成本费用的全部利息。融资租赁费可视同借款偿还。运营期内的短期借款本息也应纳入计算。

判断准则：偿债备付率应当大于1，并结合债权人的要求确定。

如果项目在运行期内有维持运营的投资，可用于还本付息的资金应扣除维持运营的投资。

偿债备付率应分年计算。偿债备付率高，表明可用于还本付息的资金保障程度高。

3. 资产负债率

定义：资产负债率是指各期末负债总额同资产总额的比率。

其计算式为：

$$资产负债率 = \frac{期末负债总额}{期末资产总额} \times 100\% \tag{7-14}$$

适度的资产负债率，表明企业经营安全、稳健，具有较强的筹资能力，也表明企业和债权人的风险较小。对该指标的分析，应结合国家宏观经济状况、行业发展趋势、企业所处竞争环境等具体条件判定。

三、财务生存能力分析

财务生存能力分析也可称为资金平衡分析。财务生存能力分析应结合偿债能力分析进行，如果拟安排的还款期过短，致使还本付息负担过重，导致为维持资金平衡必须筹借的短期借款过多，可以调整还款期，减轻各年还款负担。通常因运营期前期的还本付息负担较重，故应特别注重运营期前期的财务生存能力分析。

财务计划现金流量表是财务生存能力分析的基本报表。

(一) 财务计划现金流量表

1. 财务计划现金流量表的构成

财务计划现金流量表的构成见表7-8。

表 7-8　财务计划现金流量表　　　　　　　　　　（单位：万元）

序号	项目 \ 年份	计算期 1	2	3	4	5	6	7	8	9	10	11	12
1	经营活动净现金流量 (1.1-1.2)	0.00	0.00	1486.03	1839.92	2013.03	2005.34	1997.65	1914.96	1907.28	1907.28	1907.28	1907.28
1.1	现金流入	0.00	0.00	3920.00	5040.00	5600.00	5600.00	5600.00	5600.00	5600.00	5600.00	5600.00	5600.00
1.1.1	销售（营业）收入	0.00	0.00	3920.00	5040.00	5600.00	5600.00	5600.00	5600.00	5600.00	5600.00	5600.00	5600.00
1.1.2	增值税销项税额												
1.1.3	补贴收入												
1.1.4	其他收入												
1.2	现金流出	0.00	0.00	2433.97	3200.08	3586.98	3594.66	3602.35	3685.04	3692.73	3692.73	3692.73	3692.73
1.2.1	经营成本	0.00	0.00	1680.00	2160.00	2400.00	2400.00	2400.00	2400.00	2400.00	2400.00	2400.00	2400.00
1.2.2	增值税进项税额												
1.2.3	税金及附加	0.00	0.00	575.96	740.52	822.80	822.80	822.80	822.80	822.80	822.80	822.80	822.80
1.2.4	增值税												
1.2.5	所得税	0.00	0.00	178.01	299.56	364.18	371.86	379.55	462.24	469.93	469.93	469.93	469.93
1.2.6	其他流出												
2	投资活动净现金流量 (2.1-2.2)	-2400.00	-5000.00	-400.00	-200.00	0.00	0.00	0.00	0.00	0.00	0.00	0.00	2000.00
2.1	现金流入												2000.00
2.2	现金流出	2400.00	5000.00	400.00	200.00	0.00	0.00	0.00	0.00	0.00	0.00	0.00	0.00
2.2.1	建设投资	2400.00	3600.00	0.00	0.00								
2.2.2	维持运营投资												
2.2.3	流动资金	0.00	1400.00	400.00	200.00								
2.2.4	其他流出												
3	筹资活动净现金流量 (3.1-3.2)	2400.00	5000.00	-920.13	-1437.56	-1791.27	-1781.28	-1771.29	-1963.79	-1338.80	-1338.80	-1338.80	-2738.80
3.1	现金流入	2400.00	5000.00	400.00	200.00	0.00	0.00	0.00	0.00	0.00	0.00	0.00	0.00
3.1.1	项目资本金投入	2400.00	600.00	0.00	0.00								
3.1.2	建设投资借款	0.00	3600.00										
3.1.3	流动资金借款	0.00	800.00	400.00	200.00								
3.1.4	债券												
3.1.5	短期借款												
3.1.6	其他流入												
3.2	现金流出	0.00	0.00	1320.13	1637.56	1791.27	1781.28	1771.29	1963.79	1338.80	1338.80	1338.80	2738.80
3.2.1	各种利息支出	0.00	0.00	224.50	213.75	193.00	162.25	131.50	100.75	70.00	70.00	70.00	70.00
3.2.2	偿还债务本金	0.00	0.00	615.00	615.00	615.00	615.00	615.00	615.00	0.00	0.00	0.00	1400.00
3.2.3	应付利润	0.00	0.00	480.63	808.81	983.27	1004.03	1024.79	1248.04	1268.80	1268.80	1268.80	1268.80
3.2.4	其他流出												
4	净现金流量 (1+2+3)	0.00	0.00	165.90	202.37	221.75	224.06	226.37	-48.83	568.48	568.48	568.48	1168.48
5	累计盈余资金	0.00	0.00	165.90	368.27	590.02	814.08	1040.45	991.62	1560.10	2128.57	2697.05	3865.53

2. 财务计划现金流量表的编制

财务计划现金流量表是《建设项目经济评价方法与参数（第三版）》中新增加的报表，是国际上通用的财务报表。其作用相当于原"资金来源与运用表"，该表从经营活动、投资活动、筹资活动三个方面分别反映现金流入和现金流出，最终合计得到项目各年的累计盈余资金，目的是分析项目是否有足够的净现金流量维持正常运营，是分析项目财务生存能力的报表，其数据来源于其他报表。

（二）财务生存能力指标计算

通过以下相辅相成的两个方面可具体判断项目的财务生存能力。

1. 净现金流量

拥有足够的经营净现金流量是财务可持续的基本条件，特别是在运营初期。一个项目具有较大的经营净现金流量，说明项目方案比较合理，实现自身资金平衡的可能性大，不会过分依赖短期融资来维持运营；反之，一个项目不能产生足够的经营净现金流量，或经营净现金流量为负值，说明维持项目正常运行会遇到财务上的困难，项目方案缺乏合理性，实现自身资金平衡的可能性小，有可能要靠短期融资来维持运营；或者是非经营项目本身无能力实现自身资金平衡，要靠政府补贴。

2. 累计盈余资金

各年累计盈余资金不出现负值是财务生存的必要条件。在整个运营期间，允许个别年份的净现金流量出现负值，但不能容许任一年份的累计盈余资金出现负值。一旦出现负值时应适时进行短期融资，该短期融资应体现在财务计划现金流量表中，同时短期融资的利息也应纳入成本费用和其后的计算。较大的或较频繁的短期融资，有可能导致以后的累计盈余资金无法实现正值，致使项目难以持续运营。

四、财务基准收益率

（一）财务基准收益率的含义和作用

财务基准收益率是现金流量分析最重要的基准参数，它用于判别财务内部收益率是否满足要求，同时它也是计算财务净现值的折现率。

采用财务基准收益率作为折现率。用于计算财务净现值，可使财务净现值大于或等于零，与财务内部收益率大于或等于财务基准收益率两者对项目财务可行性的判断结果一致。

计算财务净现值的折现率也可取不用于财务基准收益率的数值。依据不充分时或可变因素较多时，可取几个不同数值的折现率，计算多个财务净现值，以给决策者提供全面的信息。

（二）财务基准收益率的确定

1. 财务基准收益率的确定要与指标的内涵相对应

所谓基准，即是设定的投资截止率（国外称为"cut off rate"），收益率低于这个水平不予投资。这也就是最低可接受收益率的概念。

选取财务基准收益率，应该明确是对谁而言。不同的人，或者从不同的角度去考虑，对投资收益会有不同的期望值。因此，在谈到财务基准收益率时应有针对性。也就是说，项目财务评价中不应该总是用同一个财务基准收益率作为各种财务内部收益率的判别基准。

2. 财务基准收益率的确定要与所采用的价格体系相协调

所谓"协调",是指采用的投入和产出价格是否包含通货膨胀因素,应与指标计算时对通货膨胀因素的处理相一致。如果计算期内考虑通货膨胀,并采用时价计算财务内部收益率,则确定判别基准时也应考虑通货膨胀因素,反之亦然。是否含有通货膨胀因素的财务内部收益率及其基准收益率之间的关系近似为:

$$i'_c \cong i_c + f \tag{7-15}$$

$$IRR' = IRR + f \tag{7-16}$$

式中 i_c ——不含通货膨胀因素的财务基准收益率(即人们预期价格不变时的利率),也称为实际利率;

i'_c ——含通货膨胀因素的财务基准收益率(即银行执行的利率),也称为浮动利率;

IRR——不含通货膨胀因素的财务内部收益率;

IRR'——含通货膨胀因素的财务内部收益率;

f ——通货膨胀率。

3. 财务基准收益率的确定要考虑资金成本

投资获益要大于资金成本,否则该项投资就没有价值。因此通常把资金成本作为财务基准收益率的确定基础,或称为第一参考值。

4. 财务基准收益率的确定要考虑资金机会成本

投资获益要大于资金机会成本,否则该项投资就没有比较价值。因此通常也把资金机会成本作为财务基准收益率的确定基础。

5. 可采用国家、行业统一发布执行的财务基准收益率

项目投资财务内部收益率的基准参数可采用国家、行业或专业(总)公司统一发布执行的财务基准收益率,或由评价者根据投资方的要求设定。一般可在加权平均资金成本(简称 WACC)的基础上再加上调控意愿等因素来确定财务基准收益率。

6. 项目资本金财务内部收益率的判别基准

项目资本金财务内部收益率的基准参数应为项目资本金所有者整体的最低可接受收益率。其数值大小主要取决于资金成本、资金收益水平、风险以及项目资本金对所有者权益资金收益的要求,还与投资者对风险的态度有关。通常可采用相关公式计算。也可参照同类项目(企业)的净资产收益率确定,《建设项目经济评价方法与参数(第三版)》也给出了项目资本金财务基准收益率的参考值。

7. 投资各方财务内部收益率判别基准

投资各方财务内部收益率的基准参数为投资各方对投资收益水平的最低期望值,应该由各投资者自行确定,因为不同的投资者决策理念、决策实力和风险承受能力有很大差异。出于某些原因,投资者可能会对不同项目有不同的收益水平要求。

五、财务评价结论

对项目的财务评价内容及方法进行说明,并根据财务评价指标的计算结果对项目财务情况进行定量说明,再结合不确定性与风险分析的结果,可得出项目财务评价是否可行的结论。

第四节　非经营性项目财务评价

一、非经营性项目财务评价的含义

非经营性项目是指旨在实现社会目标和环境目标的非营利性项目,包括社会公益事业项目、环境保护项目和某些公用基础设施项目。

这些项目经济上的显著特点是为社会提供的服务和使用功能不收取费用或只收少量费用。对这类项目进行财务评价的目的是为了考察项目的财务状况,以便采取措施使其能维持运营,发挥功能;同时也是为了进行方案比选,在满足项目目标的前提下,选择花费最少的建设方案。

二、非经营性项目财务评价的要求视项目具体情况有所不同

(一) 无营业收入的公益性项目

无营业收入的公益性项目,通常需要政府长期补贴才能维持运营,要在估算运营成本的基础上,估算每年需要政府补贴的数额,分析、研究政府提供补贴的方式,确保项目运营的财务可持续性。不需进行盈利能力分析,其财务评价重在考察财务可持续性。

(二) 有营业收入的公益性项目

对有营业收入的项目,财务评价应根据收入抵补支出的不同程度,区别对待。通常营业收入补偿费用的顺序是:支付运营维护成本、缴纳流转税、偿还借款利息、计提折旧和偿还借款本金。

(1) 有营业收入,但不足以补偿运营维护成本的项目应估算收入和成本费用,通过两者差额来估算运营期各年需要政府给予补贴的数额,进行财务生存能力分析,并分析政府长期提供财政补贴的可行性。对有债务资金的项目,还应结合借款偿还要求进行财务生存能力分析。

(2) 有些项目在短期内收入不足以补偿全部运营维护成本,但随着时间推移,通过价格(收费)水平的逐步提高,可以弥补甚至产生盈余。这时只需要进行偿债能力分析(如有借款时)和财务生存能力分析,推算运营前期各年所需的财政补贴数额,分析政府在有限时间内提供财政补贴的可行性。

(3) 营业收入在补偿项目运营维护成本、提取折旧、偿还借款本息后还有盈余,其财务评价内容可与一般项目基本相同。

三、非经营性项目分析指标

对非经营性项目可采用以下指标来分析投资、运营成本及服务收费的合理性。

(一) 单位功能(或者单位使用效益)投资

这项指标是指建设一个单位使用功能所需的投资,如医院项目每张病床的投资;学校项目每个就学学生的投资;办公用房项目每个工作人员占用面积的投资等。

进行方案比选时,在功能相同的情况下,一般以单位投资较小的方案为优。

（二）单位功能运营成本

这项指标是指项目的年运营费用与年服务总量之比，如污水处理厂项目处理每吨污水的运营费用。

$$年运营费用 = 运营直接费用 + 管理费用 + 财务费用 + 折旧 + 摊销 \qquad (7\text{-}17)$$

年服务总量是指拟建项目建设规模所设定的年服务量。

（三）服务收费价格

这项指标是指向服务对象提供每单位服务收取的服务费用，用以考察收费的合理性。

第五节 财务评价案例

一、项目资料

（一）项目背景

某新建日用品化工厂，其可行性研究已完成市场需求预测、生产规模、工艺技术方案、建厂条件和厂址方案、环境保护诸方面的研究论证和多方案比较，项目财务评价在此基础上进行。

（1）计算期及实施进度。预计此项目计算期为12年。项目建设期为2年，第3年投产，第5年达到设计生产能力。

（2）建设投资及投资计划。建设投资6000万元，建设期各年建设投资投入比例分别为40%、60%。其中资本金投资为2400万元，不足部分向银行贷款。银行贷款条件是年利率为5%，建设期间只计息不还款（设：年中发放贷款），第三年投产后开始还贷，每年付清利息并分6年等额偿还建设期资本化后的全部借款本金。第一年建设投资全部用资本金，贷款从第二年计入。

（3）流动资金估算。流动资金投资约需2000万元。流动资金估算见表7-9。

（4）资金使用计划与筹措。资金使用计划与筹措见表7-9。

表7-9 资金使用计划与筹措表　　　　　　　　　（单位：万元）

序号	年份项目	计算期					合计
		1	2	3	4	5	
1	总投资	2400.00	5090.00	400.00	200.00	0.00	8090.00
1.1	建设投资	2400.00	3600.00	0.00	0.00	0.00	6000.00
1.2	建设期利息		90.00	0.00	0.00	0.00	90.00
1.3	流动资金		1400.00	400.00	200.00	0.00	2000.00
2	资金筹措	2400.00	5090.00	400.00	200.00	0.00	8090.00
2.1	资本金	2400.00	600.00	0.00	0.00	0.00	3000.00
2.1.1	用于建设投资	2400.00	0.00	0.00	0.00	0.00	2400.00
2.1.2	用于流动资金		600.00	0.00	0.00	0.00	600.00
2.1.3	用于建设期利息	0.00	0.00	0.00	0.00	0.00	0.00

(续)

序号	项目 \ 年份	计算期 1	2	3	4	5	合计
2.2	债务资金	0.00	4490.00	400.00	200.00	0.00	5090.00
2.2.1	用于建设投资	0.00	3600.00	0.00	0.00	0.00	3600.00
2.2.2	用于流动资金	0.00	800.00	400.00	200.00	0.00	1400.00
2.2.3	用于建设期利息	0.00	90.00	0.00	0.00	0.00	90.00
2.3	其他资金						

（5）年营业收入、年税金及附加估算。正常年份的营业收入估算为5600万元，其他年份按生产负荷折算。

增值税税率为17%，城市维护建设税按增值税的7%计算，教育费附加按增值税的3%计算。

年营业收入、年税金及附加估算见表7-10。

表7-10 营业收入、税金及附加估算表 （单位：万元）

序号	项目 \ 年份	计算期 1	2	3	4	5	6	7	8	9	10	11	12	合计
1	营业收入			3920.00	5040.00	5600.00	5600.00	5600.00	5600.00	5600.00	5600.00	5600.00	5600.00	53760.00
2	税金及附加			575.96	740.52	822.80	822.80	822.80	822.80	822.80	822.80	822.80	822.80	7898.88
2.1	增值税			523.60	673.20	748.00	748.00	748.00	748.00	748.00	748.00	748.00	748.00	7180.80
2.1.1	增值税销项			666.40	856.80	952.00	952.00	952.00	952.00	952.00	952.00	952.00	952.00	9139.20
2.1.2	增值税进项			142.80	183.60	204.00	204.00	204.00	204.00	204.00	204.00	204.00	204.00	1958.40
2.2	消费税													0.00
2.3	城市维护建设税			36.65	47.12	52.36	52.36	52.36	52.36	52.36	52.36	52.36	52.36	502.66
2.4	教育费附加			15.71	20.20	22.44	22.44	22.44	22.44	22.44	22.44	22.44	22.44	215.42

（6）成本估算。经营成本按建设投资的40%考虑。

按平均年限法计算固定资产折旧，折旧年限为10年，残值率为5%。

无形资产摊销费为1500万元，按5年摊销。

总成本费用估算见表7-11。

表7-11 总成本费用估算表（生产要素法） （单位：万元）

序号	项目 \ 年份	计算期 1	2	3	4	5	6	7	8	9	10	11	12	合计
1	外购原材料													0.00
2	外购燃料及动力													0.00
3	工资及福利费													0.00
4	修理费													0.00
5	其他费用													0.00
6	经营成本			1680.00	2160.00	2400.00	2400.00	2400.00	2400.00	2400.00	2400.00	2400.00	2400.00	23040.00

(续)

序号	年份\项目	计算期											合计
		1	2	3	4	5	6	7	8	9	10	11	12	
7	折旧费			427.50	427.50	427.50	427.50	427.50	427.50	427.50	427.50	427.50	427.50	4275.00
8	摊销费			300.00	300.00	300.00	300.00	300.00						1500.00
9	利息支出			224.50	213.75	193.00	162.25	131.50	100.75	70.00	70.00	70.00	70.00	1305.75
10	总成本费用			2632.00	3101.25	3320.50	3289.75	3259.00	2928.25	2897.50	2897.50	2897.50	2897.50	30120.75
10.10	其中：固定成本			1792.00	2021.25	2120.50	2089.75	2059.00	1728.25	1697.50	1697.50	1697.50	1697.50	18600.75
10.20	变动成本			840.00	1080.00	1200.00	1200.00	1200.00	1200.00	1200.00	1200.00	1200.00	1200.00	11520.00

(二) 问题

试对该项目进行融资前盈利能力分析和融资后的盈利能力、偿债能力和财务生存能力分析，并得出分析结论。

二、财务评价

(一) 融资前盈利能力分析

将该项目基准折现率取为12%。设基准投资回收期为10年。

根据项目基础资料编制项目投资现金流量表，见表7-2，据此表计算盈利能力指标。

盈利能力指标计算。

所得税前：

$P_t = 5.77$ 年 < 10 年

$FNPV = 4079.45 > 0$

$FIRR = 23.52\% > 12\%$

所得税后：

$P_t = 6.43$ 年 < 10 年

$FNPV = 2264.13 > 0$

$FIRR = 18.74\% > 12\%$

融资前盈利能力分析可行，满足行业最低要求，且项目投资能按时收回。进入融资后分析。

(二) 融资后分析

据项目所给资料计算借款及利息。所得税按利润总额的25%计取，盈余公积金按税后利润的10%计取。假设每年特种基金为零，每年可分配利润扣除公积金后全部分配给投资者。

编制项目资本金现金流量表，见表7-3。

编制利润表，见表7-5。

编制借款还本付息计划表，见表7-6。

编制资产负债表，见表7-7。

编制财务计划现金流量表，见表7-8。

1. 盈利能力分析

盈利能力指标计算

FNPV = 3303.49 > 0

FIRR = 28.81% > 12%

项目总投资收益率 = 1949.7 × 100% ÷ 8090 = 24.10%

项目总投资收益率大于行业平均利润率8%，说明单位投资收益水平达到行业标准。

项目资本金净利润率 = 1409.78 × 100% ÷ 3000 = 46.99%

以上指标表明，该项目融资方案较好，盈利能力满足要求。

2. 偿债能力分析

计算利息备付率和偿债备付率指标，见表7-6。

该项目利息备付率最小值为4.17，偿债备付率最小值为1.30，均大于1；表明该项目偿债能力较强。

3. 财务生存能力分析

财务生存能力分析根据财务计划现金流量表的数据。

从财务计划现金流量表上可以看出，项目具有较大的经营净现金流量，说明项目方案比较合理，实现自身资金平衡的可能性大，不会过分依赖短期融资来维持运营；财务可持续的基本条件满足。各年累计盈余资金都大于零，财务生存的必要条件满足。说明该项目财务生存能力较强。

（三）评价结论

通过以上分析，该项目融资前盈利能力很好；融资方案合理，融资后的盈利能力、偿债能力和财务生存能力都满足投资者的要求。从财务评价的角度，该项目可行。但还需要进一步分析该项目的不确定性与风险，才能得到更加可靠的结论。同时进行经济费用效益分析，使项目的建设符合国家和社会利益，使建设的可行性、合理性更充分。

练习题

1. 财务评价的内容是什么？
2. 财务评价的报表有哪些？
3. 财务评价的主要指标有哪些？各指标是如何计算和分析的？
4. 财务基准收益率影响因素有哪些？
5. 案例分析

某企业拟投资建设一项生产性项目，各项基础数据如下：

（1）项目建设期1年，第二年开始投入生产经营，运营期8年。

（2）建设期间一次性投入固定资产投资额为850万元，全部形成固定资产。固定资产使用年限为8年，到期预计净残值率为4%，按照平均年限法计算折旧。

（3）流动资金投入为200万元，在运营期的前两年均匀投入，运营期末全额收回。

（4）运营期第一年生产负荷为60%，第二年达产。

（5）运营期内正常年份各年的销售收入为450万元，经营成本为200万元，运营期第一年销售收入和经营成本均按正常年份的60%计算。

（6）产品销售税金及附加合并税率为6%，企业所得税税率为25%。

（7）该行业基准收益率为10%，基准投资回收期为6年。

问题：
(1) 试编制该项目的项目投资现金流量表（表7-12）。
(2) 计算该项目静态和动态投资回收期。
(3) 计算该项目的财务净现值、财务内部收益率。
(4) 从财务评价角度分析该项目的可行性及盈利能力。
注：折现系数取3位小数，其余各项计算保留2位小数。

表7-12 项目投资现金流量表

序号	项目	计算期								
		1	2	3	4	5	6	7	8	9
1	现金流入									
1.1	营业收入									
1.2	补贴收入									
1.3	回收固定资产余值									
1.4	回收流动资金									
2	现金流出									
2.1	建设投资									
2.2	流动资金									
2.3	经营成本									
2.4	增值税及附加									
2.5	维持运营投资									
3	所得税前净现金流量									
4	累计所得税前净现金流量									
5	调整所得税									
6	所得税后净现金流量									
7	累计所得税后净现金流量									

第八章 项目国民经济评价与社会评价

 **本章内容提要**

本章首先介绍了国民经济评价的基本概念、必要性、作用,以及与财务评价的异同、评价的工作内容与适用范围,然后介绍了国民经济评价的步骤与指标体系,并对国民经济评价的方法进行了详细说明,最后介绍了社会评价的概念、指标体系、评价方法与社会评价报告的编制。知识结构如图 8-1 所示。

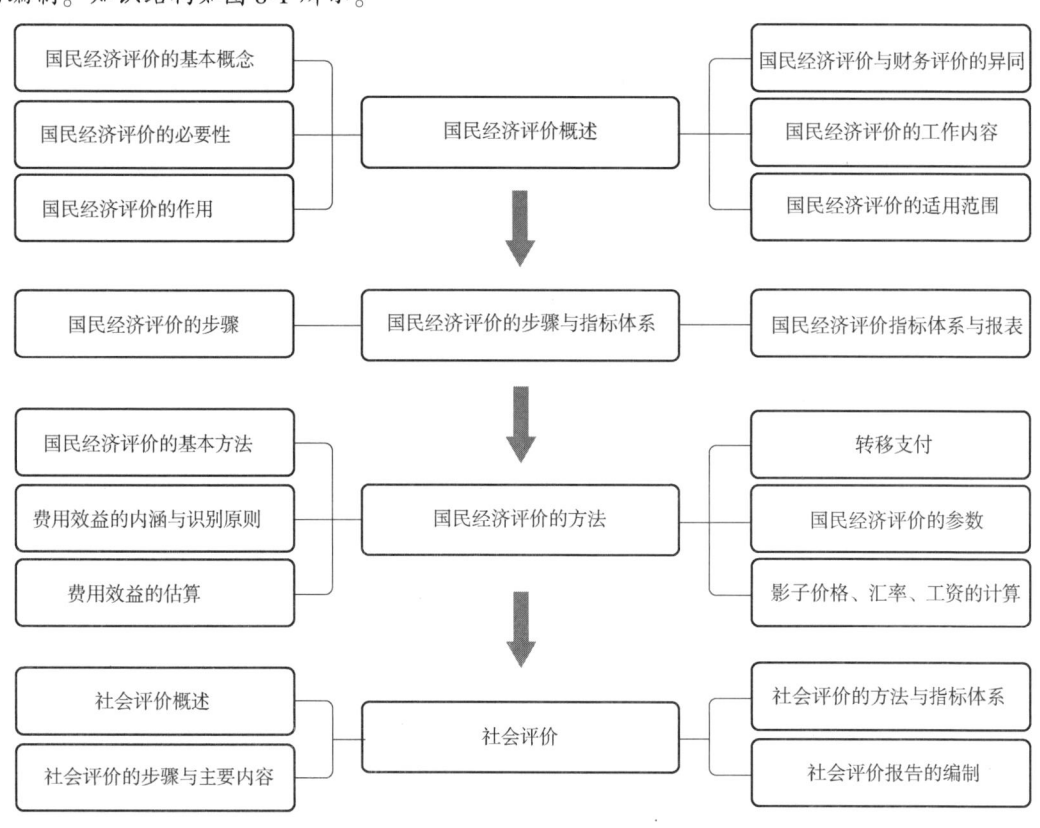

图 8-1 项目国民经济评价知识结构

第一节 国民经济评价概述

在市场经济条件下,大部分工程项目的财务评价结论可以满足投资者的决策要求,但某些领域由于存在市场失灵，对于这些领域里的项目我们不能仅仅通过财务评价就来判断项目的可行性，还应该站在整个国家的角度判别项目配置经济资源的合理性，通过国民经济评价，更加科学地选择方案。一般来说，需要进行国民经济评价的项目主要是公共物品或准公共物品，如：铁路、公路等交通运输项目，较大的水利水电项目，国家控制的战略性资源开发项目，动用社会资源和自然资源较多的中外合资项目，主要产出物和投入物的市场价格不能反映其真实价值的项目等。

比如某省拟建一高速公路，总投资 32 亿元，项目主要收益是通行车辆交纳的过路费，通过财务评价，得出财务净现值小于零，内部收益率低于基准收益率，因此从财务的角度来看该项目不可行。然而，从更大的范围来看，即站在国民经济的角度，项目产生的收益并不仅仅只是过路费，还有间接效益，如由于交通便利带动了公路沿线城市的商业繁荣、土地增值、房价上涨，促进了周边城市的社会经济发展。当我们考虑了该项目产生的间接效益，很可能项目是可行的。

又如，某企业拟投资一化工项目，该项目投产后，每年均可为企业带来可观的收益，财务评价指标良好，项目是可行的。然而，当我们跳出企业本身，站在国民经济的角度，会发现该企业虽然每年有可观的收益，但与此同时，该化工项目对周边环境带来一定的污染，导致农作物大大减产，人们患某种疾病的概率增加，周边土地与房地产贬值，也就是说该项目产生了负面的间接效果，为治理这些环境问题，政府需要投入大量的资金。考虑该项目的间接效果后，很可能项目就变成不可行的。

一、国民经济评价的概念及必要性

（一）含义

国民经济评价是按照资源合理配置的原则，从国家整体角度考察项目的效益和费用，用影子价格、影子汇率、影子工资和社会折现率等经济参数，分析计算项目对国民经济的净贡献，评价项目的经济合理性，为投资决策提供宏观依据。

（二）国民经济评价的必要性

在市场失灵领域，项目的财务评价不能说明项目对国民经济的真实贡献，此时应进行国民经济评价。其必要性具体体现在以下三个方面：

（1）由于企业和国家是两个不同的评价角度，企业利益并不总是与国家利益完全一致，因此一个项目对国家和企业的费用与效益的范围不完全一致。财务盈利效果仅是项目内部的直接经济效果，不包括对外部的影响。

（2）财务分析采用的价格是预测的市场价格。由于种种原因，项目的投入品和产出品市场价格失真，不一定能正确反映其对国民经济的真实价值。

（3）在方案比选时，不同项目的财务分析包括了不尽相同的税收、补贴和贷款条件，使不同项目的财务盈利失去了比较的公正性。

二、国民经济评价的作用

（一）合理配置国家有限资源

国家资源（如资金、土地、劳动力）总是有限的，而同一种资源可以有不同的用途，我们必须从这些相互竞争的用途中做出选择。这时，就需要从国家整体利益的角度来考虑，借助于国民经济评价。国民经济是一个大系统，项目建设是这个大系统中的一个子系统，国民经济评价就是要分析项目从国民经济中所吸取的投入，以及项目产出对国民经济这个大系统的经济目标的影响，从而选择对大系统目标最有利的项目或方案。

(二) 真实反映项目对国民经济的净贡献

财务评价不能真实反映对国民经济的净贡献，原因有二：一是财务评价仅考虑了项目内部的直接经济效果，不包括对外部的影响，即间接效果；二是在我国不少商品的价格不能反映其真实价值，即所谓的价格"失真"，在这样的条件下按现行价格来考察项目的投入或产出，就不能确切地反映项目建设给国民经济带来的效益和费用。通过国民经济评价，调整费用和效益的范围，运用能反映资源真实价值的影子价格，以便得出该项目的建设是否有利于国民经济总目标的结论。

(三) 有利于投资决策科学化

通过国民经济评价，可从以下四个方面影响投资决策，使投资决策科学化：

(1) 有利于引导投资方向。运用国民经济评价的相关指标以及有关参数，可以影响国民经济评价的最终结论，进而起到鼓励或抑制某些行业或项目发展的作用，促进国家资源的合理分配。

(2) 有利于抑制投资规模。当投资规模过度，引发通货膨胀，这时可通过适当提高折现率，控制一些项目的通过，从而控制投资规模。

(3) 避免项目重复建设和盲目建设。因为国民经济评价是从国家的角度即宏观角度出发，而不是从地区或企业的角度（即微观角度）出发考察项目的效益和费用，因而可避免地方保护主义和企业的片面性、局限性，避免项目重复、盲目建设。

(4) 有利于提高决策的可靠性。如某工业项目虽然从财务评价的角度是可行的，然而从国民经济评价的角度，由于政府每年都需要花费一大笔资金用于治理该项目导致的环境污染，因而从国家的角度来看，该项目可能是负产出，不应建设。

三、国民经济评价与财务评价的异同与联系

国民经济评价与财务评价都是对项目进行经济的合理性分析，然而两者又有诸多不同之处。

(一) 共同点

(1) 评价方法相同。两者都是经济评价，寻求以最小投入获取最大的产出。评价时都使用费用与效益比较的理论方法，通过报表分析，计算 IRR、NPV 等指标。

(2) 评价的基础工作相同。两种分析都要在完成产品需求预测、工艺技术选择、设备选型、投资估算、资金筹措等基础上进行。

(二) 区别

(1) 基本出发点不同。财务评价是站在项目的层次上，从项目经营者、投资者、未来债权人的角度，分析项目在财务上能够生存的可能性，分析各方的实际收益或损失，分析投资或贷款的风险及收益。国民经济评价则是站在国民的层次上，从全社会的角度分析项目的国民经济费用和效益。

(2) 费用和效益的含义和划分范围不同。财务评价只根据项目直接发生的财务收支，计算项目的费用和效益。国民经济评价则从全社会的角度考察项目的费用和效益，这时项目

的有些收入和支出，从全社会的角度考虑，不能作为社会费用或收益，例如税金、补贴和银行贷款利息。

(3) 使用的价格体系不同。财务评价使用的是市场预测价格，而国民经济评价则使用一套专用的影子价格体系。

(4) 使用的参数不同。如衡量盈利性指标内部收益率的判别标准，财务评价中用财务基准收益率，国民经济评价中则用社会折现率，财务基准收益率依行业的不同而不同，而社会折现率在全国各行业各地区都是一致的。

(5) 评价内容不同。财务评价包括盈利性评价和清偿能力分析，而国民经济评价仅仅有盈利性分析而无清偿能力分析。

国民经济评价与财务评价之间的联系很密切，大多数情况下，国民经济评价在财务评价的基础上进行，利用财务评价中已经使用的数据资料，以财务评价为基础进行必要的调整计算，得到国民经济评价的结论。

四、国民经济评价的工作内容

国民经济评价的工作内容主要包括：
(1) 识别与估算投资项目的经济效益和费用。
(2) 编制经济效益费用流量表。
(3) 计算国民经济效益评价指标。
(4) 对投资项目进行不确定性分析。
(5) 评估结论与建议。在对主要评估指标进行综合分析后，就可以做出评估结论，并对投资项目需要说明的问题以及有关建议做简要的说明。

五、国民经济评价的适用范围

项目是否需要进行国民经济评价应考虑以下两个原则：一是市场自行调节的行业项目一般不必进行国民经济评价；二是市场配置资源失灵的项目需要进行国民经济评价。

下列项目一般应进行国民经济评价：
(1) 具有自然垄断特征的项目，例如电力、电信、交通运输等行业的项目。
(2) 产出具有公共产品特征的项目，即项目提供的产品或服务在同一时间内可以被共同消费，具有"消费的非排他性"和"消费的非竞争性"。
(3) 外部效果显著的项目，如大型的水电项目。
(4) 涉及国家控制的战略性资源开发和关系国家经济安全的项目。这类项目往往具有公共性、外部效果等综合特征，不能完全依靠市场配置资源。
(5) 受过度行政干预的项目。
(6) 利用国际金融组织和外国政府贷款，需要政府主权信用担保的建设项目。

【例8-1】
背景：有以下项目：①上海迪士尼乐园建设项目；②港珠澳大桥；③青藏铁路；④万科某房地产开发项目；⑤渝昆高铁；⑥溪洛渡水电站。
问题：上述项目中哪些需要进行国民经济评价？
解析：港珠澳大桥、青藏铁路、渝昆高铁、溪洛渡水电站建设项目需要进行国民经济评价,因为这些项目具有公共物品特征,外部效果显著,财务评价不能全面反映其经济效果。

第二节 国民经济评价的步骤与指标体系

一、国民经济评价的步骤

国民经济费用效益分析法一般在项目财务评价的基础上进行调整编制,有些项目也可以直接编制。

(一) 在财务评价基础上进行国民经济评价的步骤

(1) 调整效益和费用范围。剔除转移支付,将财务现金流量表中列支的销售税金及附加、关税、增值税、国内借款利息、政府补贴等作为转移支付剔除;财务评价中的流动资产和流动负债包括应收账款、应付账款及现金等,但这些并没有实际耗用国民经济资源,在国民经济评价中应将其从流动资金中剔除;计算外部效益与外部费用,并保持效益费用计算口径的统一。

(2) 调整效益和费用数值。用影子价格、影子汇率逐项调整固定资产投资、流动资金、经营成本、销售收入、外汇等数值。

(3) 编制项目投资经济效益费用流量表,计算各评价指标。

(4) 对于产出物出口或替代进口的项目,编制经济外汇流量表、国内资源流量表。

(二) 直接进行国民经济评价的步骤

识别并计算效益和费用,再以影子价格、影子汇率计算固定资产投资、流动资金、经营费用、销售收入,编制报表,最后计算评价指标。

二、国民经济评价指标体系

国民经济评价以盈利能力为主,评价指标包括经济内部收益率和经济净现值。

(一) 经济内部收益率 (EIRR)

经济内部收益率是反映项目对国民经济净贡献的相对指标。它是项目在计算期内各年经济净效益流量的现值累计等于零时的折现率。其表达式为:

$$\sum_{t=0}^{n}(B-C)_t(1+\text{EIRR})^{-t}=0 \tag{8-1}$$

式中 B——国民经济效益流量;

C——国民经济费用流量;

$(B-C)_t$——第 t 年国民经济净效益流量;

n——计算期。

判别准则:经济内部收益率等于或大于社会折现率,表明项目对国民经济的净贡献达到或超过了要求的水平,这时项目是可行的。

(二) 经济净现值 (ENPV)

经济净现值是反映项目对国民经济净贡献的绝对指标。它是指用社会折现率将项目计算期内各年的净收益流量折算到建设期初的现值之和。其表达式为:

$$\text{ENPV} = \sum_{t=0}^{n} (B-C)_t (1+i_s)^{-t} \tag{8-2}$$

式中 i_s——社会折现率。

判别准则：工程项目经济净现值≥0，表示项目可以得到符合社会折现率的社会盈余，或除了得到符合社会折现率的社会盈余外，还可以得到以现值计算的超额社会盈余，这时项目是可行的。

按分析效益费用的口径不同，可分为整个项目的经济内部收益率和经济净现值、国内投资经济内部收益率和经济净现值。如果项目没有国外投资和国外借款，全投资指标与国内投资指标相同；如果项目有国外资金流入与流出，应以国内投资的经济内部收益率和经济净现值作为项目国民经济评价的指标。

三、国民经济评价报表

国民经济评价的基本报表是国民经济效益费用流量表，包括两种：一是国内投资国民经济效益费用流量表，见表8-1；二是项目国民经济效益费用流量表，见表8-2。

表8-1　国内投资国民经济效益费用流量表　　　　（单位：万元）

序号	项目	计算期								
		1	2	3	4	5	6	7	8	9
1	效益流量			2766	2766	2766	2766	2766	2766	3662
1.1	销售收入			2610	2610	2610	2610	2610	2610	2610
1.2	回收固定资产余值									374
1.3	回收流动资金									522
1.4	项目间接效益			156	156	156	156	156	156	156
2	费用流量	2145	3250	1747	1718	1689	1660	1631	1602	1602
2.1	建设投资中国内资金	2145	3250							
2.2	流动资金中国内资金									
2.3	经营费用			972	972	972	972	972	972	972
2.4	流到国外的资金			726	697	668	639	610	581	581
2.4.1	国外借款本金偿还			581	581	581	581	581	581	581
2.4.2	国外借款利息支付			145	116	87	58	29		
2.4.3	其他									
2.5	项目间接费用			49	49	49	49	49	49	49
3	国内投资净效益流量	−2145	−3250	1019	1048	1077	1106	1135	1164	2060

注：经济内部收益率10.7%；经济净现值138万元（社会折现率10%）。表8-1和表8-2摘引自刘晓君主编的《工程经济学》第3版203页。

表8-2　项目国民经济效益费用流量表　　　　（单位：万元）

序号	项目	计算期								
		1	2	3	4	5	6	7	8	9
1	效益流量			2766	2766	2766	2766	2766	2766	3662
1.1	销售收入			2610	2610	2610	2610	2610	2610	2610

(续)

序号	项目	计算期								
		1	2	3	4	5	6	7	8	9
1.2	回收固定资产余值									374
1.3	回收流动资金									522
1.4	项目间接效益			156	156	156	156	156	156	156
2	费用流量	3300	6494	1021	1021	1021	1021	1021	1021	1021
2.1	建设投资	3300	5000							
2.2	流动资金		522							
2.3	经营费用		972	972	972	972	972	972	972	972
2.4	项目间接费用			49	49	49	49	49	49	49
3	净效益流量	-3300	-6494	1745	1745	1745	1745	1745	1745	2641

注：经济内部收益率6.8%；经济净现值-966万元（社会折现率10%）。

第三节　国民经济评价的方法

一、国民经济评价方法分类

项目的国民经济评价采用费用效益分析法或者费用效果分析法。

费用效益分析法是指从国家宏观利益出发，通过识别项目的经济效益和经济费用，求得项目的经济净收益，判断项目经济可行性的过程。费用效益分析的关键是要准确划分项目产生的经济效益、经济费用，以及确定影子价格等国民经济评价的重要参数。

在费用效益分析中较为困难的问题是某些项目的效益不能简单地用货币来衡量，例如文化、教育、医疗、通信、消防以及绿化等建设项目的效果，这些效果称为无形效果，此时应采用费用效果分析法加以评价。

二、费用与效益

（一）直接费用和直接效益

1. 直接效益

直接效益是指由项目产出物直接产生，并在项目范围内计算的经济效益。
一般表现为：

（1）项目产出物用于满足国内新增需求时，直接效益表现为国内新增需求的支付意愿。

（2）项目产出物用于替代效益较低的相同或类似企业的产出物或者服务，使被替代企业减产或停产，从而使其他企业耗用的社会资源得到节省，项目直接效益表现为这些资源的节省。

（3）项目产出物直接出口或者可替代进口商品导致进口减少，项目直接效益表现为国家外汇收入的增加或者节支的外汇等。

（4）某些行业的项目产生的效益有特殊性。例如，交通运输项目产生时间节约的效果，教育项目、医疗卫生和卫生保健项目有对人力资本、生命延续或疾病预防等方面的影响效果，从国民经济分析的角度都应该计入项目的直接经济效益。

2. 直接费用

直接费用是指项目使用投入物所产生，并在项目范围内计算的经济费用。一般表现为投入项目的各种物料、人工、资金、技术以及自然资源而带来的社会资源的消耗。

（1）社会扩大生产规模用以满足项目对投入物的需求时，项目直接费用表现为社会扩大生产规模所增加耗用的社会资源价值。

（2）社会不能增加供给时，导致其他人被迫放弃使用这些资源来满足项目的需要，项目直接费用表现为社会因其他人被迫放弃使用这些资源而损失的效益。

（3）项目的投入物导致进口增加或减少出口时，项目直接费用表现为国家外汇支出的增加或外汇收入的减少。

（二）间接效益与间接费用

间接效益与间接费用是项目的外部效果，是指项目对国民经济做出的贡献与国民经济为项目付出的代价中，在直接效益与直接费用中未得到反映的那部分效益与费用。外部效果应包括以下几个方面：

（1）产业关联效果。例如建设一个水电站，一般除发电、防洪灌溉和供水等直接效果外，还必然带来养殖业、水上运动以及旅游业的发展等间接效益。此外，农牧业还会因土地淹没而遭受一定的损失（间接费用）。这些都是水电站兴建而产生的产业关联效果。

（2）环境和生态效果。例如发电厂排放的烟尘可使附近田园的作物产量减少，化工厂排放的污水可使附近江河的鱼类资源骤减。

（3）技术扩散效果。技术扩散和示范效果是由于建设技术先进的项目会培养和造就大量的技术人员和管理人员。他们除了为本项目服务外，人员流动、技术交流对整个社会经济发展也会带来好处。技术性外部效果反映了社会生产和消费的真实变化，这种真实变化必然引起社会资源配置的变化，所以应在国民经济评价中予以考虑。为防止外部效果计算扩大化，项目的外部效果一般只计算一次相关效果，不应连续计算。

三、转移支付

项目的某些财务收益和支出，从国民经济角度看，并没有造成资源的实际增加或者减少，而是国民经济内部的"转移支付"，不计作项目的国民经济效益与费用。转移支付的主要类型包括以下几种。

（一）税金

在财务分析中，税金包括销售税金和所得税。对企业来说，这些税金都是财务支出。但是，对国民经济整体而言，企业纳税并未减少国民收入，只不过是将企业的这笔货币收入转移到政府手中而已，是收入的再分配。前面谈到，考察项目的国民经济评价系统，是从资源增减的角度区别收益和费用的，税金既然是国民收入的再分配，并不伴随资源的变动而变动，所以在国民经济评价中既不能把税金列为收益，也不能把税金列为费用。

（二）补贴

补贴是一种货币流动方向与税金相反的转移支付。政府如果对某些产品实行价格补贴，可能会降低项目投入的支付费用，或者会增加项目的收入，从而增加项目的净收益。但是这种收益的增加仍然是国民收入从政府向企业的一种转移,它使资源的支配权发生变动,但是既未增加社会资源,也未减少社会资源,因而补贴不应被视作国民经济评价中的费用和收益。

(三) 国内贷款的还本付息

项目的国内贷款及其还本付息也是一种转移支付,在项目投资人的财务评价中被视作财务支出,但从国民经济角度看,情况则不同。还本付息并没有减少国民收入,这种货币流动过程仅仅代表资源支配权力的转移,社会实际资源并未增加或减少,因而在国民经济评价中,不被视为费用。

(四) 国外贷款的还本付息

国外贷款还本付息的处理分以下三种情况:

(1) 评价国内投资经济效益的处理办法。项目的国民经济评价是以项目所在国的经济利益为根本出发点,所以必须考察国外贷款还本付息对项目举办国的真实影响。如果国外贷款利率很高,高于全部投资的内部收益率,那么一个全投资效益好的项目,也可能由于偿还国外债务而造成大部分效益外流的局面,致使本国投资得不偿失。为了能够揭示这种情况,如实判断本国投资资金的盈利水平,必须进行国内投资的经济效益分析。在分析时,由于还本付息意味着国内资源流入国外,因而应当视作费用。

(2) 国外贷款不指定用途时的处理办法。对项目进行国民经济分析的目的是使有限的资源得到最佳配置。因此,应当对项目所用全部资源的利用效果做出分析评价,这种评价就是包括国外贷款在内的全投资国民经济评价。不过,对使用国外贷款的项目进行全投资经济评价应是有条件的,这个条件就是国外贷款不是针对某一项目专款专用,该贷款还允许用于其他项目。这种情况下,与贷款对应的实际资源虽然来自国外,但受贷国在如何有效利用这些资源的问题上,面临着与国内资源同样的优化配置任务,因而应当对包括国外贷款在内的全部资源的利用效果做出评价。在这种评价中,国外贷款还本付息不视作收益,也不视作费用,不出现在国民经济评价所用的项目国民经济效益费用流量表中。

(3) 国外贷款指定用途的处理办法。如果不上拟建项目,就不能得到国外贷款,这时便无须进行全投资的经济效益评价,可只进行国内投资资金的经济评价。这是因为,全投资经济效益评价的目的在于对包括国外贷款在内的全部资源多种用途进行比较选优,既然国外贷款的用途已经唯一限定,别无其他选择,也就没有必要对其利用效果做出评价了。在分析时,还本付息意味着国内资源流入国外,因此应当视作费用。

四、费用效益识别与估算的基本原则

(一) 费用效益识别的基本原则

1. 全面识别原则

国民经济评价以实现社会资源的最优配置从而使国民收入最大化为目标,凡是增加国民收入的就是国民经济效益,凡是减少国民收入的就是国民经济费用。

2. 边界原则

财务评价从项目自身的利益出发,其系统分析的边界是项目。凡是流入项目的资金,就是财务效益,如销售收入;凡是流出项目的资金,就是财务费用,如投资、经营成本和税金。国民经济评价则从国民经济的整体利益出发,其系统分析的边界是整个国家。国民经济评价不仅要识别项目自身的内部效果，而且需要识别项目对国民经济其他部门和单位产生的外部效果。

3. 资源变动原则

在计算财务收益和费用时，依据的是货币的变动，凡是流入项目的货币就是直接效益，凡是流出项目的货币就是直接费用。国民经济分析以实现资源最优配置从而保证国民收入最大增长为目标。由于经济资源的稀缺性，一个项目的资源投入就意味着会减少这些资源在国民经济其他方面的可用量，从而减少了其他方面的国民收入。从这种意义上说，该项目对资源的使用产生了国民经济费用。要注意的是，这里提到的资源应是稀缺的经济资源而不是闲置或不付出代价就可自由使用的物品。

同理，项目的产出是国民经济收益，是由于项目的产出能够增加社会资源的缘故。因此在考察国民经济费用和效益的过程中依据的不是货币，而是社会资源真实的变动量。凡是减少社会资源的项目投入都产生国民经济费用，凡是增加社会资源的项目产出都产生国民经济收益。

4. 合理确定时间跨度原则

经济效益与费用识别的时间跨度应足以包含项目所产生的全部重要效益与费用，而不完全受财务评价计算期的限制。不仅要分析项目的近期影响，还可能需要分析项目将带来的中期、长期影响。

5. 正确处理"转移支付"原则

正确处理"转移支付"是经济效益与费用识别的关键之一。"转移支付"由于并未增加社会资源也未减少社会资源，因此在国民经济分析中不作为效益，也不列为费用。

（二）经济效益与费用估算的原则

经济效益与费用估算应遵循如下原则：

1. 支付意愿原则

项目产出物正面效益的计算遵循支付意愿（WTP：Willingness to Pay）原则，分析社会成员为项目所产出的效益愿意支付的价值。

2. 受偿意愿原则

项目产出物负面影响的计算遵循接受补偿意愿（WTA：Willingness to Accept）原则，分析社会成员为接受这种不利影响所要求补偿的价值。

3. 机会成本原则

项目投入物的经济价值的计算应遵循机会成本原则，分析项目所占用资源的机会成本。机会成本应按该资源的其他最好可行替代用途所产生的效益计算。

4. 实际价值计算原则

项目经济分析应对所有效益和费用采用反映资源真实价值的价格进行计算。不考虑通货膨胀因素的影响，但可考虑相对价格变动。

进行国民经济评价时，项目的主要投入物和产出物价格，原则上都应采用影子价格。

五、国民经济评价的参数与影子价格

（一）社会折现率

1. 概念

社会折现率由国家行政主管部门统一测定并发布。在国民经济评价中有两个作用，一是

用作不同年份价值换算的折现率，二是代表资金占用应获得的最低动态收益率。

适当的折现率有利于合理分配建设资金，指导资金投向国民经济贡献大的项目，调节资金供需关系，促进资金在短期和长期建设项目之间的合理调配。目前公布的社会折现率取值，是以资本的社会机会成本与费用效益的时间偏好率二者为基础进行测算的结果。

作为项目不同时间价值之间的折算率，社会折现率反映了对于社会费用效益价值的时间偏好。社会费用或效益的时间偏好代表人们对于现在的社会价值与未来价值之间的权衡。社会费用效益的时间偏好在一定程度上受到社会经济增长的影响，但并非完全由经济增长所决定，而经济增长也并不是完全由社会投资所带来的。

作为项目经济效益要求的最低经济收益率，社会折现率代表着社会投资所要求的最低收益率水平。项目投资产生的社会收益率如果达不到这一最低水平，项目不应当被接受。社会投资所要求的最低收益率，理论上认为应当由社会投资的机会成本决定，也就是由社会投资的边际收益率决定。由社会资本投资的机会成本所决定的社会折现率，并不一定会等于由社会时间偏好所决定的社会折现率。一般认为，社会时间偏好率应当低于社会资本投资机会成本。由于这种偏差的存在和社会折现率在项目国民经济评价中的双重作用，使得评价结果不可避免地存在一定的偏差。这是评价方法本身的局限性所决定的。

作为基准收益率，社会折现率的取值高低直接影响项目经济可行性的判断结果。社会折现率如果取值过低，将会使得一些经济效益不好的项目投资决策得以通过，经济评价不能起到应有的作用。社会折现率取值提高，会使一部分本来可以通过评价的项目因达不到判别标准而被舍弃，从而间接起到调控投资规模的作用。

在项目的选优和方案比选中，社会折现率的取值高低会影响比选的结果。较高的取值，将会使远期收益在折算为现值时发生较高的折减，因此有利于社会效益产生在近期、但在远期有比较高的社会成本的方案和项目入选，而社会效益主要产生在远期的项目被淘汰。这可能会导致对评价结果的误导，比如对生态环境造成破坏的项目，高折现率将使得未来环境污染的成本负担得以折减计算。

在实践中，国家根据宏观调控意图和现实经济状况，制定发布统一的社会折现率，以利于统一评价标准，避免参数选择的随意性。项目评价人员应当充分理解社会折现率在项目国民经济评价中的作用，理解社会折现率取值对评价结果的影响，避免对评价结果的误导。

2. 现阶段我国社会折现率的取值

根据国家发展和改革委员会与住建部联合发布的《建设项目经济评价方法与参数（第三版）》，现阶段社会折现率推荐采用8%，但对于永久性工程或者收益期超长的项目，比如水利设施等大型基础设施和具有长远环境保护效益的工程项目可采用低于8%的社会折现率。

（二）影子汇率

1. 概念

汇率是指两个国家不同货币之间的比价或交换比率。汇率分为固定汇率和浮动汇率。浮动汇率是根据市场供求关系而自由涨跌，货币当局不进行干涉的汇率。但是，各国政府为了维持汇率的稳定，或出于某种政治及经济目的，要使汇率上升或下降，都会或多或少地对汇率的波动采取干预措施。这种浮动汇率在国际上通称为管理浮动。我国目前实行的就是这种有调节、有管理的浮动汇率制度。

影子汇率是反映外汇真实价值的汇率，区别于外汇的财务价格和市场价格。在项目国民经济评价中使用影子汇率，是为了正确计算外汇的真实经济价值，影子汇率代表着外汇的影子价格。

影子汇率由国家统一测定发布，主要依据一个国家或地区一段时期内进出口的结构和水平、外汇的机会成本及发展趋势、外汇供需状况等因素确定。一旦上述因素发生较大变化时，影子汇率值须作相应的调整。

2. 影子汇率的计算

在国民经济评价中，影子汇率通过影子汇率换算系数计算，公式如下：

$$影子汇率 = 外汇牌价 \times 影子换算系数 \tag{8-3}$$

影子汇率换算系数是影子汇率与国家外汇牌价的比值。在项目评价中，影子汇率的取值可以影响项目进出口的抉择。项目中使用进口设备或原材料，与国产设备或原材料比较时，如果影子汇率取值较高，进口设备或原材料的社会成本较高，国产设备或原材料社会成本相对较低，有利于方案选择中选用国产设备或原材料。

目前我国的影子汇率换算系数取值为1.08。工程项目投入物和产出物涉及进出口的，应采用影子汇率换算系数计算影子汇率。

【例8-2】

背景：已知2019年12月12日国家外汇牌价中人民币对美元的比值为703.05/100。

问题：人民币对美元的影子汇率是多少？

解析：影子汇率 = $1.08 \times 703.05/100 = 7.5929$

（三）影子价格

在费用和收益的衡量阶段，作为衡量尺度的价格成为问题的关键。财务评价采用的是市场预测价格，如果在较完全的市场机制下，这样的价格能够真实反映各种资源的经济价值。然而，由于市场缺陷的存在，市场价格往往不能真实反映项目的实际效益，不能作为资源配置的正确信号和计量依据。因此，项目的国民经济评价应采用计算国民经济效益与费用时的专用价格——影子价格。

影子价格是指依据一定原则确定的，能够反映投入物和产出物真实经济价值，反映市场供求状况和资源稀缺程度，使资源得到合理配置的价格。影子价格是根据国家经济增长的目标和资源的可获性来确定的。如果某种资源数量稀缺，同时有许多用途完全依靠于它，那么它的影子价格就高。如果这种资源的供应量增多，那么它的影子价格就会下降。进行国民经济评价时，项目的主要投入物和产出物价格，原则上都应采用影子价格。

确定影子价格时，对于投入物和产出物，首先要区分为市场定价货物、政府调控价格货物和特殊投入物三大类别，然后根据投入物和产出物对国民经济的影响分别处理。

1. 市场定价货物的影子价格

（1）外贸货物影子价格。外贸货物是指其生产或使用会直接或间接影响国家出口或进口的货物，原则上石油、金属材料、金属矿物、木材及可出口的商品煤，一般都划为外贸货物。

外贸货物影子价格的定价基础是国际市场价格。尽管国际市场价格并非就是完全理想的价格，但在国际市场上起主导作用的还是市场机制，各种商品的价格主要由供需规律所决定，多数情况下不受个别国家和集团的控制，一般比较接近物品的真实价值。

外贸货物中的进口品应满足以下条件：
$$国内生产成本 \geq 到岸价格（CIF）$$
外贸货物中的出口品应满足以下条件：
$$国内生产成本 \leq 离岸价格（FOB）$$
到岸价格与离岸价格统称口岸价格。

在国民经济评价中，口岸价格应按本国货币计算，故口岸价格的实际计算公式如下：

$$到岸价格（人民币）= 美元结算的到岸价格 \times 影子汇率 \qquad (8-4)$$

$$离岸价格（人民币）= 美元结算的离岸价格 \times 影子汇率 \qquad (8-5)$$

工程项目外贸货物的影子价格按以下公式计算：

产出物的影子价格（项目产出物的出厂价格）
$$= 离岸价（FOB）\times 影子汇率 - 国内运杂费 - 贸易费用 \qquad (8-6)$$

投入物的影子价格（项目投入物的到厂价格）
$$= 到岸价（CIF）\times 影子汇率 + 国内运杂费 + 贸易费用 \qquad (8-7)$$

式中，贸易费用是指外经贸机构为进出口货物所耗用的流通费用，包括货物的储运、再包装、短途运输、装卸、国内保险、检验等环节的费用支出以及资金占用的机会成本，但不包括长途运输费用。贸易费用以影子价格计算，一般用货物的口岸价乘以贸易费率计算。贸易费率由项目评价人员根据项目所在地区流通领域的特点和工程项目的实际情况测定。

（2）非外贸货物影子价格。非外贸货物是指其生产或使用不影响国家出口或进口的货物，非外贸货物分为天然的非外贸货物和非天然的非外贸货物。

天然的非外贸货物是指使用和服务天然地限于国内，包括国内施工和商业，以及国内运输和其他国内服务。非天然的非外贸货物是指由于经济原因或政策原因不能出口的货物，包括由于国家的政策和法令限制不能出口的货物，还包括这样的货物：其国内生产成本加上到口岸的运输、贸易费用后的总费用高于离岸价格，致使出口得不偿失而不能出口；同时，国外商品的到岸价格又高于国内生产同样商品的经济成本，致使该商品也不能从国外进口。在忽略国内运输费用和贸易费用的前提下，由于经济性原因造成的非外贸货物满足以下条件：

$$离岸价格 < 国内生产成本 < 到岸价格$$

随着我国市场经济发展和贸易范围的扩大，大部分货物的价格由市场形成，价格可以近似反映其真实价值。进行国民经济评价可将这些货物的市场价格加上或者减去国内运杂费作为影子价格。工程项目非外贸货物的影子价格按以下公式计算：

$$产出物的影子价格（产出物的出厂价格）= 市场价格 - 国内运杂费 \qquad (8-8)$$

$$投入物的影子价格（投入物的到厂价格）= 市场价格 + 国内运杂费 \qquad (8-9)$$

2. 政府调控价格货物的影子价格

考虑到效率优先兼顾公平的原则，市场经济条件下有些货物或者服务不能完全由市场机制形成价格，而需由政府调控价格。政府调控的货物或者服务的价格不能完全反映其真实价值，例如政府为了帮助城市中低收入家庭，对经济适用房制定指导价和最高限价。确定这些货物或者服务的影子价格的原则是：投入物按机会成本分解定价，产出物按对经济增长的边际贡献率或消费者支付意愿定价。

政府主要调控的水、电、铁路运输等作为投入物和产出物时的影子价格计算方法如下：

（1）水作为项目投入物的影子价格，按后备水源的边际成本分解定价，或者按恢复水资源存量的成本计算。水作为项目产出物的影子价格，按消费者支付意愿或者按消费者承受能力加政府补贴计算。

（2）电力作为项目投入物时的影子价格，一般按完全成本分解定价，电力过剩时按可变成本分解定价。电力作为项目产出物的影子价格，可按电力对当地经济边际贡献率定价。

（3）铁路运输作为项目投入物的影子价格，一般按完全成本分解定价，对运能富余的地区，按可变成本分解定价。铁路运输作为产出物的影子价格，可按铁路运输对国民经济的边际贡献率定价。

3. 特殊投入物的影子价格

工程项目的特殊投入物是指项目在建设、生产运营中使用的劳动力、土地和自然资源等。项目使用这些特殊投入物发生的国民经济费用，应分别采用相应的方法确定其影子价格。

矿产等不可再生资源的影子价格按资源的机会成本计算，水和森林等可再生自然资源的影子价格按资源再生费用计算。

（四）影子工资

1. 概念

影子工资是指项目使用劳动力、耗费劳动力资源而使社会付出的代价。在国民经济评价中以影子工资计算劳动力费用。影子工资与财务工资有一定区别。财务工资并非劳动力的真实价值，它是根据项目所处地区、行业、劳动力的种类等确定的工资，劳动力得到工资并将其用于消费及储蓄。影子工资则要按劳动力时间的潜在社会价值计算，而其潜在价值则要分析项目使用劳动力会给国家和社会带来什么样的影响。项目使用劳动力，给国家和社会带来以下影响：

（1）项目的实施给社会提供了新的就业机会。

（2）项目使用劳动力，社会损失了劳动力的边际产出或机会成本。

（3）劳动力转移会发生新增的社会资源消耗。

另外，使用劳动力会增加就业人数和就业时间，也会使劳动力减少了闲暇时间，增加了体力消耗和生活资料消耗。

2. 影子工资的计算

$$影子工资 = 财务工资 \times 影子工资换算系数 \tag{8-10}$$

《建设项目经济评价方法与参数（第三版）》中就影子工资换算系数有明确规定：

对于技术劳动力，采取影子工资等于财务工资，即影子工资换算系数为1。对于非技术劳动力，推荐在一般情况下采取财务工资的0.25~0.8作为影子工资，即影子工资换算系数为0.25~0.8。考虑到我国各地经济发展不平衡，劳动力供求关系有一定差别，应当按照当地非技术劳动力供给的富余程度调整影子工资换算系数。

我国人口众多，城镇人口就业不足，相当数量的城镇人口下岗、待业。更为严峻的是农村人口过剩，农民人均耕地面积很少，大量农业劳动力闲置，需要到城镇寻找工作。在开发建设中，应当鼓励新的建设项目多使用劳动力。考虑到这种因素，项目的国民经济评价中，对劳动力的影子工资应当采取较低的数值。特别对于非技术劳动力，其机会成本可以认为等于零，因为从全社会来看，非技术劳动力严重过剩。考虑到劳动力就业带来一定的新增资源消耗，包括劳动力从原来居住地迁移、增加的食品和其他生活必需品消费等，并且非熟练劳动力当前的工资水平较低,最终可选择 0.25~0.8 作为非熟练劳动力影子工资换算系数。

(五) 土地的影子价格

1. 概念

土地是重要的经济资源,国家的土地资源是有限的,国家对建设项目使用土地实行政府管制,土地使用价格受到土地管制的影响,可能并不能反映土地的真实价值。土地影子价格代表对土地资源的真实价值衡量,在项目的国民经济评价中要正确衡量土地资源的影子价格,提高土地资源的利用效率。

2. 土地影子价格的组成及计算方法

项目使用土地,占用了国家的土地资源,应当计算由此所带来的费用。按照项目国民经济评价的基本方法,土地的影子价格应当等于土地的机会成本加上土地转变用途所导致的新增资源消耗。即

$$土地影子价格 = 土地机会成本 + 新增资源消耗 \tag{8-11}$$

在项目的国民经济评价中,占用土地的机会成本和新增资源消耗应当充分估计。项目占用的土地位于城镇与农村具有不同的机会成本及新增资源的消耗构成,要采取不同的估算方法。

3. 城镇土地影子价格的确定

通过政府公开招标、拍卖、挂牌取得的土地使用权,交易价格可作为土地的影子价格。

通过协议出让方式取得土地使用权的情况,协议地价不是由土地市场供需状况和土地预期收益决定的,而是取决于双方的动机。双方的动机可能较为复杂,最终的协议价格可能会大大偏离公开市场交易所应有的价格,因而不能作为影子价格,必须与同类土地的公平交易价格进行比较后,方可据以确定以协议出让取得的土地的影子价格。

以土地转让方式取得的土地使用权,其影子价格可能等于转让价格,也可能不等于其转让价格。不相等时应根据同类或类似土地交易确定影子价格。

如果没有类似的市场交易价格作为参考,各城市制定的分级土地基准地价可以作为估算土地影子价格的基准值,按照当地对具体地块出让价格的修正方法,估算项目使用地块的影子价格。

第四节 社会评价

一、社会评价概述

(一) 社会评价的概念

建设项目社会评价主要应用社会学、人类学、项目评估学的一些理论和方法,通过系统地调查、收集与项目相关的各种社会因素和社会数据,分析项目实施过程中、项目建成后可能出现的各种社会问题,从而判断建设项目的社会可行性。目的在于保证项目顺利实施并持续发挥效益,同时通过采取措施增强项目的有利影响,减轻和消除不利影响,最终达到社会、经济的可持续发展。社会评价是项目评价的重要组成部分,它与财务评价、国民经济评价、环境评价相互补充,共同构成项目评价的方法体系。

随着社会的进步和经济的发展，对人类生存和社会发展有着重大深远影响的项目越来越多，对这些重大建设项目仅从财务、国民经济上进行评价已不能满足社会发展目标的要求，还必须从社会的贡献和影响方面进行全面分析和综合评价，才能使项目得以整体优化，提高投资效益，最终推动社会前进。

（二）社会评价的作用

（1）有利于经济发展目标与社会发展目标协调一致，防止单纯追求项目经济效益。若缺乏对拟建项目的社会评价，项目的社会问题未能在实施前得以解决，将会阻碍项目预期目标的实现。有些项目具有很好的经济效益，但可能造成严重的生态环境污染，损害当地居民的利益，并引起社会矛盾，将不利于项目的顺利实施。通过社会评价，可以考察项目的经济发展目标与社会发展目标是否协调一致，从而避免上述问题的发生。

（2）有利于项目所在地区利益协调一致，减少社会矛盾和纠纷，防止可能产生的不利社会影响和后果，促进社会稳定。建设项目在客观上一般都存在对所在地区的有利影响和不利影响，有利影响与所在地区利益相协调，对地区社会发展和人们生活水平起到促进和推动作用，不利影响则会对地区的局部利益或社会环境带来一定的损害，分析有利影响和不利影响的大小，判断有利影响和不利影响在投资效果中的分布情况，是社会评价中判断一个项目好坏的重要尺度之一。如一个水利工程项目，包括防洪、防涝、发电灌溉和水产养殖，不利影响主要就是由于库区建设而导致的人口迁移，如果迁移人口安置不当，难以适应新的生活环境，生活水平下降，可能引起移民的不满或过激行为，对当地社会稳定和项目的顺利进行都会产生不利的后果。因此，应该始终把项目建设同当地人群的生活和发展联系起来，充分估计到项目建设可能造成的不利影响，采取适当的措施，将项目建设引起的社会不利影响降到最低。

（3）有利于避免或减少项目建设和运营的社会风险，提高投资效益。项目建设和运营的社会风险是指由于在项目评价阶段忽视社会评价工作，致使项目在建设和运营过程中与当地社区发生种种矛盾，长期得不到解决，工期拖延，投资加大，经济效益低下，偏离当初拟定的预期目标。这就要求评价人员在进行社会评价时，要侧重于分析项目是否适合当地人群的文化生活需要，包括文化教育、卫生健康、宗教信仰、风俗习惯等，考察当地人群的需求状况，对项目的态度如何，是支持还是反对。分析要广泛深入实际，并提出合理的针对性建议，以减少项目的社会风险，只有消除了项目的不利影响，避免了社会风险，使项目与当地人群的需求相一致，才能保证项目的顺利实施，持续发挥项目的投资效益。

（三）建设项目的社会评价与财务评价、国民经济评价的区别

财务评价是站在企业自身的角度上，对项目的筹资、盈利性和抗风险能力，衡量和计算出一系列指标，以评价项目在财务上是否可行，是否能为企业带来利益。

国民经济评价是站在国家整体角度上考核项目的总费用和总效益。同时，使用宏观评价价格、工资、汇率及折现等通用参数，分析计算建设项目为国民经济带来的贡献，从而评价建设项目在经济上的合理性，为投资决策提供宏观上的依据。一般只有部分大型项目才要求进行国民经济评价。

社会评价着重研究项目与社会协调的问题，是以可持续发展为目标的项目评价方法。社会评价与国民经济评价、环境评价有相当大的差异。具体表现在以下五个方面：一是目标具有多元性，社会评价所涉及的社会因素复杂，因此评价指标相当多；二是评价周期长，社会评价要考察近期与远期社会发展目标，考虑的周期可能是几十年，甚至是几代人的时间；三是定量难，以定性分析为主；四是各行业、各项目差异性大，没有通用方法和统一的度量标准；五是间接效益与间接影响多。

可见社会评价与财务评价、国民经济评价都有较大差异，并非从属于国民经济评价，应将其单列一章进行阐述，但由于本书的知识框架体系是基于《工程管理专业规范》制定的，因此按该规范将社会评价归并到国民经济评价这一章当中编写。

（四）建设项目社会评价的发展历程

在 20 世纪 50 年代以前，建设项目只进行财务评价，以企业利润最大化为目标。在第二次世界大战后，西方资本主义国家普遍采纳了凯恩斯理论和福利经济学的思想，认为国家的发展应包括两个目标：一是经济的增长，二是分配公平，即效率目标与公平目标，两者合为国民福利目标。就建设项目而言，不但要追求效率，而且要注重公平，因此在对项目进行费用效益分析时引入了收入分配、就业等社会发展目标，但基本上是围绕经济发展目标进行的。

20 世纪 60 年代西方发达国家兴起了环境运动。近几十年来，工业化、现代化产生了一系列的负面后果，例如不可再生资源的过度消耗、环境污染、生态破坏等成为全球性的重大问题。人们开始关注建设项目对社会的影响以及社会条件在项目实施中的作用，尝试从社会学的角度分析项目对实现国家或地方各项社会发展目标所做的贡献和影响，以及项目与当地社会环境的相互影响。20 世纪 70 年代后，人们的发展观从"以物质为中心"开始转向"以人为中心"。此时社会评价开始从经济评价中独立出来。

到 20 世纪 90 年代中期，可持续发展观的确立进一步促进了人们对建设项目社会评价的重视。分析项目与当地的社会、人文环境之间的相互作用，预测项目实施对人民生活、社区结构、人口、收入分配、福利、健康、安全、教育、文化、娱乐、风俗习惯及社区凝聚力等方面可能产生的影响及社会问题。

进入 21 世纪，新的发展战略越来越强调以人为本的重要性，强调发展是一个多学科的、综合的、内在的、持续的过程。在这一过程中，人的参与作用构成了基本的发展活动。在新的发展战略指导下，建设项目评价中，除去物质的或经济的因素以外，必须充分考虑社会的、人文的因素，即进行项目的社会评价。

（五）建设项目社会评价的适用范围

由于项目的社会评价难度大、要求高，并且需要一定的资金和时间投入，因此不是任何项目都有必要进行社会评价。一般来说主要是针对当地居民受益较大的社会公益性项目、对人民生活影响较大的基础性项目、容易引起社会动荡的项目和国家、地区的大中型骨干项目和扶贫项目进行评价，例如水利灌溉项目、移民和非自愿移民项目、畜牧项目、渔业项目、林业项目以及大型的能源、交通、工业项目等。

在项目评价中，首先需要进行初步社会评价，根据初步评价的结果判断是否需要进行详细社会分析。需要进行详细社会分析的项目具有以下特征：①项目地区的居民无法从以往的发展项目中受益，历来处于不利地位。②地区存在比较严重的社会经济不公平等现象。③地区存在比较严重的社会问题。④地区面临大规模企业结构调整，并可能引发大规模的失业。⑤可以预见到项目会产生重大的负面影响，如非自愿移民、文物古迹的严重破坏。⑥项目活动会改变当地人口的行为方式和价值观念。⑦社区参与对项目效果可持续性和成功实施十分重要。⑧项目评价人员对项目影响群体和目标群体的需求及项目地区发展的制约因素缺乏足够的了解。

（六）我国建设项目社会评价的发展概况

相对于西方发达国家，我国在工程项目社会评价方面的研究和应用较晚。1993年，经济管理出版社出版了《投资项目社会评价方法》，这是我国第一部研究社会评价理论体系的重要成果。2001年底国家发展计划委员会正式向全国发文，推荐使用《投资项目可行性研究指南》，将社会评价作为投资项目可行性研究的组成部分。2004年，中国国际工程咨询公司编写出版了《中国投资项目社会评价指南》，这对中国大型建设项目的社会评价和决策起到了指导作用。2004年国家投资体制改革前后，项目社会评价在国内得到了快速发展，中国国际工程咨询公司开始研究如何把国外的社会影响评价引入国内项目指南。2007年，国家发展和改革委员会发布了《项目申请报告通用文本》，其中第八部分明确要求将社会评价作为企业项目申请报告的必报部分，规定机关对企业投资项目的核准必须包括社会影响分析。2011年，住房和城乡建设部发布了《市政公用设施建设项目社会评价导则》。2012年，国家发展和改革委员会出台了《重大固定资产投资项目社会稳定风险评估暂行办法》。2017年，国家质量监督检验检疫总局、国家标准化管理委员会联合发布了国家标准《标准化效益评价》，其中第2部分为社会效益评价通则。

随着社会经济的发展，社会评价已越来越受到人们的重视。三峡水利工程、南水北调工程都进行了社会评价。然而，相对于日臻成熟和完善的投资项目财务评价、国民经济评价而言，社会评价仍处于逐步规范的阶段。社会评价的理论尚不成熟，评价方法也还在探索过程中。一些项目为获得审查批准，在社会评价时并不是建立在科学客观的基础上，而是胡乱拼凑数据，或者完全遵循长官意志，任意夸大项目的社会效益。这种社会评价与真正意义上的社会评价相去甚远，根本起不到指导决策的作用。对于这些问题，一方面要对社会评价的理论和方法作更深入、更系统的研究，建立完善的评价指标体系；另一方面应加强对社会评价的重视，进一步建立健全有关的法律法规和政策，使社会评价建立在科学、客观的基础上，为决策者提供有效的决策依据。

二、建设项目社会评价的步骤与主要内容

（一）社会评价的步骤

1. 筹备社会评价小组与编制社会评价计划

社会评价一般委托独立的咨询单位或聘请有经验的专业人士承担，社会评价小组一般由5~8人组成。社会评价小组成立后的首要工作便是制订工作计划，包括小组成员的分工、进度安排、调研地点与范围的确定，以及各工作之间的协调安排。

2. 调查社会资料

调查了解项目所在地区的社会环境等方面的资料。调查的内容包括项目所在地区的人口统计资料，基础设施与服务设施状况，当地的风俗习惯、人际关系，各利益群体对项目的反应、要求与接受程度，各利益群体参与项目活动的可能性，如项目所在地区的干部、群众对参与项目活动的态度和积极性、可能参与的形式及时间，妇女在参与项目活动方面有无特殊情况。社会调查可采用多种调查方法，如文献查阅、问卷调查、现场访问、观察、开座谈会等。

3. 识别社会因素

分析社会调查获得的资料，对项目涉及的各种社会因素进行分类，可分为三类：影响人类生活和行为的因素，影响社会环境变迁的因素，影响社会稳定与发展的因素。从中识别和选择出影响项目实施和成功的主要社会因素，将其作为社会评价的重点。

4. 进行社会评价

在这个阶段首先需要根据建设项目的性质与具体情况来确定社会评价的目标、范围、指标、标准等，然后对每一个备选方案进行定量和定性的评价，就其不利因素、不良影响和存在的问题提出改进建议和解决办法，进一步补充和完善该方案。

5. 撰写社会评价报告

社会评价报告是社会评价工作成果的集中体现，是社会评价承担单位向委托单位提交的工作文件，是政府有关部门对有关建设项目进行审批核准或备案的重要依据。社会评价报告应按照有关规定进行编写。

（二）社会评价的主要内容

当前建设项目的社会评价中主要包括四个方面的内容：社会影响分析、项目与社会的互适性分析、社会风险分析、社会可持续性分析。

1. 社会影响分析

社会影响是从社会学和人类学的角度来对项目进行评价的，它以各项社会政策为基础，针对社会发展目标进行评价，从国家、地区、社区三个层次来分析项目对文化、教育、卫生、社会安全、社会结构等方面的正面影响和负面影响。主要分析的内容有：项目对所在地区居民收入的影响；项目对所在地区居民生活水平和生活质量的影响；项目对所在地区居民就业的影响；项目对所在地区不同利益相关者的影响；项目对所在地区弱势群体利益的影响，如对当地妇女、儿童、残疾人员、贫困人口、少数民族的影响；项目对所在地区文化教育卫生的影响；项目对当地基础设施、社会服务容量和城市化进程等的影响；项目对所在地区少数民族风俗习惯和宗教的影响。

2. 项目与社会的互适性分析

项目与社会的互适性分析主要分析预测项目的建设和运营能否为当地的社会环境、人文条件所接纳，以及当地政府、居民支持项目存在与发展的程度，考察项目与当地社会环境的相互适应关系。如：分析预测与项目直接相关的不同利益群体对项目建设和运营的态度，选择可以促使项目成功的各利益群体的参与方式，对可能阻碍项目存在与发展的因素提出防范措施；分析预测项目所在地区现有技术、文化状况能否适应项目建设和发展。

3. 社会风险分析

社会风险是一种导致社会冲突、危及社会稳定和社会秩序的可能性。社会风险意味着爆发社会危机的可能性，一旦这种可能性变成了现实，社会风险就转变成了社会危机，对社会稳定和社会秩序都会造成灾难性的影响。社会风险分析就是分析项目有无社会风险，严重程度如何，可以用什么措施来规避和防范这些社会风险。

4. 社会可持续性分析

项目的社会可持续性分析是对项目生命周期的总体发展的分析，包括：

（1）分析项目社会效果的可持续程度，以及实现项目社会效果可持续的必要条件。项目社会效果包括减缓贫困，促进社会公平，促进社会性别公平，促进少数民族发展，促进文化遗产保护，提高弱势群体社会保障与社会福利水平等。

（2）分析项目受益者对社会可持续性的影响，如受益者支付能力的动态变化趋势及其对建设运营的持续性影响。

（3）分析项目受损者受项目影响的程度，以及导致项目的社会可持续性所受到的影响。

三、社会评价的方法与指标体系

（一）社会评价的方法

项目社会评价涉及面较广，其评价方法主要是从定性与定量两个方面着手，目前分析方法主要包括有无对比法、专家评价法、逻辑框架法、参与式方法、综合分析评价法等。

1. 有无对比法

有无对比法是用项目实施后的情况与如无本项目时的情况相比照，以衡量项目实施所产生的效益的一种方法。运用有无对比法需要首先确定评价的基准线，即没有进行项目建设时该地区的社会状况，如社会经济、文化科技状况。其次，确定项目建设完成后该地区的社会状况，并把没有项目前的状况与项目建设完后的状况相比较来计量项目的社会效益。有无对比法的关键在于如何将非本项目所产生的效益剔除掉。需要进行社会评价的项目，一般时间周期都较长，且社会评价的范围十分广泛，在这样的时期与范围内，项目区域通常都会出现社会政策的变动、经济发展或其他项目投资建设等情况，把这些情况所带来的社会收益从待考察项目社会收益中剔除是非常困难的事情。

2. 专家评价法

专家评价法即通过专家对项目的社会影响进行评价，并形成决策的方法。专家评价法的具体形式很多，常用的有专家打分法和德尔菲法。

（1）专家打分法。专家打分法就是根据评价对象的具体情况选定评价指标，对每个指标均定出评价等级，每个等级的标准用分值表示，然后在此基础上，专家对方案进行分析和评价，确定各个指标的分值，最后求出各方案的总分值，从而得到评价结果。

（2）德尔菲法。德尔菲法是美国兰德公司于20世纪40年代开发的一种匿名的反复函询的专家征询意见法。其基本程序是：明确问题；聘请专家；设计意见征询表格；函询专家意见；反馈信息归纳、统计；如专家意见不一致则再次重复设计—函询—归纳、统计等步骤，直到专家意见收敛、基本一致。德尔菲法的主要特点是：匿名性、反复性与收敛性。其优点在于匿名可避免专家成员之间的相互影响，反复可以使各种意见得到充分的发表和论证，且经过多轮反馈，专家们意见就会趋于收敛和集中。

专家评价法最主要的局限性在于其主观性，而且在评价的过程中，评价者可能会因声誉、地位或其他原因而受到其他评价者的影响。德尔菲法虽然具有匿名性的特点，但在反馈过程之中也会一定程度上受到主观性的影响。

3. 逻辑框架法

逻辑框架法是社会评价中对项目进行全过程和全方位分析的重要工具。借助逻辑框架图中关于项目不同层次、不同阶段的描述和分析，社会评价人员可以判断项目全过程中各种因果关系和逻辑关系，并进一步判断项目面临的社会风险。在逻辑框架图中，重要外部条件是项目实现每一阶段的必要条件。如果外部条件不能实现或者满足，则项目将面临风险。在社会评价中，外部条件除了物质条件外，受影响利益群体对项目的看法、反映、要求等也构成了项目能否顺利实施、能否降低社会风险、能否与当地社会相适应的必要条件，这些必要条件是分析评价的重点。

4. 参与式方法

参与式方法是通过一系列措施促使项目的相关群体积极全面地介入项目决策、实施管理和利益分享等过程的一种方法。通过这些措施，使当地人和外来者一起对当地的社会经济、文化、自然资源进行分析评论，对所面临的问题和机遇进行分析，从而做出计划，制定行动方案并使方案付诸实施，对计划和行动做出监测评价，最终使当地人从项目的实施中得到收益。参与式方法包括参与式评价和参与式行动两个方面。

5. 综合分析评价法

综合分析评价法包括层次分析法、数据包络分析法、灰色决策法等。

(1) 层次分析法。层次分析法是其中应用得最为广泛的一种方法。其基本思想是：先按问题的要求把复杂的系统分解为各个组成因素；将这些因素按支配关系分组，建立起一个描述系统功能和特征的、有序的递阶层次结构；然后对因素之间的相对重要性按一定的比例标度进行两两比较，由此构造出上层某因素的下层相关因素的判断矩阵，以确定每一层次中各因素对上层因素的相对重要性；最后在递阶层次结构内进行合成而得到决策因素相对于目标重要性的总顺序。

(2) 数据包络分析法。数据包络分析法（DEA，data envelopment analysis）是根据多项投入指标和多项产出指标，利用线性规划的方法，对具有可比性的同类型单位进行相对有效性评价的一种数量分析方法。DEA 方法及其模型自 1978 年由美国著名运筹学家 A. Charnes 和 W. W. Cooper 提出以来，已广泛应用于不同行业及部门，并且在处理多指标投入和多指标产出方面，体现了其得天独厚的优势。其基本思路是把每一个被评价单位作为一个决策单元，再由众多决策单元构成被评价群体，通过对投入和产出比率的综合分析，以决策单元的各个投入和产出指标的权重为变量进行评价运算，确定有效生产前沿面，并根据各决策单元与有效生产前沿面的距离状况，确定各决策单元是否有效。

(3) 灰色决策法。灰色系统理论是一种研究少数据、贫信息不确定性问题的方法。灰色系统理论以"部分信息已知，部分信息未知"的"小样本""贫信息"不确定性系统为研究对象，主要通过对"部分"已知信息的生成、开发，提取有价值的信息，实现对系统运行行为、演化规律的正确描述和有效监控。灰色系统理论依据信息覆盖，通过序列算子的作用探索事物运动的现实规律，其特点是"少数据建模"。与模糊数学不同的是，灰色系统理论着重研究"外延明确，内涵不明确"的对象。

(二) 社会评价指标体系

现阶段，社会评价缺乏像财务评价与国民经济评价那样完善的、公认的指标，不同性质的项目所产生的社会效益与影响可能有很大的差异，因此需要根据项目自身特点建立与之相适应的评价指标体系，社会评价的部分指标见表 8-3。

表 8-3 社会评价的部分指标

评价内容	评价指标（定性、定量）
社会影响分析	收入变化率、人口迁移率、卫生保健率、投资就业率
项目与社会的互适性分析	与国家方针政策的符合程度、与地区发展政策的符合程度

(续)

评价内容	评价指标（定性、定量）
社会风险分析	项目建设运行对周边公众的风险、厂址周边民众的支持度、媒体与网络舆情
社会可持续性分析	项目效果的可持续性

四、社会评价报告的编制

根据建设项目的具体情况，社会评价可以作为可行性研究报告当中的一部分，也可以根据需要单独编制社会评价报告。

（一）社会评价报告的编写要求

1. 基础数据真实可靠

基础数据是评价的基础，如果基础数据错误，不管方法有多合理、指标选用多正确，也难以得出正确的评价结论，因此社会评价应尽可能全面了解项目影响区域的社会经济真实情况，需要引用的数据资料要保证引用来源可靠。

2. 分析方法选择合理

社会评价应根据项目所在地区的实际情况，科学合理地选择分析方法，通过定性分析与定量分析相结合，对未来可能的社会影响进行分析预测。

3. 评价结论明确有据

结论必须对建设项目可能造成的社会影响、所采用的减轻负面社会影响措施的可行性、合理性做出明确回答，不能模棱两可，必须以严谨客观的分析论证为依据，不能带有感情色彩。

4. 报告写作规范简洁

社会评价报告应具备客观性、科学性、逻辑性和可读性，报告写作应合理采用图表等形式使报告的论证分析过程直观明了，简化不必要的文字叙述，语言表达要准确、严谨，行文不加夸张和渲染，凡带有综合性、结论性的图表，应放到报告正文之中，对于有参考价值的图表应放到报告的附件中，以减少正文篇幅。

（二）社会评价报告的主要内容

不同的建设项目，其社会评价报告的内容有所不同，但大致应包括如下内容。

1. 前言

阐述项目概况、项目社会评价的任务与目标、社会评价依据、范围与主要内容，对社会调查过程与调查方法、已采用的社会评价方法、社会评价的工作步骤，以及社会评价机构等进行说明。

2. 社会经济基本情况与项目背景

阐述项目所在地区社会经济基本情况，包括经济、人口、资源、基础设施、机构组织等方面的阐述。对特殊群体包括妇女儿童、流动人口、贫困人口和少数民族等的基本情况进行说明。项目背景应阐述项目组成、项目受益区、影响区等，阐述城市发展规划和相关政策对项目的作用和影响。

3. 社会影响分析

分析项目对经济和社会产生的正面影响与负面影响。经济影响包括项目对区域经济、产业发展、居民收入与分配、居民就业、居民生活水平和质量、城市基础设施与社会服务等方面的影响。社会影响包括项目对社会环境与条件、文化遗产、宗教设施等方面的影响。

4. 利益相关者分析

分析主要利益相关者的诉求及其所受项目的影响，还应结合项目的具体情况对贫困人口、妇女儿童、少数民族群体和非自愿移民群体等特定利益相关者进行重点专题分析。

5. 社会互适性分析

在社会影响分析和利益相关者分析的基础上，分析项目与社会的相互适应性，包括不同利益相关者与项目的相互适应性、项目与当地组织、社会结构的相互适应性，以及项目与当地技术、文化条件等的相互适应性。

6. 社会风险分析

根据项目所处阶段，识别项目社会风险因素，在对主要社会风险分析的基础上，提出社会风险规避的措施与方案。

7. 社会可持续性分析

分析项目社会效果是否可持续及可持续的程度，分析项目的受益者和受损者对项目可持续性产生的影响。

8. 社会管理措施方案

在前述社会分析的基础上，制定社会管理措施方案，包括利益增加的措施、减缓项目负面社会影响的措施、利益相关者参与计划、社会管理措施实施计划等内容。

9. 监测评估方案

建设项目应重视对项目的实施效果及社会风险、规避措施进行实时监测评价。项目业主应根据项目的具体情况建立内部监测评价机制，对于社会风险较大的项目还应委托外部机构和专家建立外部监测评价机制。监测评估方案包括监测机构、监测步骤、监测内容、监测指标和监测报告机制等内容。

10. 主要结论及建议

社会评价报告最后应给出项目社会可行性的基本结论，并提出项目优化的合理化建议。

11. 附图、附件

社会评价报告应结合项目的具体情况，在报告正文之后提供有关的附件、附图及参考文献等，附件包括项目建议书、可行性研究报告、项目申请书等项目前期论证报告，及其审批核准的文件、社会评价调查大纲、访谈记录等，还应根据项目具体情况提供有关地图、当地社会经济统计图表等资料。

不同类型的建设项目其社会评价报告的内容有所不同，但基本应包含上述内容。对于某些性质的建设项目，还需要增加一些评价内容，如对于市政供水排水、生活垃圾处理、城市道路与桥梁、园林绿化等市政项目而言，政府是责任主体，在市政项目建设上具有双重地位和作用，因此还需要对政府公共管理职能及政府公共投资职能进行评估。

练习题

1. 什么是项目国民经济评价？为什么要进行国民经济评价？
2. 国民经济评价有何意义？
3. 国民经济评价与财务评价有什么异同？

4. 哪些项目需要进行国民经济评价？
5. 在国民经济评价中，识别费用效益的原则是什么？
6. 项目的外部效果分为哪几种类型？哪些外部效果需要列入国民经济评价的现金流量表中？
7. 在国民经济评价中有哪些资金项目不能列入费用或收益？
8. 什么是影子价格？在国民经济评价中进行价格调整的主要原因是什么？
9. 国民经济评价的盈利指标是什么？
10. 某项目进口设备的到岸价格为 16400 万日元，美元对日元的比价为 88 日元/美元，若影子汇率为 8.2 元/美元，求进口设备的到岸价格。
11. 某进口产品，其到岸价是 216 美元/t，国内运费及贸易费为 38 元/t，影子汇率为 8.2 元/美元，求该进口产品的影子价格。
12. 某项目财务评价中非技术性工种劳动力的平均工资和福利费为 1000 元/月，其影子工资换算系数为 0.6，求该项目中非技术性劳动力的影子工资。
13. 某市拍卖一宗土地，最终成交价格是 5000 万元，则该宗土地的影子价格是多少？
14. 某项目财务净现值为 1.5 亿元，经济净现值为 –1000 万元，该项目是否可行？
15. 什么是社会评价？其意义何在？
16. 社会评价与国民经济评价、财务评价有何区别？
17. 工程项目社会评价要经过哪些步骤？
18. 工程项目社会评价的主要内容有哪些？
19. 工程项目社会评价的方法与指标有哪些？
20. 社会评价报告应包括哪些主要内容？

第九章 设备更新的经济分析

**本章内容提要**

设备更新的经济分析是为了确定设备应何时和应怎样用更经济的设备来替代。本章首先介绍了设备的有形和无形磨损及综合磨损的概念、现象形式及度量方法，设备磨损的补偿方式，设备的经济寿命等四种寿命的相关概念以及设备大修的经济界限；其次重点阐述了设备原型更新和技术更新的概念、公式，并举例说明了设备更新的经济分析与评价方法；最后介绍了设备租赁的概念、形式与特点，以及租购决策分析方法。本章知识结构如图 9-1 所示。

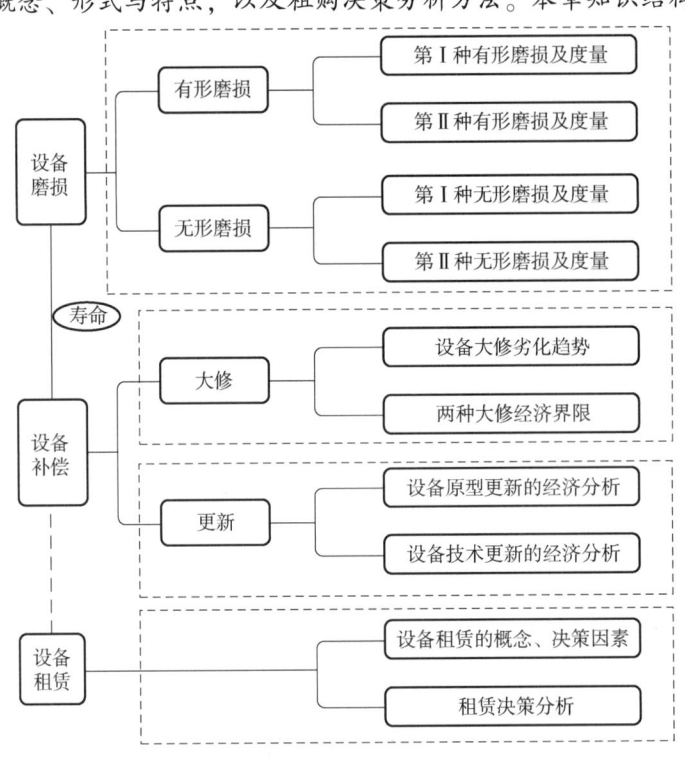

图 9-1 设备更新的经济分析知识结构

第一节 设备的磨损及补偿

一、设备更新概述

设备更新就是用经济性更好、性能更完善、技术更先进和使用效率更高的设备去更换已陈旧落后的设备，这些被更换的设备或是在技术上已经不能继续使用，或是在经济上不宜继续使用。

就实物形态而言，设备更新是用新设备替换陈旧落后的设备；就价值形态而言，设备更新是指设备在使用中由于磨损而使其价值或使用价值下降，通过更新等方式使设备的价值或功能得到恢复。设备更新的目的是为了维持或提高企业生产的现代化水平，尽快形成新的生产能力。

设备更新是补偿设备磨损的重要手段，设备更新决策对企业的劳动生产率直至经济效益有着重要的影响。过早的设备更新，会造成资产的浪费，增加投资负担；过迟的设备更新，会造成生产成本的迅速上升，可能使企业失去价格优势。因此企业在做设备更新决策前先要判断设备是否值得维修再使用，更新决策时需要判断更新的最佳时间。在更新决策中，有时还包括设备是直接购置还是租赁的分析判断。

二、设备的磨损

设备在使用（或闲置）过程中均会发生磨损，磨损可以分为两类：有形磨损和无形磨损。

（一）设备的有形磨损及度量

机器设备在使用（或闲置）过程中发生的实体磨损或损耗，称为有形磨损，也称为物质磨损或物理磨损。

设备的有形磨损可以分为第 I 种有形磨损和第 II 种有形磨损。

1. 第 I 种有形磨损

设备在使用过程中，由于外力的作用使零部件发生摩擦、振动和疲劳等现象，导致机器设备的实体发生磨损，这种磨损称为第 I 种有形磨损。它通常表现为：①机器设备零部件的原始尺寸发生改变，甚至形状也发生改变；②公差配合性质改变，精度降低；③零部件损坏。

第 I 种有形磨损一般分为三个阶段。第一阶段是新机器设备磨损较强的"初期磨损"阶段；第二阶段是磨损量较小的"正常磨损"阶段；第三阶段是磨损量增长较快的"剧烈磨损"阶段。例如，机器中的齿轮，初期磨损是由于安装不良、人员操作不熟练等造成的；正常磨损是机器处在正常工作状态下发生的，与机器开动的时间长短及负荷强度大小有关，当然也与机器设备的质量优劣有关；剧烈磨损则是正常工作条件被破坏或使用时间过长等造成的。

第 I 种有形磨损可使设备精度降低，劳动生产率下降，运行费用增加。当这种有形磨损达到比较严重的程度时，设备便不能继续正常工作甚至发生事故。

2. 第 II 种有形磨损

设备在闲置过程中，由于自然力的作用而使其丧失了工作精度和使用价值，称为第 II 种有形磨损。设备由于闲置或封存而产生的有形磨损，是由机器生锈、金属腐蚀、橡胶和塑料老化等原因造成的，时间长了可能会丧失精度和工作能力。

当设备的有形磨损达到一定程度时设备的使用价值降低，使用费用上升。要消除这种磨损，可通过修理来恢复。当磨损导致设备丧失工作能力，以致修理也无法达到原有功能状态时，则需要更新设备。

设备的磨损程度是衡量使用设备经济的基础。就机械设备而言，通常用尺寸的变化来反映零件的有形磨损量。设有 n 个零件发生了磨损，第 i 个零件的磨损程度 α_i 为：

$$\alpha_i = \frac{\delta_{pri}}{\delta_{mi}} \times 100\% \tag{9-1}$$

式中　δ_{pri}——第 i 个零件的实际磨损量；

δ_{mi}——第 i 个零件的最大允许磨损量。

显然 α_i 是一个无量纲的相对系数。对一台具体的设备来说，生产厂家通常不向用户提供某个零件的实际尺寸，它只保证这个尺寸符合图样规定的公差范围，并在出厂检验记录中提供某些装配精度和运动精度的实际数值。所以，在机械修理时若将它进行拆卸以测量其磨损程度，所比较的并非真实的初始状态，而是它的设计图样。在测量出个别零件的磨损之后，可以确定整个设备的平均磨损程度。由于并非所有的零件在设备中都扮演同等重要的角色，而且设备功能的降低也并非都源于所有零件尺寸的变化。所以，要用加权的办法来区分各个零件的磨损量和对设备功能的影响程度方面的主次轻重。设 n 个被测零件对机械功能的影响之和为100%，其中，第 i 个零件的影响程度（重要性）为 W_i，则整台机械设备的磨损度为：

$$\alpha_p = \frac{\sum \alpha_i W_i}{\sum W_i} \quad i = 1,2,\cdots,n \tag{9-2}$$

在实际使用式（9-2）时，如何确定 n？为了使估计量更符合实际，只有那些直接影响设备基本功能的零部件，才应该被视为进行估计的对象，而不能把一切磨损件不分主次全部纳入式（9-2），否则，势必使测算的工作量猛增，而且不能反映最真实的情况。设备制造厂通常要提供设备关键件清单及修理图样，或者负责设备修理的部门要事先准备好关键件清单及图样资料。

例如，要考察一台车床功能降低的状况，只能从使用它加工的工件质量和产品质量判断。于是着眼点是主轴的轴颈及轴承的磨损、床身导轨及溜板的磨损、丝杆的磨损以及尾座顶尖间隙的增大等几项，因为它们直接影响工件的质量。而对于内燃机，直接影响功率输出大小的是汽缸和活塞环的磨损量；影响燃气品质和燃料消耗的是配气机构中进、排气阀和阀座的磨损量；对于泵和风机，其主轴和轴承的磨损则将影响正常的气隙，从而导致生产率的改变。总之，在修理决策前对机械设备磨损的估计，一定要正确选择估计对象。它们绝不是应更换和修理的所有零件，而只是其中起关键作用的那一部分。

在实际分析中，常常用修理费用作为度量指标，从价值上来度量有形磨损程度。这时

$$\alpha_p = \frac{R}{K_1} \tag{9-3}$$

式中　R——补偿设备磨损（包括装拆）所需的修理费；

K_1——在确定机械设备磨损时，该种设备再生产（或再购）的价值。

α_p 应小于1。若 $\alpha_p \geq 1$，则此设备已无修理的必要，可用买新换旧的方法来解决问题。

（二）设备的无形磨损及度量

设备的无形磨损是指由于科学技术进步而不断出现性能更加完善、生产效率更高的设备，使原有设备的价值降低，或者是生产同样结构设备的价值不断降低，使原有设备贬值。无形磨损也称经济磨损或精神磨损。

无形磨损也有第Ⅰ种无形磨损和第Ⅱ种无形磨损两种形式。

1. 第Ⅰ种无形磨损

由于相同结构设备再生产价值的降低而产生原有设备价值的降低，称为第Ⅰ种无形磨损。第Ⅰ种无形磨损不改变设备的结构性能，但由于技术的进步、工艺的改善、成本的降低、劳动生产率的不断提高，使生产这种设备的劳动耗费相应降低，从而使原有设备贬值。但设备的使用价值并未降低，设备的功能并未改变，不需要提前更换设备。

2. 第Ⅱ种无形磨损

由于不断出现技术上更加完善、经济上更加合理的设备，使原设备显得陈旧落后，因此产生的经济磨损，称为第Ⅱ种无形磨损。第Ⅱ种无形磨损的出现，不仅使原设备相对贬值，而且使用价值也受到严重的冲击。如果持续使用原设备，会相对降低经济效益，这就需要用技术更先进的设备来代替原有设备。所以是否更换，取决于是否有更新的设备及原设备贬值的程度。

无形磨损的程度用设备的价值降低系数 α_I 来表示

$$\alpha_I = \frac{K_0 - K_1}{K_0} \tag{9-4}$$

式中 K_0——设备的原始价值（购置价格）；

K_1——考虑无形磨损时，设备的再生产（再购）价值。

（三）设备的综合磨损及度量

设备在购置安装后，不论使用与否，同时存在着有形磨损和无形磨损，两者都使它的价值降低。以上各式计算出的磨损程度都是一些百分数，所以设备有形磨损后的残余价值系数为 $1 - \alpha_p$，设备无形磨损后的残余价值系数为 $(1 - \alpha_I)$，因此考虑两类磨损后，设备的残余价值系数为 $(1 - \alpha_p)(1 - \alpha_I)$。

由此，机器设备在某个时刻的综合磨损程度为：

$$\alpha = 1 - (1 - \alpha_p)(1 - \alpha_I) \tag{9-5}$$

设 K_L 为设备的残值，也就是在经历有形磨损和无形磨损后的残余价值，这是决定设备是否值得修理的重要依据：

$$K_L = (1 - \alpha) K_0 \tag{9-6}$$

将式（9-3）、式（9-4）、式（9-5）代入式（9-6），得

$$K_L = K_1 - R \tag{9-7}$$

即设备残值等于再生产的价值减去修理费用。由此，可以判断：

(1) 当 $K_1 > R$ 时，$K_L > 0$，设备还有价值；

(2) $K_1 = R$ 时，$K_L = 0$，设备已无价值；

(3) $K_1 < R$ 时，$K_L < 0$，设备不再具有修理的意义。

【例9-1】 某种设备的购置价格为8万元，目前需要处理。恢复全部磨损零件所需的维修费用是0.5万元，已知该设备目前再生产价值为5万元，问该设备的综合磨损程度 α 是多少？

解： 有形磨损程度为 $R/K_1 = 0.5/5 = 0.1$

无形磨损程度为 $(K_0 - K_1)/K_0 = (8 - 5)/8 = 0.375$

综合磨损为 $\alpha = 1 - (1 - 0.1)(1 - 0.375) = 0.4375$

三、设备磨损的补偿方式

不论使用或闲置,设备系统各组成单元的有形磨损都是不均匀的。有人为因素和非人为因素。人为因素是,对于可维修的设备系统,在设计过程中有意识地按不相等的可靠性进行分配,结果一些组成单元的可靠性较大,另一些较小,以此来减少修理工作量,并充分利用贵重组成单元的残值。非人为因素是各组成单元发生磨损和故障的随机性。尽管可靠度相同,但毕竟只是个概率。预期的事件可能发生,也可能不发生。所以,期望在某个时刻组成设备系统的各单元都有相同的有形磨损是不可能的。至于无形磨损一般是从整机的价值浮动上来考察才有意义。但现代机械制造的分工,使此设备的子系统(如部件、零件、机构)可以单独作为商品来生产,也可以单独考核其功能和价值,这时也存在组成单元无形磨损的不均匀性问题。

对设备磨损的补偿是为了恢复或提高设备系统组成单元的功能。如上所述,由于耗损不均匀,必须将各组成单元区别对待。一些有形磨损是可消除的,如零部件的弹性变形,可以在拆卸后进行校正;在使用中逐渐丧失的硬度,可用热处理的办法恢复它;表面光洁度的丧失,可以重新加工等。但有些有形磨损则不能消除,如零件断裂、材料老化等。而对无形磨损的补偿,只有在采取措施改善设备技术性能,提高其生产工艺的先进性等后才能实现。

这样,就有了针对不同磨损程度的设备组成单元的补偿对策:对于可消除的有形磨损,通过修理来恢复其功能;对于不可消除的有形磨损,修理已无意义,必须更新才能进行补偿;对于第Ⅱ种无形磨损,因为它是科学技术进步产生了相同功能的新型设备所致,要全部或部分补偿这种差距,只有对原设备进行技术改造,即现代化改装或技术更新。

如图9-2所示,设备磨损的补偿方式有修理、更新和现代化改装三种方式。通常采用经济评价方法来决定采用何种补偿方式。一个设备系统、一台设备,在确定其磨损的补偿方式时有多种,不必拘泥于形式上的统一。所以,这就出现了设备维修的多样性和复杂性。在技术上和生产组织上,设备维修始终是设备管理中工作量最大、内容最繁杂的工作,以至于人们力图探索一条新途径,在现代科学技术的基础上实行大规模的标准化生产,尽可能地降低设备及其零部件的成本,使更新的费用低于维修费,这就是无维修设计。可是无维修设计至今只能用于低值易耗的设备或零部件,面对技术密集,资金密集的设备仍不能避免维修环节。生产技术越向大型、复杂、精密的高级形式发展,设备的价值含量也就越大。相应地,维修费占生产总成本的比重不是降低而是增加了。

对应于各种修理方式,在对一台设备或一个设备系统进行修理时,可把它的零部件区分为如下四种。①留用件:未发生磨损或虽发生磨损但仍能实现其功能的零部件。②修理件:用修理方式进行补偿,全部或局部恢复其功能的零部件。③更换件:用更换的方式进行补偿,全部恢复其功能的零部件。④用技术改造方式进行补偿,提高其功能的新制零部件。

四、设备的寿命

由于磨损的存在,设备的使用价值和经济价值逐渐消失,因而设备具有一定的寿命。设备的寿命是指设备从投入使用开始,由于磨损,直到设备在技术上或经济上不宜使用为止的时间。由于研究角度不同,设备寿命有几种不同的形态,其含义也不同。工程运用中设备的寿命有四种。

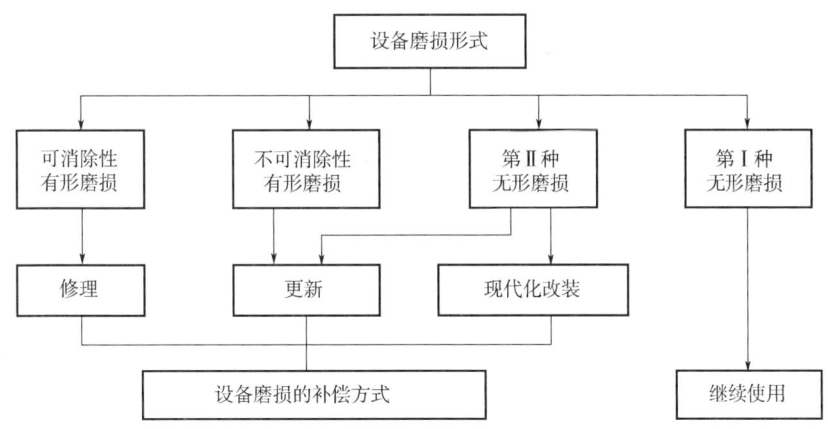

图 9-2 设备磨损与补偿的相互关系

（一）物理寿命

物理寿命也称自然寿命，是由有形磨损所决定的设备的使用寿命，是指一台设备从全新的状态开始使用，产生有形磨损，造成设备逐渐老化、损坏，直至报废所经历的全部时间。正确使用、维护保养、计划检修可以延长设备的物理寿命，但不能从根本上避免其磨损。任何一台设备磨损到一定程度时，都必须进行修理或更新。

（二）技术寿命

由于科学技术的迅速发展，不断出现比现有技术更先进、经济性能更好的新型设备，从而使现有设备在物质寿命尚未结束前就被淘汰。技术寿命是指一台设备可能在市场上维持其价值的时间，也就是说一台设备开始使用到由于技术落后被淘汰为止所经历的时间，又称为设备的技术老化周期。技术寿命的长短，主要取决于技术进步的速度，而与有形磨损关系不大。通过现代化改装，可以延长设备的技术寿命。

（三）经济寿命

当设备处于自然寿命后期，由于设备老化、磨损严重，要花费大量的维修费用才能保证设备正常使用，因此从经济上考虑要对使用费用加以限制，从而终止自然寿命，这便产生了经济寿命的概念。设备的经济寿命是根据设备使用成本最低的原则来确定的。所谓经济寿命是指从设备开始使用到其年平均成本最低的年份所延续的时间长短。经济寿命既考虑了有形磨损，又考虑了无形磨损，它是确定设备合理更新期的依据。一般来说经济寿命短于物理寿命。

（四）折旧寿命

设备的投资通常是通过折旧的方式逐年回收的。所谓折旧寿命是指设备开始使用到其投资通过折旧的方式全部收回所延续的时间。

第二节 设备大修理的经济分析

一、设备大修理概述

在设备的实际使用中，一般把为了保持设备在寿命期内的完好使用状态而进行的局部修复或更换工作称为修理或维修。按其实际发生的费用和修理的性质可以将修理工作分为日常维护、小修理、中修理和大修理。其中大修理是维修工作中规模最大、所需费用最多的一种设备磨损补偿方式,因此对设备的修理工作的经济性分析,主要是针对设备大修理而言。设备大修理是对发生磨损的设备,采用较大范围或规模的调整、修复或更换已经磨损的零部件的方法,来恢复或基本恢复设备局部丧失的生产能力。它是补偿设备有形磨损的方法之一。

尽管经过大修理的设备基本能够达到原设计性能并满足生产需要,但是实践中,大修理过的设备无论从精确度、运行速度、故障率等技术方面,还是生产率、有效运行时间等经济角度,与同类型的新设备相比都要逊色不少,其综合性能都有不同程度的降低。设备每大修理达到一次,恢复的性能标准总是要比新设备或前一次修理后达到的性能标准降低一定水平;当修理达到一定的次数后,其综合性能指标特别是经济性能指标再也无法达到继续使用的要求或超出了一定的经济界限,就不应该再修理了。如图9-3所示,A点表示新设备的标准性能,在使用中设备的性能会沿着AB_1线所表示的趋势下降,根据情况在使用了t_1时间后需要第一次大修理;修理后恢复的性能为B点所表示的性能水平,由图可知,B点的性能水平比A点所表示的新设备的性能标准要下降了一些。自B点开始进入第二个使用周期,其性能又继续劣化。当下降至C_1点时又需要大修理,修理后恢复的性能水平为C点所表示的性能水平,又要比B点所示的性能水平下降了一些。如此循环,假设F点代表的性能水平为维持设备运转所需要的最低界限,则设备的劣化趋势超过这个界限就表示没有修理的必要了。图中A、B、C、D、E、F各点连接起来形成的曲线就表示了设备在使用过程中综合劣化的趋势。

同时,大修理的周期会随着设备使用时间的延长而越来越短,即大修理的间隔时间呈现边际递减的现象。如图9-3所示,$t_1 - 0 > t_2 - t_1$。由于大修理是需要花费较大费用的,既然修理的间隔时间越来越短,那么设备每年分摊的修理费就越来越多,从而大修理的经济性逐步降低。由此可知,设备的大修理不是无休止的,需要分析其经济界限。

一般来说,采用大修理的方法来恢复设备原有功能要比制造新设备来得快,还可以继续利用大量被保留下来的零部件,因而节约大量原材料和加工工时,这些都是保证设备修理的经济性的有利条件。但是,设备是否值得大修理,取决于其经济性,即是否超出其经济界限。

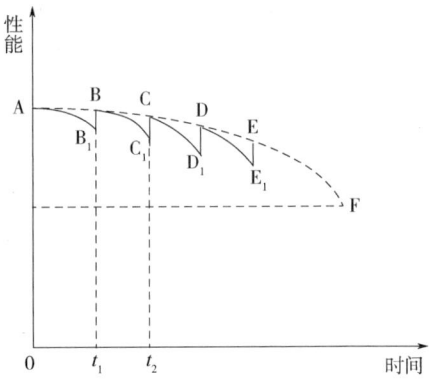

图9-3 设备大修理后的经济界限

二、设备大修理的经济界限

(一) 设备大修理的经济界限 I

从理论上讲,对设备进行大修理的经济界限可用式(9-8)进行判断:

$$R \leq K_j - L_j \tag{9-8}$$

式中 R——某次大修理的费用;

K_j——设备第 j 次大修理时该种设备的再生产价值(即在大修理年份购买相同设备的市场价);

L_j——设备第 j 次大修理时的残值。

由式（9-8）可知，当大修理费小于或等于设备现价（新设备费）与设备残值的差，则大修理在经济上是合理的，否则，宁愿去购买新设备也不进行大修理。

应注意的是，利用式（9-8）进行判断时要求大修理后的设备在技术性能上与同种新设备的性能大致相同时，才能成立，否则不如把旧设备卖掉，购置新设备使用。

设备磨损后，虽然可以用大修理来进行补偿，但是也不能无休止地一修再修，应有其技术经济界限。在下列情况下，设备必须进行更新：①设备役龄长，精度丧失，结构陈旧，技术老化，无修理或改造价值；②设备先天不足，粗制滥造，生产效率低，不能满足产品工艺要求，并且很难修好；③设备技术落后，工人劳动强度大、影响人身安全；④设备有严重"四漏"（漏油、漏电、漏气、漏水）之一者，能耗高，污染环境；⑤一般经过三次大修理，再修理也难以恢复出厂精度和生产效率，且大修理费用超过设备原值的60%以上。

（二）设备大修理的经济界限 Ⅱ

设备大修理的经济界限如何，不能仅从大修理费用与设备价值之间的关系来判断，还必须与生产成本联系起来，其评价标准是，在大修理后使用该设备生产的单位产品的成本，应该不超过用相同的新设备生产的单位产品的成本，这样的大修理在经济上才是合理的。事实上，这是更为重要的设备大修理的经济界限。

设备大修理的经济效果，可用式（9-9）或式（9-10）表示：

$$I_j = \frac{C_j}{C_0} \leq 1 \tag{9-9}$$

或

$$\Delta C_j = C_0 - C_j \geq 0 \tag{9-10}$$

式中 I_j——第 j 次大修理后的设备与新设备加工单位产品成本的比值；

C_j——在第 j 次大修理后的设备上加工单位产品的成本；

C_0——在新设备上加工单位产品的成本；

ΔC_j——在新设备与第 j 次大修理后的设备上加工单位产品成本的差额。

由式（9-9）和式（9-10）可知，只有当 $I_j \leq 1$ 或 $\Delta C_j \geq 0$ 时，设备的大修理在经济上才是合理的。

第三节　设备更新的经济分析

设备更新有原型更新和技术更新两种形式。原型更新又称简单更新，即用同型号的新设备来代替磨损严重不能使用的旧设备。技术更新是以结构更先进、技术更完善、性能更可靠、生产效率更高、产品质量更好、产品成本更低的新设备代替旧设备，这种更新主要用来更换遭到第Ⅱ种无形磨损，在经济上不宜继续使用的设备。

设备更新的经济分析就是计算设备的经济寿命。设备经济寿命是从经济角度分析设备使用的最合理期限。计算设备的经济寿命可以从设备运行过程中发生的费用入手，分析其变化规律。一台设备在整个寿命期内发生的费用主要有两项：①设备购置费。是指购置新设备时投入的费用，包括设备购价、运输费和安装调试费等。该费用与设备的使用年限有关，使用时间超长，平均分摊到各年的年均资产消耗成本越低。②设备运行费用（成本）。是指设备在使用过程中发生的费用，包括维修保养费（保养费、修理费、停工损失费等）和运行费（人工、燃料、动力等）。由于设备劣化趋势，设备的年运行成本是逐年增加的。

如图 9-4 所示，设备年资产消耗成本随使用年限增加而降低，设备年运行成本随时间而增加，两者的和即设备的年平均总成本先下降到一定时间后上升。在 N_0 年时，年平均总成本为最低值，N_0 即为设备的经济寿命。当设备的使用年限低于其经济寿命时，其年平均总成本是下降的；使用年限超过设备经济寿命时，设备的年平均总成本又将上升，所以设备使用到其经济寿命时进行更新是最为经济的。

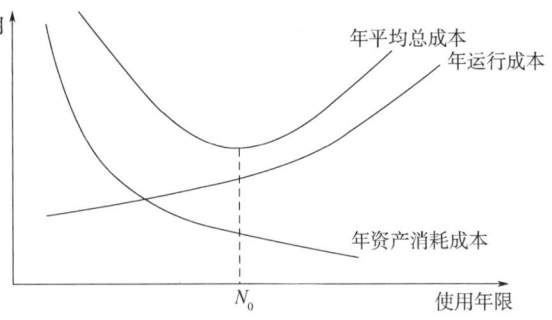

图 9-4 设备经济寿命示意图

一、设备原型更新的经济分析

当设备在其整个使用期内并不过时，即在一定时期内还没有更先进的设备出现，不存在第 Ⅱ 种无形磨损。但是设备在使用中，仍然存在着有形磨损，如设备由于性能低劣化速度越来越快，大修理费用和设备运行费用不断增加，达到一定程度后，用新的原型设备更换在经济上更合算。这就是设备原型更新的问题。其基本分析方法就是通过分析设备的经济寿命来进行更新决策。

（一）低劣化数值法

设备投入使用之后，使用时间越长，设备的有形磨损越大，其维护修理费用及燃料、动力消耗等运行费用越高，称为设备的低劣化。

以 K_0 代表设备的原始价值，T 代表已使用的年数，L_T 代表设备已使用 T 年后的残值。则每年的设备平均分摊费为 $(K_0 - L_T)/T$。随着 T 的增长，按年平均的设备分摊费用不断减少。若设备的低劣化呈线性变化，例如，运行费用按等差序列逐年递增，设备运行费用的低劣化程度用低劣化值 λ 来表示，即设初始运行费用为 C_1，则第 2 年的运行费用为 $C_1 + \lambda$，第 3 年的运行费用为 $C_1 + 2\lambda$，第 T 年的运行费用为 $C_1 + (T-1)\lambda$。则年平均运行费用为：

$$\frac{C_1 + (C_1 + \lambda) + (C_1 + 2\lambda) + \cdots + [C_1 + (T-1)\lambda]}{T} = C_1 + \frac{T-1}{2}\lambda$$

故设备的年平均总费用 $\overline{C_T}$ 为：

$$\overline{C_T} = C_1 + \frac{T-1}{2}\lambda + \frac{K_0 - L_T}{T} \tag{9-11}$$

为求解使 $\overline{C_T}$ 最小的设备使用年数 T^*，令

$$\frac{d(\overline{C_T})}{dT} = 0$$

可以得到设备的最佳更新期（即经济寿命）：

$$T^* = \sqrt{\frac{2(K_0 - L_T)}{\lambda}} \tag{9-12}$$

【例 9-2】 某设备的原始价值为 8000 元，初始运行费用为 400 元，每年低劣化增加值为 320

元，残值为零。求解最佳更新期。

解：(1) 直接利用公式计算。

$$T^* = \sqrt{\frac{2 \times 8000}{320}} \approx 7 \text{（年）}$$

即设备的最佳更新期为 7 年。

(2) 逐年计算。首先算出逐年的设备费用，然后计算每年的平均低劣化值，最后算出年平均总费用，见表 9-1。

表 9-1 低劣化数值法条件下的设备更新分析表 （单位：元）

使用年限 T	年平均设备费用 $(K_0 - L_T)/T$	年平均运行费用 $C_1 + \lambda(T-1)/2$	年平均总费用 $\overline{C_T}$
1	8000	400	8400
2	4000	560	4560
3	2667	720	4387
4	2000	880	2880
5	1600	1040	2640
6	1333	1200	2533
7	1143	1360	2503
8	1000	1520	2520
9	889	1680	2569

由表 9-1 中计算可知，使用到第 7 年，年平均总费用 2503 元为最低值，故设备的最佳更新期为 7 年，若继续使用，设备的平均总费用就会增加。

（二）经济寿命法

通常设备的低劣化不是线性的，而且设备的残值也是随着使用年限的增加而减少的，低劣化数值法确定的经济寿命与实际更新期有更大出入。为了解决这一问题，可以通过计算设备在整个使用期内各年的平均费用，从中选出平均费用最小的一年，从而计算出设备的经济寿命。

（1）不考虑资金的时间价值，年平均总费用法的计算公式为：

$$\overline{C_T} = \frac{\sum_{t=1}^{T} C_{pt} + (K_0 - L_T)}{T} \qquad T = 1, 2, \cdots, n \qquad (9-13)$$

式中 $\overline{C_T}$——设备使用期内第 T 年的平均总费用；

C_{pt}——某年的运行费用；

L_T——为第 T 年设备的残值。

（2）考虑资金的时间价值，年平均费用的计算公式与前面章节介绍的费用年值的计算公式是一致的，如下所示：

$$AC_T = \left[K_0 - L_T(P/F, i, T) + \sum_{t=1}^{T} C_{pt}(P/F, i, t)\right](A/P, i, T) \qquad (9-14)$$

【例 9-3】 某设备 K_0 为 16000 元，其各年设备残值及运行费用见表 9-2，试求设备静态和动态的合理更新期。设基准收益率为 10%。

表 9-2　资料表　　　　　　　　　　　　　　　　　　　　　　　　（单位：元）

已使用年限	1	2	3	4	5	6	7
年运行费 C_p	2000	2500	3500	4500	5500	7000	9000
设备残值 L_T	10000	6000	4500	3500	2500	1500	1000

解：(1) 不考虑资金的时间价值，根据式（9-13）计算结果见表9-3。

表 9-3　经济寿命法（静态）最优更新期计算表　　　　　　　　　　（单位：元）

已使用年限 T	累计运行费 $\sum C_{pt}$	设备费用 $K_0 - T_0$	总使用费用	年平均总费用 $\overline{C_T}$
1	2000	6000	8000	8000
2	4500	10000	14500	7250
3	8000	11500	19500	6500
4	12500	12500	25000	6250
5	18000	13500	31500	6300
6	25000	14500	39500	6583
7	34000	15000	49000	7000

计算示例：

$$\overline{C_4} = \frac{\sum_{t=1}^{4} C_{pt} + (K_0 - L_4)}{T} = \frac{12500 + 12500}{4} = 6250(元)$$

由计算可知，该设备使用到第 4 年时年平均总费用为 6250 元，是年平均总费用的最小值，所以设备使用 4 年后若继续使用该设备，年平均总费用会递增，则该设备的合理更新期为使用 4 年后更新。

(3) 考虑资金的时间价值（设基准收益率为 10%），根据式（9-14）计算，结果见表 9-4。

计算示例：

$AC_4 = [16000 - 35000 \times 0.683 + (2000 \times 0.909 + 2500 \times 0.826 + 3500 \times 0.751 + 4500 \times 0.683)] \times 0.315$

$= 7306$（元）

由表 9-4 可知，在考虑资金时间价值的情况下，该设备使用到第 5 年时年平均总费用为 7247 元，是年平均总费用的最小值，所以设备使用 5 年后若继续使用该设备，年平均总费用会递增，则该设备的合理更新期为使用 5 年后更新。

表 9-4　经济寿命法（动态）最优更新期计算表　　　　　　　　　　（单位：元）

已使用年限 T	设备原值 K_0	设备残值的折现值 $L_T(P/F, 10\%, T)$	累计的运行费折现值 $\sum_{t=1}^{T} C_{pt}(P/F, i, t)$	年平均总费用 AC_T
1	16000	9091	1818	9601
2	16000	4956	3883	8598
3	16000	3380	6512	7691

(续)

已使用年限 T	设备原值 K_0	设备残值的折现值 $L_T(P/F, 10\%, T)$	累计的运行费折现值 $\sum_{t=1}^{T} C_{pt}(P/F, i, t)$	年平均总费用 AC_T
4	16000	2391	9586	7306
5	16000	1553	13002	7247
6	16000	848	16957	7385
7	16000	513	21574	7598

二、设备的技术更新的经济分析

在技术不断进步的条件下，多数情况是设备使用一段时间后由于第Ⅱ种无形磨损的作用，原有的设备显得陈旧落后，已经出现了生产效率更高和经济效益更好的新型设备。这种情况下需要比较继续使用旧设备和马上购置新设备哪一种方案在经济上更合理。

（一）差额投资回收期法

继续使用旧设备，可能面临要进行设备的大修理或技术改造。在实际分析中可以用差额投资回收期法来判断购置新设备多出的投资是否值得。

在一般情况下，设备大修理、技术改造（或现代化改装）与购置新设备的关系为：

$$K_r < K_m < K_n$$
$$C_r < C_m < C_n$$
$$Q_r < Q_m < Q_n$$

式中　K_r、K_m、K_n——设备大修理、技术改造和购置新设备所需投资；
　　　C_r、C_m、C_n——设备大修理、技术改造和购置新设备后的年总生产成本；
　　　Q_r、Q_m、Q_n——设备大修理、技术改造和购置新设备后的年总生产量。

因此，在考虑设备更新方案时，可能会出现以下一些情况：

（1）当 $\dfrac{K_r}{Q_r} > \dfrac{K_m}{Q_m}$，且 $\dfrac{C_r}{Q_r} > \dfrac{C_m}{Q_m}$ 时，即单位产量所需要的大修理费比单位产量所需要的技术改造费要多，且大修理后单位产品成本比技术改造后的单位产品成本也要高，毫无疑问，大修理是不可取的，应该进行技术改造。

（2）当 $\dfrac{K_r}{Q_r} < \dfrac{K_m}{Q_m}$，且 $\dfrac{C_r}{Q_r} > \dfrac{C_m}{Q_m}$ 时，即单位产量所需要的大修理费比单位产量所需要的技术改造费要少，但是大修理后单位产品成本比技术改造后的单位产品成本要高，则可以用差额投资回收期法进行决策。

$$P_a = \dfrac{\dfrac{K_m}{Q_m} - \dfrac{K_r}{Q_r}}{\dfrac{C_r}{Q_r} - \dfrac{C_m}{Q_m}} \tag{9-15}$$

（3）当 $\dfrac{K_m}{Q_m} > \dfrac{K_n}{Q_n}$，且 $\dfrac{C_m}{Q_m} > \dfrac{C_n}{Q_n}$ 时，即单位产量所需要的技术改造费比单位产量所需要的新设备购置费要多，且技术改造后单位产品成本比使用新设备后的单位产品成本也要高，毫无疑问,技术改造是不可取的,应该更新设备。

(4) 当 $\frac{K_m}{Q_m} < \frac{K_n}{Q_n}$,且 $\frac{C_m}{Q_m} > \frac{C_n}{Q_n}$ 时,即单位产量所需要的技术改造费比单位产量所需要的新设备购置费要少,但是技术改造后单位产品成本比使用新设备后的单位产品成本要高,同样用差额投资回收期法进行决策。

$$P_a = \frac{\frac{K_n}{Q_n} - \frac{K_m}{Q_m}}{\frac{C_m}{Q_m} - \frac{C_n}{Q_n}} \tag{9-16}$$

(二)费用年值法

费用年值法是指在考虑资金的时间价值的条件下,通过分别计算原有旧设备和备选新设备对应于各自的经济寿命期内的不同时点发生的所有费用的等额支付序列的年"平均"费用,并进行比较;如果使用新设备的费用年值小于继续使用旧设备的费用年值,则应当立即进行更换,否则将继续使用旧设备。

运用费用年值法对出现新型设备的更新决策,要解决两个问题:一是旧设备是否值得更新;另一个是如果旧设备需要更新,何时更新。分析的具体步骤如下:

(1) 计算新设备在其经济寿命条件下的费用年值。新设备的费用年值的计算就是将其经济寿命期内所发生的投资和各年的运行费用换算成与其等值的等额支付序列的年值。当然要将设备的残值扣除。其计算公式同前面介绍的费用年值公式一样。

(2) 计算旧设备在继续使用条件下的费用年值。这时考虑的时间是旧设备还剩余的经济寿命,将其在决策点的设备残值视为设备在那时点的投资,计算时仍然要扣除无法再使用时的残值。一般情况下,其运行费用是逐年递增的。

(3) 新、旧设备费用年值的比较。如果旧设备的费用年值小于新设备的费用年值,就无须更新,继续使用旧设备直至其经济寿命;如果新设备的费用年值小于旧设备的费用年值,就需要进一步判断何时更新。

(4) 假设旧设备继续使用 1 年,计算这时的费用年值并与新设备的费用年值比较,如果其值小,则保留并继续使用旧设备,否则淘汰并更新为新设备。

(5) 当旧设备处于继续保留使用的情况下,计算保留 2 年的费用年值,并与新设备的费用年值进行比较,比较原则同第 4 步,如此循环直至旧设备被更新淘汰。

【例9-4】 某设备目前的净残值为 8000 元,还能继续使用 4 年,保留使用的情况见表 9-5。新设备的原始费用为 35000 元,经济寿命为 10 年,第 10 年年末的净残值为 4000 元,平均年使用费为 500 元,基准折现率是 12%,问旧设备是否需要更换,如需更换,何时更换为宜?

表 9-5 资料表 (单位:元)

保留使用年限	0	1	2	3	4
年末设备净残值	8000	6500	5000	3500	2000
年运行费用	—	3000	4000	5000	6000

解:(1)先判断是否需要更换。

继续使用旧设备的情况:

$$AC_O = [8000 - 2000(P/F, 12\%, 4) + 3000(P/F, 12\%, 1) + 4000(P/F, 12\%, 2) +$$
$$5000(P/F, 12\%, 3) + 6000(P/F, 12\%, 4)](A/P, 12\%, 4)$$
$$= 6574.23 \text{（元）}$$

更新设备的情况：

$$AC_N = [35000 - 4000(P/F, 12\%, 10)](A/P, 12\%, 10) + 500$$
$$= (35000 - 4000 \times 0.322) \times 0.17698 + 500$$
$$= 6466.35 \text{（元）}$$

由计算可知，$AC_N < AC_O$，所以应该更换旧设备，使用新设备，但什么时间更换更合理，还要通过下面的计算来判断。

（2）判断何时更换为宜。

1）保留1年。

$$AC_O(1) = [8000 - 6500(P/F, 12\%, 1) + 3000(P/F, 12\%, 1)](A/P, 12\%, 4)$$
$$= 8000 \times 1.12 - 6500 + 3000 = 5460 \text{（元）}$$

$AC_N > AC_O(1)$，则保留1年使用是合适的。

2）保留2年，即继续使用2年后更换。

$$AC_O(2) = [8000 - 5000(P/F, 12\%, 2)](A/P, 12\%, 2) + [3000(P/F, 12\%, 1) +$$
$$4000(P/F, 12\%, 2)](A/P, 12\%, 2)$$
$$= 5846.88 \text{（元）}$$

$AC_N > AC_O(2)$，则保留使用2年是合适的。

3）保留3年，即继续使用3年后更换。

$$AC_O(3) = [8000 - 3500(P/F, 12\%, 3)](A/P, 12\%, 3) + [3000(P/F, 12\%, 1) +$$
$$4000(P/F, 12\%, 2) + 5000(P/F, 12\%, 3)](A/P, 12\%, 3)$$
$$= 6218.27 \text{（元）}$$

$AC_N > AC_O(3)$，则保留使用3年是合适的。

4）保留4年。

$$AC_O(4) = [8000 - 2000(P/F, 12\%, 4) + 3000(P/F, 12\%, 1)](A/P, 12\%, 4) +$$
$$[4000(P/F, 12\%, 2) + 5000(P/F, 12\%, 3) + 6000(P/F, 12\%, 4)](A/P, 12\%, 4)$$
$$= 6574.23 \text{（元）}$$

$AC_N < AC_O(4)$，故保留使用3年后就应该更换，如果旧设备使用4年的话，其年均费用要比使用新设备高。

三、设备更新的案例分析

（一）单一更新问题

【例9-5】 某城市的市政公用局正在研究如何解决该市自来水管网渗水问题，其中方案之一是给现有的无衬套的水管加衬套。新的塑料衬套将花费1.7亿元，年维修费第1年为100万元，以后每年将增加120万元，衬套的使用寿命为25年，采用平均年限法折旧，无残值，衬套的安装时间忽略不计。现有的管网还能以目前无衬套的状态持续20年，但是每年的水资源损失会增加，接下来的年水资源损失估计为1000万元，以后每年增加损失300万元，即第2年水资源损失为1300万元，第3年损失为1600万元，依次类推。基准折现率为8%。试分析是否值得在自来水管网上加衬套？如果可行，什么时间安装更合理？

解：（1）讨论是否值得加装衬套，即分别计算加装衬套和继续维持现状的费用年值。

1）加装衬套。

$$AC_1 = 17000(A/P, 8\%, 25) + 100 + 120(A/G, 8\%, 25)$$
$$= 17000 \times 0.0937 + 100 + 120 \times 8.2254 = 1791.6（万元）$$

2）不加装衬套。

$$AC_2 = 1000 + 300(A/G, 8\%, 20) = 1000 + 300 \times 7.0369 = 3111.1（万元）$$

$AC_1 < AC_2$，值得加装衬套。

（2）分析何时加装合理。

$AC_2(1) = 1000（万元）$

$AC_2(2) = 1000 + 300(A/G, 8\%, 2) = 1144.2（万元）$

$AC_2(3) = 1000 + 300(A/G, 8\%, 3) = 1284.6（万元）$

$AC_2(4) = 1000 + 300(A/G, 8\%, 4) = 1421.2（万元）$

$AC_2(5) = 1000 + 300(A/G, 8\%, 5) = 1554.0（万元）$

$AC_2(6) = 1000 + 300(A/G, 8\%, 6) = 1682.9（万元）$

$AC_2(7) = 1000 + 300(A/G, 8\%, 7) = 1808.1（万元）$

$AC_1 < AC_2(7)$，即现有的自来水管网维持现状继续使用6年后再加装衬套，从经济上来说是比较合适的选择。

（二）多层次更新问题

【例9-6】 某设备现有净值为3000元，可继续使用3年，届时残值为0，且3年中各年维持费用分别为1200元、1800元、2500元。现在考虑对该设备采取更新措施，提出大修理、现代化改装和更换三种方案，具体数据见表9-6。问该设备是否值得采取如下更新措施，若应该更新，在尚须持续3、4、5、6年时，各应选择哪种方案。基准折现率为10%。

表9-6 某设备的费用及残值 （单位：元）

更新方式	投资	λ	C_1	L_T					
				1	2	3	4	5	6
大修	5000	250	500	6000	5000	4000	3000	2000	1000
改装	7300	120	360	7000	6000	5000	4000	3000	2000
更换	15650	80	320	8000	7000	6000	5000	4000	3000

解：（1）先判断是否值得采取更新措施。

1）继续使用旧设备的情况。

$$AC_0 = [3000 + 1200(P/F, 10\%, 1) + 1800(P/F, 10\%, 2) + 2500(P/F, 10\%, 3)](A/P, 10\%, 3)$$
$$= 2998（元）$$

2）大修理的情况。

$$AC_1 = [8000 - 1000(P/F, 10\%, 6)](A/P, 10\%, 6) + 500 + 250(A/G, 10\%, 6)$$
$$= 2763（元）$$

3）改装的情况。

$$AC_2 = [10300 - 2000(P/F,10\%,6)](A/P,10\%,6) + 360 + 120(A/G,10\%,6)$$
$$= 2733 \text{（元）}$$

4）更换新设备的情况。

$$AC_3 = [15650 - 3000 - 3000(P/F,10\%,6)](A/P,10\%,6) + 320 + 80(A/G,10\%,6)$$
$$= 3013 \text{（元）}$$

因为 $AC_0 < AC_3$，所以不应该更换为新设备，但 $AC_0 > AC_1$ 且 $AC_0 > AC_2$，所以可通过修理也可通过现代化改装来恢复设备的使用价值。

(2) 判断在继续使用 3~6 年的情况下，究竟是修理好还是改装为宜。

1）继续使用 3 年。

$$AC_1(3) = [8000 - 4000(P/F,10\%,3)](A/P,10\%,3) + 500 + 250(A/G,10\%,3)$$
$$= 2743 \text{（元）}$$

$$AC_2(3) = [10300 - 5000(P/F,10\%,3)](A/P,10\%,3) + 360 + 120(A/G,10\%,3)$$
$$= 3104 \text{（元）}$$

因为 $AC_1(3) < AC_0$，$AC_2(3) > AC_0$，修理是合适的，但改装不合适。

2）继续使用 4 年。

$$AC_1(4) = [8000 - 3000(P/F,10\%,4)](A/P,10\%,4) + 500 + 250(A/G,10\%,4)$$
$$= 2723 \text{（元）}$$

$$AC_2(4) = [10300 - 4000(P/F,10\%,4)](A/P,10\%,4) + 360 + 120(A/G,10\%,4)$$
$$= 2913 \text{（元）}$$

因为 $AC_1(4) < AC_0$，$AC_2(4) < AC_0$，修理改装都合适，但 $AC_1(4) < AC_2(4)$，修理更合适。

3）继续使用 5 年。

$$AC_1(5) = [8000 - 2000(P/F,10\%,5)](A/P,10\%,5) + 500 + 250(A/G,10\%,5)$$
$$= 2735(\text{元})$$

$$AC_2(5) = [10300 - 3000(P/F,10\%,5)](A/P,10\%,5) + 360 + 120(A/G,10\%,5)$$
$$= 2803 \text{（元）}$$

因为 $AC_1(5) < AC_0$，$AC_2(5) < AC_0$，修理改装都合适，但 $AC_1(5) < AC_2(5)$，修理更合适。

4）继续使用 6 年，如前计算，现代化改装的年费用要比修理的年费用低，所以该设备如继续使用 3~5 年，修理更划算一些，超过 5 年，应进行改装。

第四节　设备租赁分析

当资金来源满足不了设备投资计划的要求，或者有些设备专业化程度高、结构复杂、价格昂贵，除了要委托别人修理外，还存在着设备老化和使用要求变化的风险，这时可借助于直接购买之外的其他财务形式获得设备的使用权，资产租赁就是一种可行的途径。

一、设备租赁的概念

设备的租赁是指设备使用者（承租人）按照合同规定，按期向设备所有者（出租人）支付一定费用而取得设备使用权的一种经济活动。常见的设备租赁方式有经营租赁和融资租赁。

（一）经营租赁

经营租赁是一种传统的设备租赁方式，它是由设备所有者（出租人）负责设备的维修、保养与保险，租赁的期限通常远远短于设备的寿命期，出租人和承租人通过订立租约维系租赁业务关系，承租人有权在租赁期限内预先通知出租人后解除租约。这种形式，承租人不需要获得对所租用设备的所有权，而只是负担相应租金来取得设备的使用权，这样，承租人可以不负担设备无形磨损的风险，对承租人来说相当灵活，可以根据市场的变化决定设备的租赁期限。

（二）融资租赁

融资租赁也称财务租赁，是一种融资和融物相结合的租赁方式，它是指租费总额通常足够补偿全部设备成本，租赁的对象往往是一些贵重和大型设备，并且租约到期之前不得解除，租约期满后，租赁设备的所有权无偿或以低于其残值转让给承租人，租赁期间的设备维修、保养、保险等费用均由承租人负责。融资租赁还有其他一些形式，如"销售与租回"，是指企业将自有的设备出售给金融机构或租赁公司等部门取得货款，同时签订租约租回设备，每期支付规定的租金。该形式实际上相当于长期贷款的总额，而承租人逐期支付的租金相当于分期还本付息。

二、影响设备租赁的因素

（一）设备租赁的优缺点

租赁一般是企业财力不足时采用的方式，这使得承租人在使用设备时并不需要有相当于设备价值的一笔资金，而只需要逐期支付租金就可以了，因此对于中小型企业特别适合。当今市场竞争激烈，产品更新换代速度加快，在此情况下设备的技术寿命和经济寿命大大缩短，极易因技术落后而被淘汰，设备在没有到其自然寿命时就提前报废了。因此，使用者采取租赁的方式，就可以尽可能避免这种风险，比起购置使用来，主动灵活多了。购置设备往往需要长期保持一定的维修力量，在企业维修任务少的情况下，效率就降低了。而采用由出租人负责维修的租赁方式，可以降低维修费用的负担。通过借款或发行债券等方式筹集资金购置设备，会增加企业的负债、减少运营成本、降低流动比率、降低权益比率，这样会影响到企业的社会形象，而采用租赁的方式可以一定程度地避免这种情况的出现。

租赁设备也有其不足之处。设备在租赁期间，承租人只有设备的使用权而没有所有权，于是承租人一般无权随意对设备进行技术改造；同时，通常情况下，承租人租赁设备所付的租金要比直接购置设备的费用高，因为租金中包含着出租人的管理费和边际利润；不管企业的现金流量和经营状况如何，都要按照合同按时支付租金。

（二）影响设备是否租赁的基本因素

企业在决定进行设备投资之前，必须详细地分析项目寿命期内各年的现金流量和经营的不确定性因素，确定以何种方式投资才能获得最佳的经济效益。企业通常要从支付方式、筹资方式、使用方式等几个基本角度来考虑项目所需设备是租赁还是购置。

1. 支付方式

租赁设备需要付租金；借款需要按期付利息、到期还本；分期购买需要按期支付利息和部分本金。另外，还需要进一步考虑分几次交款、每期间隔时间、每次交付多少等。决策者主要考虑究竟哪一种方式的成本最低。

2. 筹资方式

当企业需要融资取得设备时，需要考虑究竟是向金融机构借款，还是通过融资租赁取得资金，或是采取发行企业股票或债券来融资。我国的贷款利率虽然较低，但是审批手续烦琐，耗时长，而且数量有限；发行股票和债券的门槛更高，准备的周期更长。企业决策者应该主要考虑是愿意耗费时间得到低息贷款，还是希望以其他筹集资金的方式尽早获得设备，以便尽快地取得经济效益。

3. 使用方式

设备的使用方式是指企业是否需要长期占有设备。如果企业只是希望短期使用某种设备，那么可以采用经营性租赁的方式获得设备的使用权，这样租期满了以后可以将设备还给租赁公司，不再续租，企业就可以避免因设备陈旧所带来的风险损失。

(三) 影响租赁决策的具体因素

企业或某一个投资项目在决定其所需设备是通过租赁还是购置的方式获得时，需要综合考虑以下具体的因素：①项目的寿命期或设备的经济寿命；②每期的设备支出费用；③预付货款或定金的多少；④付款期内的利率；⑤获得该设备的资金规划；⑥租赁所具有的帮助企业避免运用短期信用和保留其短期借款的能力；⑦企业的经营费用减少与折旧和利息减少的关系；⑧租赁的节税优惠。

当然，企业在决定是否租赁设备时的因素还有很多，但关键在于能否为企业节约支出费用，实现良好的现金流量，并且应通过经济指标评价比选后再进行决策。

三、租赁费用与租金的确定

(一) 租赁费用

出租人和承租人就设备的租赁协议一旦达成，签订合同后，承租人就要开始支付合同规定的租赁费用。租赁费用主要包括租赁保证金、租金和租赁担保费等。

1. 租赁保证金

为了确认租赁合同并保证其顺利执行，承租人必须先交纳租赁保证金。当租赁合同结束时，租赁保证金将退还给承租人，也可以在支付最后一期或几期租金时加以冲销。保证金金额的大小可以是设备价值或整个合同总金额的某个比例。

2. 租金

租金是租赁双方签订的租赁合同中最核心的内容，直接关系到出租人和承租人的共同利益。出租人要从租金中得到出租设备的资产补偿和一定的边际利润，承租人则要依据租金核算成本和在此基础上依靠租赁的设备所带来预期的利润。影响租金的因素很多，如设备的价格、融资的利息及财务费用、各种税金、租赁保证金、运费、各种费用的支付时间以及租金采用的汇率等。

3. 租赁担保费

出租人一般要求承租人提供担保人以对该租赁合同进行担保，万一承租人出现经营困境或财务危机时，由担保人代为支付租金。承租人需要向担保人支付担保费。

(二) 租金的确定

租金的确定是一个复杂的谈判过程，租赁合同双方必须通过租金来体现自己的经济利益。对租金的计算主要有附加率法和年金法。

1. 附加率法

附加率法是在租赁设备的价格或评估价值上再加上一个特定的比率来计算租金，每期期末支付租金 R 的表达式为

$$R = P(1 + ni)/n + Pr \tag{9-17}$$

式中　R——租金；

P——租赁设备的价格或评估价值；

n——租赁设备的还款期数；

i、r——基准折现率和附加率。

【例9-7】 某公司根据生产需要打算租赁一台设备，该设备的价格为 80000 元，租期 5 年，每年年末支付租金，基准折现率为 10%，附加率为 4%，企业每年应该支付多少租金？

解：$R = 80000 \times (1 + 5 \times 10\%) \div 5 + 80000 \times 4\% = 27200$（元）

2. 年值法

年值法是将一项租赁设备的现值按基准利率平均分摊到未来各租赁期内，其计算公式与前面章节介绍的费用年值是一致的。

$$R = P(A/P, i, n) \tag{9-18}$$

【例9-8】 某租赁公司拟出租一条生产线，生产线的评估价值为 1000 万元，合同租期为 10 年，基准折现率为 10%，试计算年初与年末应支付租金的金额。

解：(1) 若按年末支付的情况：

$R = 1000(A/P, 10\%, 10) = 1000 \times 0.16275 = 162.75$（万元）

(2) 若按年初支付的情况：

$R = 1000(A/P, 10\%, 10) \div (1 + 10\%) = 1000 \times 0.16275 \div 1.1 = 147.95$（万元）

(三) 租金的支付

租金的支付所涉及的内容包括租赁期起算日、租金开始支付时间、基准折现率、支付方法等，这些内容都会对租金金额产生一定的影响。

四、租购决策分析

在进行租购决策分析时，通常是将租赁方式与其他购置设备的付款方式放在一起进行比较评价。设备的使用期限通常都比较长，在分析时应采用动态的分析方法，考虑资金的时间价值。一般假定无论设备用何种方法获得，其投入运行以后使项目或企业获得的收入应该是相同的；于是，决策问题就变成租赁成本和购买成本进行比较的问题了。如果寿命期相同，可以采用现值法；设备寿命期不等时可以采用年值法。

(一) 不考虑税收影响情况下的比较

在不考虑税收影响的情况下，可以直接用第四章所介绍的费用现值或费用年值的方法进行方案的比选。

【例9-9】 设某航空公司由于业务的扩展，需要引进一架飞机增加运力。如果直接购买，某型飞机的价格是4亿元，使用寿命为20年，预计该飞机的净残值为1200万元；如果通过租赁的方式获得飞机的使用权，则每年需要支付租金3600万元。该飞机每年的运营费用为4000万元，各种可能的维修费用平均每年大约2000万元。假设企业的基准折现率为10%，请问租赁和购置哪种方式对企业更有利？

解：选择购买，其费用现值为：

$PC_1 = 40000 + 4000(P/A, 10\%, 20) + 2000(P/A, 10\%, 20) - 1200(P/F, 10\%, 20)$
$= 40000 + 4000 \times 8.514 + 2000 \times 8.514 - 1200 \times 0.1486$
$= 90905.68$（万元）

选择租赁，其费用现值为：

$PC_2 = 3600(P/A, 10\%, 20) + 4000(P/A, 10\%, 20) + 2000(P/A, 10\%, 20)$
$= 3600 \times 8.514 + 4000.514 + 2000 \times 8.514$
$= 81734.4$（万元）

显然 $PC_1 > PC_2$，则租赁飞机对企业更有利一些。如果用费用年值法来分析结论也是一样的。选择购买，其费用年值为：

$AC_1 = 40000(A/P, 10\%, 20) + 4000 + 2000 - 1200(A/F, 10\%, 20)$
$= 40000 \times 0.11746 + 4000 + 2000 - 1200 \times 0.01746$
$= 10677.45$（万元）

选择租赁，其费用年值为：

$AC_2 = 3600 + 4000 + 2000 = 9600$（万元）

同样，$AC_1 > AC_2$，租赁飞机的方式对企业更有利。

（二）考虑税收影响情况下的比较

除非有特别的免税优惠，每个企业都要将销售利润上缴所得税，因此在进行设备是否租赁的决策时应该考虑税收情况。按财务制度的规定，租赁设备的租金允许计入成本，购买设备每年计提的折旧费也允许计入成本。另外，如果是借款购置设备，其每年支付的利息也可以计入成本。

【例9-10】 某企业需要某种设备，其购置费为10000元，打算使用10年，残值为零。这种设备也可以租到，每年租赁费为1600元。两种方案运行费都是每年1200元，公司要按25%上交所得税，采用直线折旧。若基准折现率为10%，试问企业是采用租赁设备还是购置设备？

解：若采用购置方案，直线折旧法，年折旧费：10000/10 = 1000（元），计入总成本。

若租赁设备，每年的租赁费：1600元，也计入总成本，因此，后者每年少交的税金为：$(1600 - 1000) \times 25\% = 150$（元），租赁方案每年少交的税金表现为收入。

两方案的费用年值为：

$AC_{购} = 10000(A/P, 10\%, 10) + 1200 = 2872$（元）

$AC_{租} = 1600 + 1200 - 150 = 2650$（元）

因为 $AC_{租} < AC_{购}$，所以选择租赁设备更有利。

练习题

1. 什么是设备的有形磨损？如何度量有形磨损？请举例说明。

2. 什么是设备的无形磨损？如何度量无形磨损？请举例说明。

3. 有形磨损与无形磨损各有哪两种？划分的原则是什么？

4. 试述设备磨损的补偿方式。

5. 简述设备的四种寿命概念。

6. 如何确定设备大修理的经济界限？

7. 设备更新分为哪两种？设备最优更新期如何确定？

8. 试述设备租赁的优缺点。

9. 某设备的原始价值 K_0 为 10000 元，目前需要修理，其费用 R 为 4000 元，已知该设备目前再生产价值 K_1 是 7000 元，问设备的综合磨损程度 a 是多少？

10. 某企业希望继续实施某项生产业务 8 年，现有的旧设备可以立即以 5000 元出售。若继续使用旧设备，还可以用 5 年，该设备从现在起预计的残值和使用成本见表 9-7。目前市场上出现的新型设备的购置投资为 7500 元，服务期中各年的设备使用成本和年末残值资料见表 9-7。问是否值得更新设备，若要更新，旧设备继续使用几年再更新较为经济？设基准折现率为 10%。

表 9-7　旧设备与新设备资料

年限	旧设备资料					新设备资料							
	1	2	3	4	5	1	2	3	4	5	6	7	8
成本	1500	1800	2000	2400	2800	1000	1300	1600	2000	2400	2800	3200	3600
残值	4000	3000	2000	1200	500	4800	4600	4400	4200	4000	3800	3600	3400

11. 某台设备原值为 15000 元，年低劣化值（年设备维持费递增值）为 900 元，初始运行费为 1000 元，不计设备残值。试分别按低劣化数值法（静态）和经济寿命法（动态，$i = 10\%$）计算其最佳更新期。

12. 某台设备需投资为 16000 元，$i = 10\%$，其他资料见表 9-8，C_p 为第 N 年的使用成本，L_T 为第 T 年年末的残值，试分别按静态和动态的经济寿命法来确定设备的最佳更新期。

表 9-8　某设备资料　　　　　　　　　　　　　　（单位：元）

年份	1	2	3	4	5	6	7
C_p	2000	2500	3500	4500	5500	7000	9000
L_T	10000	6000	4500	3500	3000	2500	1500

13. 某工地挖土机（以下简称"旧车"）已使用了 3 年，还可以继续使用 5 年，若购置新挖土机（以下简称"新车"）需投资 177000 元，旧车可折价 60000 元，旧车的折价每年均比上一年降低 40%，旧车下一年的运行费用为 35000 元，此后每年增加 9000 元。新车第一年运行费用为 20000 元，此后以 4500 元/年递增，年利率为 8%，若新车的使用寿命为 8 年，试求旧车的最佳更新期（均不计残值）。

第十章 价值工程

本章内容提要

价值工程是一门技术与经济相结合的学科,它既是一门管理技术,也是一种思想方法。本章从价值工程的产生与发展历程、价值工程的概念和特点以及提高价值的途径等基本原理入手,阐述了对工程项目进行价值分析的一般程序与方法,并介绍了价值工程方案创新与评价以及方案实施与成果鉴定的要点。本章知识结构如图10-1所示。

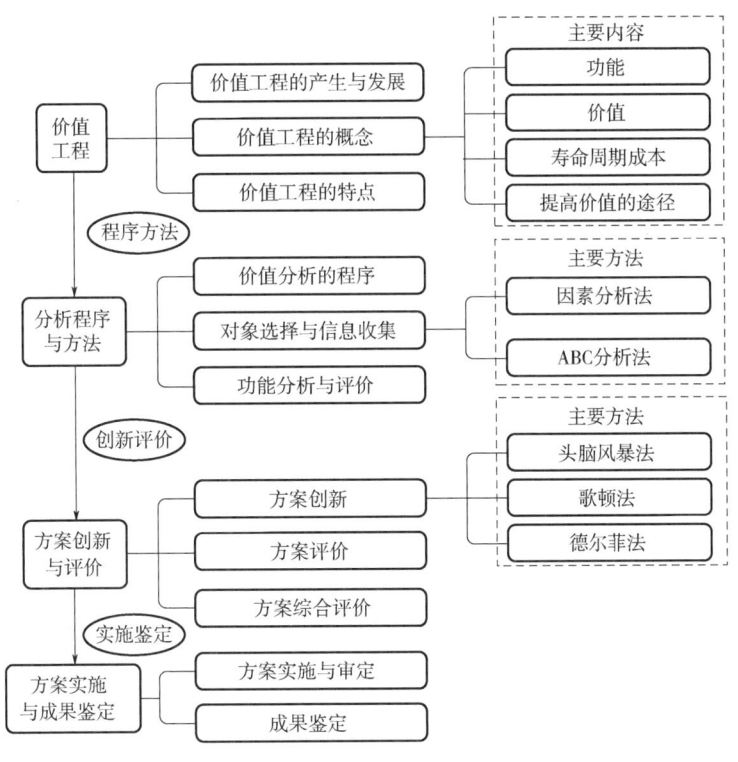

图10-1 价值工程知识结构

第一节 价值工程概述

一、价值工程的产生与发展

价值工程(Value Engineering,简称 VE),又称为价值分析(Value Analysis,简称

VA），产生于20世纪40年代的美国，创始人是美国通用电气公司采购部工程师麦尔斯（L. D. Miles）。

在第二次世界大战中，美国成为世界上最大的军火生产国，军事工业迅速发展。但由于战争，各种资源都严重短缺。为保证军工产品的生产，急需解决物资短缺的供应问题。负责采购工作的麦尔斯，开始在采购中努力寻求与短缺材料具有相同功能的代用品，不仅缓解了材料供应的紧张局面，节约了大量开支，而且使他从原材料的相互代用中得到启发：用户购买和使用的是物品的功能。后来麦尔斯把这一方法应用到产品改进与设计中，把以最低的费用向用户提供所需要的功能作为产品设计的依据。美国通用汽车公司对麦尔斯的工作给予了充分的肯定和积极的支持，并拨专款进行进一步的研究工作。麦尔斯从分析功能、满足功能入手，找出不必要的工作环节，努力降低成本，取得了良好的效果。在实践的基础上，麦尔斯经过综合、整理和归纳，使其方法更加系统化、科学化，并于1947年在《美国机械师》杂志发表名为《价值分析》的文章。这标志着价值工程已经产生了。

1952年，麦尔斯举办了首批60人的价值分析研究班，建立专门从事价值分析的机构，推广价值分析方法，其名著《价值分析和工程技术》一版再版，并先后被翻译成多种文字，在世界范围内广为流传。自麦尔斯提出价值分析（VA）以来，其新颖的管理理念和有效的创新管理方法就立刻引起了理论界和管理界的高度关注。美国国防部采用后，将其命名为价值工程（VE）。1954年，美国海军舰船局采用了VE，1956年签订了订货合同，一年就节约了3500万美元。美国政府部门制定的《A-131价值工程条款》，以立法形式全面应用于工程管理。

日本是应用价值工程较早且富有成效的国家。1955年，日本引入VE，并将VE与QC（Quality Control，质量管理）、IE（Industrial Engineering，工业工程）三者结合起来应用，在产品设计、工艺改进、材料代用、取消不必要成本等方面都取得了很大的收获。欧洲各国将价值工程的原理和方法制定成整套的标准，或采取行政干预的办法发指令、提号召、做决定，应用相当广泛，且都取得了较好的经济效益。VE技术在各国的成功应用，使麦尔斯获得了多项殊荣，包括在1985年10月，在其故去2个月后，日本政府授予他"帝国勋章"（Imperial Award），这是一种莫大的荣誉。1975年，美国价值工程协会创立了以麦尔斯命名的奖励基金（The Miles Award）；1983年，日本价值工程协会也创立了以麦尔斯命名的奖励基金（The Miles Award），以奖励在VA/VE领域做出了创造性贡献的人。麦尔斯也由此被称为"价值工程之父"。

我国于1978年引入价值工程，于1982年创刊了我国唯一的价值工程专业杂志《价值工程》，1985年全国政协通过了第1378号提案"迅速推广'价值工程'的科学管理方法，提高产品质量和降低消耗"，并建议国务院交国家经济委员会研究办理。1987年10月，国家标准局发布了我国第一个价值工程方面的国家标准《价值工程基本术语和一般工作程序》（GB 8223—1987），进一步促进了价值工程的应用和研究，标志着我国价值工程的普及、推广和应用已初步成熟和规范。1988年5月，中国工业管理协会价值工程研究会正式成立，1998年12月在北京召开了全国首届价值工程代表大会，这一切都极大地促进了价值工程在我国的推广和应用。

进入21世纪以来，价值工程的理念、理论和方法技术已经在世界范围内获得了广泛的认同和应用，价值工程本身也获得了不断的发展，在不同的国家和地区被冠以不同的名称，除 VA 和 VE 外，还有价值管理（Value Management，VM）、最佳价值（Best Value，BV）等称谓。日本企业独特的崇尚质量的产业经济环境、完善的创新竞争机制和开阔的市场价值视野，使日本企业在整体上对 VE 精髓的领悟和实践能力达到了新的高度。据统计，在世界500强跨国公司中，有超过三分之二的公司采用过 VA/VE/VM/BV。以 VE 为核心的价值管理经过持久实践，不但为美国、日本等发达国家的公司创造了价值，赢得了巨大的利润，也为它们赢得了商机和市场。同时，VE 的价值观和创新观深刻地影响着这些公司的管理理念和创新意识，VE 的持续应用更为这些公司提供了创新的动力和方法，提升了创新能力，从而维持了它们的竞争优势。

二、价值工程的概念

国家标准局 1987 年发布的国家标准《价值工程基本术语和一般工作程序》（GB 8223—1987）对价值工程的定义为：价值工程是指通过各相关领域的协作，对所研究对象的功能与费用进行系统分析，不断创新，旨在提高所研究对象价值的思想方法和管理技术。所以，价值工程是一门通过分析对象（产品、系统、服务等）的功能（Function）和成本（Cost）内在联系，并通过创新（Innovation）手段和途径来改善这种功能与成本联系，从而提升对象价值（Value）的管理理念、理论、方法论和方法。

价值工程的目的在于"以对象的最低寿命周期成本可靠地实现使用者所需功能，以获得最佳的综合效益。"价值工程的应用对象具有广泛性，可以是一件产品、一个艺术、一项工程、一项服务。基于创新来改善功能与成本之间的联系，创造价值是其最本质的思想。

价值工程的定义中，涉及价值工程的三个基本概念：功能、寿命周期成本和价值。

（一）功能（Function）

1. 功能的含义

功能是指产品能够满足某种需求的一种属性。如建筑物基础的功能是承受荷载，住宅建筑的功能是提供居住空间。由于产品的功能只有在使用过程中才能最终体现出来，所以某一产品功能的大小是由用户来确定的。消费者在使用过程中得到的满足即为效用。对某一特定产品功能的要求，并不是越高越好，而是要视用户的要求而定。

2. 功能的分类及关系

一种产品往往会有不同的功能，为了便于功能分析，需要对功能进行分类。功能分析的目的在于，确保必要的功能，消除不必要的功能。①必要功能和不必要功能。必要功能是为满足使用者的需求而必须具备的功能，也是用户所需求的基本功能；不必要功能是分析对象所具有的、与满足消费者的要求无关的功能。显然，缺少必要功能，就无法使用户得到预期的渴望和需求。除去必要功能之外的其他功能都可以划归为不必要功能。②不足功能和过剩功能。不足功能是分析对象尚未满足使用者需求的必要功能；过剩功能是对象所具有的、超过使用者需求的功能。不足功能和过剩功能具有相对性，同样一件产品对 A 消费者而言，可能功能不足，而对 B 消费者而言，功能却过剩了。③基本功能和辅助功能。基本功能是与分析对象的主要目的直接有关的功能，是决定分析对象性质和存在的基本因素。辅助功能是为了更有效地实现基本功能而附加的功能。例如，手机的基本功能是满足使用者的通信要求，辅助功能是有游戏等功能，通信是手机的必要功能，游戏功能对于没有游戏机的用户来说是必要功能，但对有专门游戏机的用户来说，就不一定是必要功能。④使用功能和品位功能。使用功能是对象所具有的与技术经济用途直接有关的功能；品位功能是指与使用者的精神感觉、主观意识有关的功能，如贵重功能、美学功能、外观功能、欣赏功能等。产品往往是使用功能和品位功能兼而有之，但会根据用途和消费者的要求不同而有所侧重。使用功能和品位功能属于产品的必要功能。

3. 功能分析

功能分析是实施价值工程的核心内容。功能分析包括功能定义、功能整理和功能评价。通过功能定义，可以了解用户对产品的要求；通过功能整理，明确各功能之间的关系；通过功能评价，对产品的现有各个功能配置的合适性进行评价。经过以上步骤，就可以分清产品的基本功能和辅助功能，找出必要功能和不必要功能，并弄清楚各个功能之间的关系，找出方案创新的对象。

（二）寿命周期成本（Life Cycle Cost）

价值工程中的成本是指寿命周期成本，即产品从构思、设计、生产、流通、使用、维护直至报废这一过程中的全部成本费用。寿命周期成本由生产成本和使用成本构成。生产成本是指产品在研究开发、设计制造、运输施工、安装调试过程中发生的成本；使用成本是用户在使用产品的过程中所发生的费用总和，包括产品的维护、保养、管理、能耗等方面的费用。寿命周期与寿命周期成本之间的关系如图 10-2 所示。

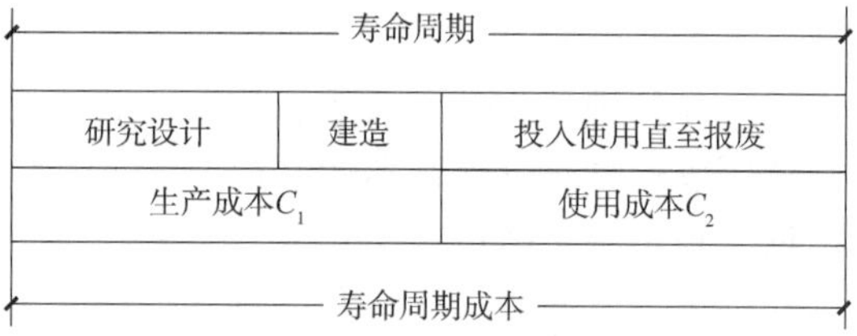

图 10-2 寿命周期与寿命周期成本关系图

通常，生产成本 C_1 随产品功能水平的提高而上升，使用成本 C_2 则随产品功能水平的提高而下降，如图 10-3 所示。寿命周期成本 $C = C_1 + C_2$，C 随产品功能水平的变化呈开口向上的抛物线变化。从图 10-3 可以看出，在 F_0 点，产品功能既满足用户的需求，又使得寿命周期成本最低 C_{min}，体现了比较理想的功能与成本之间的关系，亦即产品的价值比较大。

价值工程的目的，就是通过科学的分析研究使产品具有一个适当的功能水平，从而确保产品的寿命周期成本最低。实际上，在对有些产品进行价值分析时，往往一次找不到最低寿命周期成本，可反复应用 VE，确定最终的 F 与 C 的最佳匹配点，使产品满足用户的要求。

（三）价值

1. 价值的概念

消费者在购买商品时，往往关注两个问题：一是该商品的功能是否能满足需要，二是需要付出的代价。消费者通过比较效用和代价的关系来决定购买什么样的商品。价值工程中的价值不同于经济学中的交换价值或使用价值，它是一个比较的概念，是指分析对象所具有的功能与获得该功能和使用该功能的全部费用的比值。用公式可表示为：

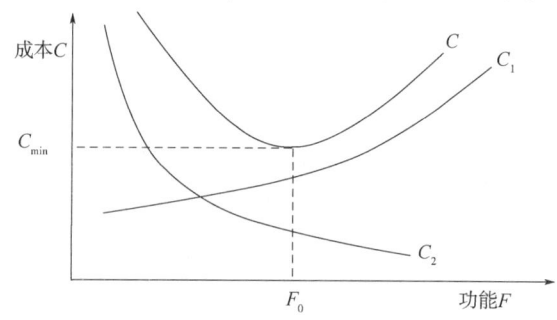

图 10-3 寿命周期成本示意图

$$V = \frac{F}{C} \tag{10-1}$$

式中 V——价值；

F——功能；

C——成本。

2. 提高价值的途径

由式（10-1）可知，产品价值取决于其功能和成本两个因素，提高产品价值有五种途径：

(1) 功能不变，降低成本，即 $\dfrac{F\rightarrow}{C\downarrow} = V\uparrow$。

(2) 成本不变，提高功能，即 $\dfrac{F\uparrow}{C\rightarrow} = V\uparrow$。

(3) 成本略有增加，功能有更大的提高，即 $\dfrac{F\uparrow\uparrow}{C\uparrow} = V\uparrow$。

(4) 在满足必要功能的前提下，适当降低功能，成本大大降低，即 $\dfrac{F\downarrow}{C\downarrow\downarrow} = V\uparrow$。

(5) 通过创新，提高功能，降低成本，即 $\dfrac{F\uparrow}{C\downarrow} = V\uparrow\uparrow$。

三、价值工程的特点

价值工程作为一种现代化管理技术和分析方法，有它自己独到的特点，认识这些特点，对于更好地应用价值工程，具有重要的促进作用。价值工程主要有以下特点。

(1) 价值工程的目标，是以最低的寿命周期成本，使产品具备它所必须具备的功能。

(2) 价值工程的核心，是对产品进行功能分析。

价值工程中的功能是指分析对象能够满足某种要求的一种属性，具体来说功能就是效用。例如手表有计时、显时的功能，用户购买产品就是要求生产企业提供这种产品的功能。企业生产的目的，也是通过生产获得用户所期望的功能。因此，价值工程分析产品，首先是分析它的功能，在分析功能的基础之上，再去研究结构、材质等问题。

(3) 价值工程将产品价值、功能和成本作为一个整体同时来考虑。

价值工程中对价值、功能、成本的考虑，不是片面和孤立的，而是在确保产品功能的基础上综合考虑生产成本和使用成本，兼顾生产者和用户的利益，创造出总价值最高的产品。

(4) 价值工程强调不断改革和创新。

价值工程强调不断改革和创新，开拓新构思和新途径，获得新方案，创造新功能载体，从而简化产品结构，节约原材料，提高产品的技术经济效益。

(5) 价值工程要求将功能定量化。

价值工程要求将功能定量化，即将功能转化为能够与成本直接相比的量化值。

(6) 价值工程是以集体的智慧开展的有计划、有组织的管理活动。

由于价值工程研究的问题涉及产品的整个寿命周期，涉及面广，研究过程复杂，如提高产品价值涉及产品的设计、生产、采购和销售等过程。因此，企业在开展价值工程活动时，必须集中人才，并以适当的组织形式组成一个智力结构合理的集体，共同研究，发挥集体智慧、经验和积极性，排除片面性和盲目性，博采众长，有计划、有领导、有组织地开展活动，以达到提高方案价值的目的。

第二节　工程项目价值分析程序与方法

一、价值分析的程序

价值工程也像其他技术一样具有一套工作程序。价值分析程序一般可分为准备、分析、创新、实施与评价四个阶段。价值工程的工作程序，实质就是针对产品的功能和成本提出问题、分析问题、解决问题的过程，见表 10-1。

表 10-1　价值工程的一般工作程序

工作阶段	工作程序	工作步骤		对应的问题
		基本步骤	详细步骤	
准备阶段	制定工作计划	确定对象	1. 对象选择	研究对象是什么？
			2. 信息资料收集	
分析阶段	功能评价	功能分析	3. 功能定义	它的功能是什么？
			4. 功能整理	
		功能评价	5. 功能成本分析	它的成本是多少？
			6. 功能评价	它的价值是多少？
			7. 确定改进范围	
创新阶段	初步设计	制定方案	8. 方案创造	有无其他方法实现同样功能？
	评价各设计方案，改进、优化方案		9. 概略评价	新方案的成本是多少？
			10. 调整完善	
			11. 详细评价	
	方案书面化		12. 提出方案	新方案能满足功能的要求吗？
实施与评价阶段	检查实施情况并评价活动成果	方案实施与成果评价	13. 方案审批	实现预定目标了吗？
			14. 方案实施与检查	
			15. 成果评价	

二、对象选择与信息收集

（一）对象选择原则

选择价值工程研究对象时需要运用一定的原则和方法。一般来说，可从以下几方面考虑价值工程对象的选择。

（1）从设计方面来看，对产品结构、性能和技术指标差、体积和重量大的产品进行价值工程的活动，可使产品结构、性能、技术水平得到优化，从而得到产品价值。

（2）从生产方面来看，对量大面广、工序烦琐、工艺复杂、原材料和能源消耗高、质量难以保证的产品，进行价值工程活动。

（3）从销售方面来看，选择用户意见较多、退货索赔多和竞争力差的产品进行价值活动，以赢得消费者的认同，占有更大的市场份额。

（4）从成本方面来看，选择成本高或成本比重大的产品进行价值活动，可降低产品成本。

（二）对象选择的方法

价值工程对象选择的方法有很多种，不同方法适宜于不同的价值工程对象，根据企业条件选用适宜的方法，就可以取得较好效果。常用的方法有因素分析法、ABC 分析法、强制确定法、百分比分析法、价值指数法等。

1. 因素分析法

因素分析法又称经验分析法，是指根据价值工程对象选择应考虑的各种因素，凭借分析人员的经验集体研究确定选择对象的一种方法。

因素分析法是一种定性分析方法，依据分析人员经验做出选择，简便易行。特别是在被研究对象彼此相差比较大以及时间紧迫的情况下比较适用。在对象选择中还可以将这种方法与其他方法相结合，往往能取得更好的效果。因素分析法的缺点是缺乏定量依据、准确性较差，对象选择的正确与否，主要取决于价值工程活动人员的经验及工作态度，有时难以保证分析质量。为了提高分析的准确程度，可以选择技术水平高、经验丰富、业务熟练的人员参加，并且要发挥集体智慧，共同确定对象。

2. ABC 分析法

ABC 分析法又称重点选择法或不均匀分布定律法，是应用数理统计分析的方法来选择对象。

将占总成本 70% 的那部分零部件划为 A 类，将占 20% 的划为 B 类，将占 10% 的划为 C 类，以"抓住关键的少数"为指导思想来选择 VE 对象，如图 10-4 所示。具体步骤是：

（1）将全部产品或一种产品的零部件按成本大小依次排队。
（2）根据排队的累计件数求出占产品或零部件总数的百分比。
（3）根据产品或零部件的累计成本求出占总成本的百分比。
（4）按 ABC 分析法将全部产品或零部件分为 A、B、C 三类。
（5）画出帕莱特曲线，并首选 A 类为 VE 对象，其次再选 B 类。

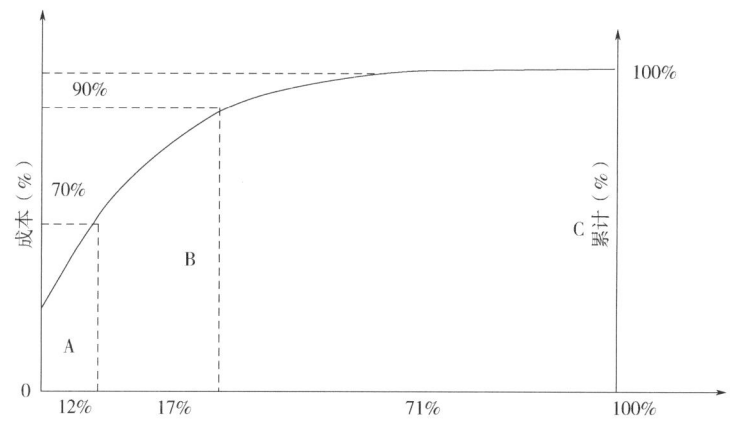

图 10-4 ABC 分析法原理图

有些产品不是由各个部件组成，如工程项目投资等，对这类产品可按费用构成项目分类，如分为管理费、动力费、人工费等，将其中所占比重最大的，作为价值工程的重点研究对象。这种分析方法也可从产品成本利润率、利润比重角度分析,其中利润额占总利润比重最低,而且成本利润率也最低的,应当考虑作为价值工程的研究对象。

ABC 分析法抓住成本比重大的零部件或工序作为研究对象,有利于集中精力重点突破,取得较大效果,同时简便易行,因此广泛为人们所采用。但在实际工作中,有时由于成本分配不合理,造成成本比重不大但用户认为功能重要的对象可能被漏选或排序推后。ABC 分析法的这一缺点可以通过经验分析法、强制确定法等方法补充修正。

【例 10-1】 某住宅楼工程基础部分各分项工程的造价见表 10-2,试用 ABC 分析法确定该基础工程可作为价值工程研究对象的分项工程。

解:将各分项工程按成本由大到小进行排序,并计算出各分项工程的累计数量及累计成本百分比。从表 10-2 中数据可知,1~3 项的累计成本接近 70%,故为 A 类工程,应选为主要研究对象;4~6 项的累计成本在 70%~90% 之间,故为 B 类工程,应选为次要研究对象;其余为 C 类工程,可不选为研究对象。

表 10-2 某住宅楼基础工程分项工程 ABC 分类表

序号	分项工程名称	成本/元	累计分项工程数	累计分项工程数百分比	累计成本/元	累计成本百分比	分类
1	C30 带形钢筋混凝土基础	63436	1	5.88%	63436	39.5%	A
2	干铺土石屑垫层	29119	2	11.76%	92555	57.64%	A
3	回填土	14753	3	17.65%	107308	66.83%	
4	商品混凝土运费	10991	4	25.53%	118299	73.67%	B
5	C10 混凝土基础垫层	10952	5	29.41%	129251	80.49%	
6	排水费	10487	6	35.29%	139738	87.02%	
7	C30 独立式钢筋混凝土基础	6181	7	41.18%	145919	90.87%	
8	C10 带形无筋混凝土基础	5638	8	47.06%	151557	94.38%	
9	C30 矩形钢筋混凝土柱	2791	9	52.94%	154348	96.12%	
10	M5 砂浆砖砌基础	2202	10	58.82%	156550	97.49%	
11	挖土机挖土	2058	11	64.71%	158608	98.77%	C
12	推土机场外运费	693	12	70.59%	159301	99.20%	
13	履带式挖土机场外运费	529	13	76.47%	159830	99.53%	
14	满堂脚手架	241	14	82.35%	160071	99.68%	
15	平整场地	223	15	88.24%	160294	99.82%	
16	槽底钎探	197	16	94.12%	160491	99.94%	
17	基础防潮层	89	17	100%	160580	100%	
	总成本	160580					

3. 强制确定法

强制确定法认为,产品或零部件的功能和成本应当是匹配的。如果某零部件的成本很高,而其功能在零部件中所处的重要性又较低,即成本与功能不相匹配,就可以通过求算零部件的功能评价系数、成本系数、价值系数来判断其价值。强制确定法除用于选择对象外,还可用来进行功能评价和方案评价。强制确定法的应用步骤如下:

（1）将构成产品的零部件顺序排列出来。

（2）将各零部件按重要性相互比较、逐一打分（采用 0~1 和 0~4 评分法），重要的多得分，不重要的少得分或不得分。

（3）求出每个零部件的功能评价系数：

$$功能评价系数 = \frac{零部件的功能得分}{全部零部件功能得分之和}$$

（4）求出每个零部件的成本系数：

$$成本系数 = \frac{零部件目前成本}{全部零部件目前成本之和}$$

（5）求出各零部件的价值系数：

$$价值系数 = \frac{功能评价系数}{成本系数}$$

（6）当零部件价值系数小于 1，即功能评价系数小于成本系数，表明该零部件不太重要，却占用了较多的目前成本；当零部件价值系数大于 1，即功能评价系数大于成本系数，说明该零部件功能较为重要，花费的成本却并不多。对前者可考虑降低其成本，对后者可考虑提高其功能。价值系数偏离 1 的程度越高，上述情况越显著，就越应当被选为 VE 的对象。

4. 百分比分析法

这是一种通过分析某种费用或资源对企业的某个技术经济指标影响程度的大小（百分比），来选择价值工程对象的方法。

5. 价值指数法

这是通过比较各个对象（或零部件）之间的功能水平位次和成本位次，寻找价值较低对象（零部件），并将其作为价值工程研究对象的一种方法。

（三）信息资料收集方法

1. 询问法

询问法一般有当面询问、电话询问、书面询问、计算机网络询问等方式。将要调查的内容告诉被调查者，并请他认真回答，从而获得满足自己需要的信息资料。

2. 查阅法

查阅法可通过网络查询，查阅各种书籍、刊物、专利、样本、目录、广告、报纸、音频、论文等，来寻找与调查内容有联系的有关信息资料。

3. 观察法

观察法是通过派遣调查人员到现场直接观察收集信息资料。这就要求调查人员十分熟悉各种情况，并具备较敏锐的洞察力和观察问题、分析问题的能力。运用这种方法可以收集到第一手资料。同时可以采用录音、摄像、拍照等工具协助收集。

4. 购买法

购买法是通过购买元件、样品、模型、样机、产品、科研资料、设计图样、专利等来获取有关的信息资料。

5. 试销试用法

试销试用法是将生产出的样品采取试销试用的方式来获取有关信息资料。利用这种方法，必须同时将调查表发给试销试用的单位和个人，请他们把试用情况和意见随时填写在调查表上,按规定寄回来以收集产品相关资料。

三、功能分析与评价

(一) 功能分析

功能分析是对价值工程对象的总体及其组成部分的功能进行研究和分析,确定必要功能,补充不足功能,剔除不必要功能,建立并绘制功能系统图的过程。功能分析的目的在于准确掌握使用者要求的功能及其水平,功能分析是价值工程活动的核心和基本内容。

功能分析包括功能定义和功能整理两个具体步骤,即通过功能定义与功能整理两个步骤,从定性的角度,分别回答"它的功能是什么?""它的地位如何?"这两个问题,从而准确地掌握用户的功能要求。

1. 功能定义

功能定义是指透过产品实物形象,将隐藏在产品结构背后的本质——功能揭示出来,从而从定性的角度解决"对象有哪些功能"这个问题。

功能定义的目的是:①明确对象产品和组成产品各部件的功能,借以弄清产品的特性。②便于进行功能评价,通过评价弄清哪些是价值低的功能和有问题的功能,以实现价值工程的目的。③便于构思方案,对功能下定义的过程实际上也是为对象产品改进设计的构思过程,为价值工程的方案创造工作阶段做了准备。

2. 功能整理

功能整理是功能分析的第二个步骤,它是指用系统的观点将已经定义了的功能加以系统化,找出各局部功能相互之间的逻辑关系,并用图表形式表达,以明确产品的功能系统,从而为功能评价和方案构思提供依据。

通过功能整理,应满足以下要求:

(1) 明确功能范围。

(2) 检查功能之间的准确程度。

(3) 明确功能之间上下位关系和并列关系,即功能之间的目的和手段关系。

功能整理的主要任务就是建立功能系统图,其工作程序如下:

(1) 编制功能卡片。

(2) 选出最基本的功能。

(3) 明确各功能之间的关系。逐个研究功能之间的关系,也就是找出功能之间的上下位关系。

(4) 对功能定义作必要的修改、补充和取消。

(5) 按上下位关系,将经过调整、修改和补充的功能,排列成功能系统图,如图 10-5 所示。

(二) 功能评价

通过功能分析与整理明确必要功能后,价值工程的下一步工作就是功能评价。功能评价,即评定功能的价值,是指找出实现功能的最低费用作为功能的目标成本(又称功能评价值),以功能目标成本为基准,通过与功能现实成本的比较,求出两者的比值(功能价值)和两者的差异值(改善期望值),然后选择功能价值低、改善期望值大的功能作为价值工程活动的重点对象。

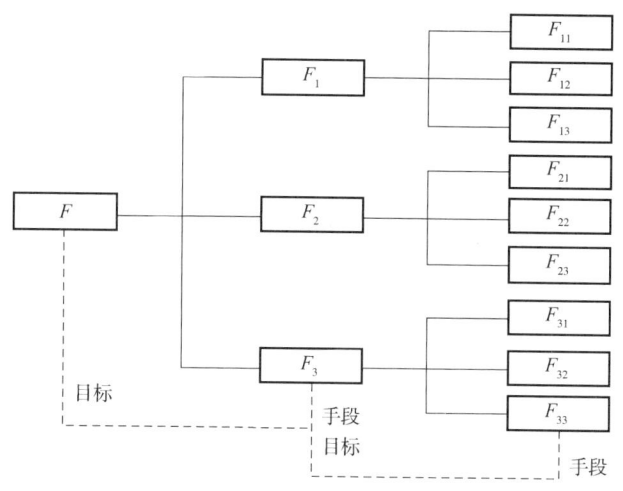

图 10-5　功能系统图

1. 功能评价的程序

价值工程的成本有两种：一种是现实成本，是指目前的实际成本；另一种是目标成本。功能评价的程序如图 10-6 所示。

2. 功能现实成本的计算

功能现实成本的计算与一般的传统的成本核算既有相同点，也有不同点。两者相同点是指它们在成本费用的构成项目上是完全相同的；而两者的不同之处在于功能现实成本的计算是以分析对象的功能为单位，而传统的成本核算是以产品或零部件为单位。因此，在计算功能现实成本时，就需要根据传统的成本核算资料，将产品或零部件的现实成

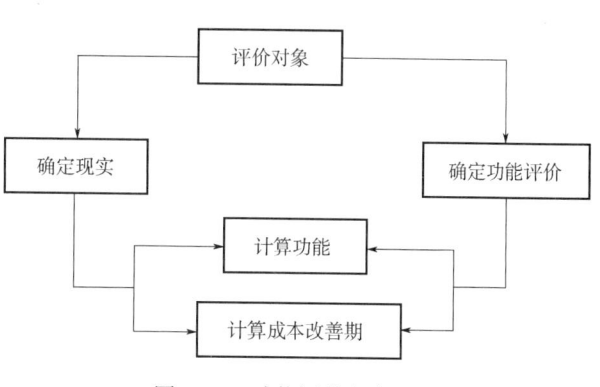

图 10-6　功能评价程序图

本换算成功能的现实成本。具体地讲，当一个零部件只具有一个功能时，该零部件的成本就是它本身的功能成本；当一项功能要由多个零部件共同实现时，该功能的成本就等于这些零部件的功能成本之和。当一个零部件具有多项功能或同时与多项功能有关时，就需要将零部件成本分摊给各项有关功能，至于分摊的方法和分摊的比例，可根据具体情况决定。

3. 成本指数的计算

成本指数是指评价对象的现实成本在全部成本中所占的比例。计算式如下：

$$C_I = \frac{C_i}{C} \tag{10-2}$$

式中　C_I——第 i 个评价对象的成本指数；

　　　C_i——第 i 个评价对象的现实成本；

　　　C——全部成本。

4. 功能价值 v 的计算

功能评价的过程是一个量化过程，可以将概念公式 $V = \dfrac{F}{C}$ 应用到每一个具体的功能上，

例如功能 i 有：

$$v_i = \frac{f_i}{c_i} \tag{10-3}$$

式中 v_i、f_i、c_i——第 i 个功能的功能价值、功能值和成本值。

从式（10-3）可以看出，计算功能价值 v_i 需计算 f_i、c_i。成本 c_i 可以用生产中发生的实际费用值，所以关键是计算功能值 f_i。有以下两种计算方法：

（1）客观金额值，为实现这一功能，在现有的技术经济条件下，市场上同类或者类似对象的最低价格，这个最低费用总是存在的，即

$$功能价值 = \frac{功能目标成本}{功能现实成本}$$

（2）主观评分，用打分的方式对评价对象的各个功能的重要性进行量化，然后再与相应的成本值相除，即

$$第 i 个功能价值 = \frac{功能重要性得分}{功能现实成本}$$

根据上述计算公式，功能的价值系数有以下几种结果：

$v_i = 1$，表示功能评价值等于功能现实成本。这表明评价对象的功能现实成本与实现功能所必需的最低成本大致相当，说明评价对象的价值为最佳，一般无须改进。

$v_i < 1$ 时，此时功能现实成本大于功能评价值。表明评价对象的现实成本偏高，而功能要求不高，原因一种可能是存在着过剩的功能，另一种可能是功能虽无过剩，但实现功能的条件或方法不佳，以致使实现功能的成本大于功能的实际需要。

$v_i > 1$ 时，说明该部件功能比较重要，但分配的成本较少，即功能现实成本低于功能评价值。应具体分析，可能功能与成本分配已较理想，或者有不必要的功能，或者应该提高成本。

$v_i = 0$ 时，因为只有分子为 0，或分母为 ∞ 时，才能使 $v = 0$。根据上述对功能评价值 f 的定义，分子不应为 0，而分母也不会为 ∞，要进一步分析。如果是不必要的功能，则该部件取消；但如果是最不重要的必要功能，就要根据实际情况处理。

5. 确定价值工程对象的改进范围

从以上分析可以看出，对产品部件进行价值分析，就是使每个部件的价值系数尽可能趋近于 1。为此，确定的改进对象是：

（1）f/c 值低的功能。
（2）$\Delta c = (c - f)$ 值大的功能。
（3）复杂的功能。
（4）问题多的功能。

第三节　创新与评价阶段

一、方案创新

（一）方案创新的目的和原则

方案创新是在已对改进对象进行功能分析评价的基础上，寻找和构思实现功能的新方

案，这是价值工程能否取得成效的关键步骤。

方案创新的基本原则有：

（1）不受时间、空间的限制，从长远着想，吸收先进技术和工艺。

（2）不受任何权威限制，广开思路，发挥创造性。

（3）不受原有产品和设备限制，大胆革新，促进产品更新换代。

（4）不受现有技术和材料限制，大胆开发。

（5）力求彻底改革，注意上级功能。

（二）方案创新的方法

方案创新的方法很多，如头脑风暴法、歌顿法、德尔菲法等。

1. 头脑风暴法

头脑风暴法（Brain Storming, BS）为美国 BBDO 广告公司的奥斯本（Osborn）于 1947 年首创。具体做法为：采用会议的形式，组织对改进对象有较深了解的人员进行讨论、座谈（人数一般为 5~10 人），最后提出新的方案。讨论时应遵循以下规则：①不允许批评别人的设想；②欢迎自由奔放地思考，提出尽可能多的方案；③欢迎在别人意见的基础上补充和完善；④会议的主持者应思想活跃，善于引导，使会议气氛融洽，能使与会者广开言路，畅所欲言；⑤会议应有必要的记录，以便整理研究。

头脑风暴法的核心是：打破常规、积极思考、互相启发、集思广益。这种方法可以获得新颖、全面且富有创造性的方案，并可以防止片面和遗漏。

2. 哥顿法

哥顿法又称为模糊目标法，是由美国人哥顿（Gorton）在 1964 年提出来的。这种方法的指导思想是把要研究的问题适当抽象，以利于开拓思路，在研究到新方案时，会议主持人开始并不全部摊开要解决的问题，而只向大家做一番抽象笼统介绍，要求大家提出各种设想，以激发出有价值的改进方案，待讨论到一定程度后再把中心议题提出来，以做进一步研究。这种方法要求会议主持人机智灵活、提问得当。若提问太具体，则容易限制思想；若提问太抽象，则方案可能离题太远。

3. 德尔菲法

德尔菲法（Delphi Technique）又称为专家调查法，是将要研究的方案分解为若干问题，以信函的方式分送各有关专家，使他们在互不商量的情况下提出各种建议和设想，待专家们将方案寄回后，组织者经过整理分析，归纳出若干较合理的方案，再分别给各位专家进行分析研究。如此经过几次反复后专家意见趋向于一致，最后形成比较集中的几个方案。这种方法的特点是专家互不见面，具有匿名性，避免了意见容易受权威左右。同时，研究问题可轮流反馈，时间充裕，能独立思考，没有顾虑，可以不受约束地从各种角度提出意见，缺点是花费时间较长，缺乏面对面的交谈和商议。

方案创新的方法有很多，除上述方法外，还有列举法、输入输出法、类比法、635 法、仿生类法等，可针对不同对象和专业特点适当采用。

二、方案评价

在方案创新阶段提出的设想方案是多种多样的，能否付诸实施，就必须对各个方案的优缺点和可行性进行分析、比较、论证和评价，并在评价过程中进一步完善有希望的方案。方案评价包括概略评价和详细评价两个基础。其评价内容包括技术评价、经济评价、社会评价以及综合评价,其关系如图10-7。

(一) 概略评价

概略评价是对方案创新阶段提出的各个方案设想进行初步评价,目的是淘汰那些明显不可行的方案,筛选出少数几个价值较高的方案,以供详细评价做进一步的分析。概略评价的内容包括以下几个方面:

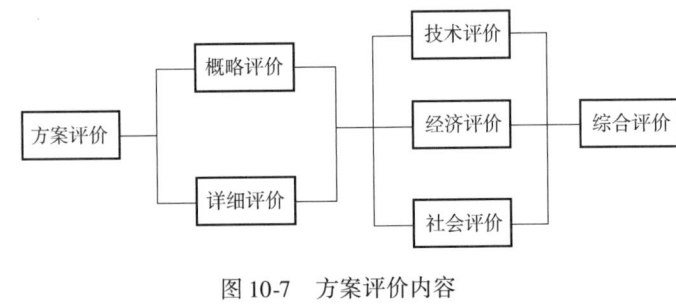

图 10-7 方案评价内容

(1) 技术可行性方面,应分析和研究创新方案能否满足所要求的功能及其本身的技术能否实现。

(2) 经济可行性方面,应分析和研究产品成本能否降低和降低的幅度,以及实现目标成本的可能性。

(3) 社会评价方面,应分析研究创新方案对社会利害影响的大小。

(4) 综合评价方面,应分析和研究创新方案能否使价值工程活动对象的功能和价值有所提高。

(二) 详细评价

详细评价是在掌握大量数据资料的基础上,对通过概略评价的少数方案,从技术、经济、社会三个方面进行详尽的评价分析,为提案的编写和审批提供依据。详细评价的内容包括以下几个方面:

(1) 技术可行性方面,主要以用户需要的功能为依据,对创新方案的必要功能条件实现的程度做出分析评价。特别是对产品或零部件,一般要对功能的实现程度(包括性能、质量、寿命等)、可靠性、维修性、操作性、安全性以及系统的协调性等进行评价。

(2) 经济可行性方面,主要考虑成本、利润、企业经营的要求;创新方案的适用期限与数量;实施方案所需费用、节约额与投资回收期以及实现方案所需的生产条件等。

(3) 社会评价方面,主要研究和分析创新方案给国家和社会带来的影响(如环境污染、生态平衡、国民经济效益等)。

(4) 综合评价方面,是在上述三种评价的基础上,对整个创新方案的诸因素做出全面系统的评价。为此,首先要明确规定评价项目,即确定评价所需的各种指标和因素;然后分析各个方案对每一评价项目的满足程度;最后再根据方案对各评价项目的满足程度来权衡利弊,判断各方案的总体价值,从而选出总体价值最大的方案,即技术上先进、经济上合理和社会上有利的最优方案。

三、方案综合评价方法

用于方案综合评价的方法有很多,常用的定性方法有德尔菲法、优缺点列举法等;常用的定量方法有直接评分法、加权评分法、比较价值评分法、环比评分法、强制评分法、几何平均值评分法等。下面简要介绍几种方法:

(一) 优缺点列举法

优缺点列举法是把每一个方案在技术上、经济上的优缺点详细列出，进行综合分析，并对优缺点做进一步调查，用淘汰法逐步缩小考虑范围，从范围不断缩小的过程中找出最后的结论。

(二) 直接评分法

直接评分法是根据各种方案能够达到各项功能要求的程度，按 10 分制（或 100 分制）评分，然后算出每个方案达到功能要求的总分，比较各方案总分，做出采纳、保留、舍弃的决定，再对采纳保留的方案进行成本比较，最后确定最优方案。

(三) 加权评分法

加权评分法又称为矩阵评分法。这种方法是将功能、成本等各种因素，根据要求的不同进行加权计算，权数大小应根据它在产品中所处的地位而定，算出综合分数，最后与各方案寿命周期成本进行综合分析，选择最优方案。

第四节　方案实施与成果鉴定

一、方案实施与审定

经过评价而选定的最佳方案，在尚未实施前须对其进行某些必要的试验和验证，才能为审定提案提供科学的依据。

方案试验内容包括新产品结构、零部件、新材料、新工艺、新方法、样机或样品的性能、使用等。

通过了试验验证的改进方案，在经过必要的整理后即可作为正式提案上报审批。主管部门应视改进设计项目的内容、重要程度、价值大小来确定其审批权限和程序。

改进方案上报审批时，应提交价值分析提案表，包括原产品的技术经济指标体系、用户要求、存在的主要问题、拟达到的目标、原产品的成本、质量、销售量等内容。另外，产品功能分析、改进的对象目标、依据、改进前后的试验数据、图样、改进后的预计成本、预计效果等均应一同上报主管部门审查批准。

二、成果鉴定

当一个产品的价值工程分析实现后，要进行活动成果的评定。

(一) 技术评定

技术评定可通过价值改进系数来进行，改进后产品价值和改进前产品价值之差与改进前产品价值之比称为价值改进系数，可表示为：

$$\Delta V = \frac{V_2 - V_1}{V_1} = \frac{V_2}{V_1} - 1 \tag{10-4}$$

式中　ΔV——价值改进系数；

　　　V_1——改进前产品的价值；

　　　V_2——改进后产品的价值。

当 $\Delta V > 0$ 时，$V_2 > V_1$，说明价值工程活动的技术性良好，且 ΔV 越大，其效果越好。

当 $\Delta V < 0$ 时，$V_2 < V_1$，说明价值工程活动的技术性不好。

(二) 经济评定

经济评定指标有：

(1) 全年节约额。

全年净节约额 = (改进前单位成本 – 改进后单位成本) × 年产量 – 价值工程活动费用

(2) 节约百分数。

$$节约百分数 = \frac{改进前成本 - 改进后成本}{改进前成本} \times 100\%$$

(3) 节约倍数。

$$节约倍数 = \frac{全年净节约额}{价值工程活动经费}$$

(4) 原材料利用率。

$$原材料利用率 = \frac{产品产量}{产品原材料消耗数量}$$

(三) 社会效益评价

通过价值工程活动，使产品满足了用户的需求，企业取得了效益，同时也降低了能源消耗，减少了环境污染等，表明社会效益良好。反之，产品虽满足了用户，企业也获得了利润，但由于产品生产造成过多的能源消耗，污染环境，破坏生态平衡，甚至影响了国家经济结构的合理布局，造成人力、物力、财力的极大浪费，就说明社会效益不好，这样的方案也不可取。

练习题

1. 价值工程的含义、价值工程的核心是什么？
2. 简述价值工程的分析步骤。
3. 价值工程对象选择的方法有几种？
4. 功能定义的目的是什么？功能系统分析包括哪些步骤？
5. 方案创新的技术方法有哪些？
6. 方案评价分为哪两个步骤？
7. 某产品由 13 种零件组成，各零件的个数和每个零件的成本数据见表 10-3。试用 ABC 分析法选择价值工程目标，并画出 ABC 分析图。

表 10-3 某产品零件资料

零件名称	a	b	c	d	e	f	g	h	i	j	k	l	m
零件个数	1	2	2	2	18	1	1	1	1	1	1	2	1
每个零件成本/元	3.42	2.61	1.03	0.8	0.1	0.73	0.67	0.33	0.32	0.19	0.11	0.05	0.08

第十一章 项目后评价

**本章内容提要**

本章首先介绍了项目后评价的基本概念和项目后评价的内容，然后阐述了项目后评价的三种基本方法，最后给出了世界银行项目和中国投资项目的后评价报告编制格式。本章知识结构如图 11-1 所示。

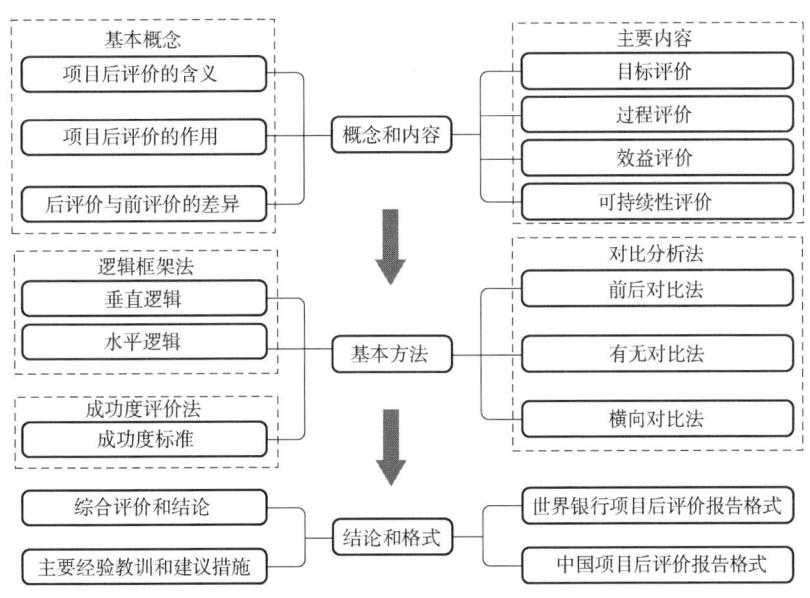

图 11-1 项目后评价知识结构

第一节 项目后评价的基本概念和内容

项目后评价最早产生于 20 世纪 30 年代的美国，主要为了适应当时罗斯福政府对重大社会计划项目管理的需要，作为监督政府"新政"政策性投资的手段。20 世纪 60 年代，美国、英国等发达国家的财政、审计机构及外援单位已开始进行项目后评价工作。20 世纪 70 年代，项目后评价得到世界银行、亚洲开发银行及许多国家的多边和双边援助组织的重视和应用。我国的投资项目后评价始于 20 世纪 80 年代中后期。1998 年国家计划委员会正式委托中国国际工程咨询公司进行第一批国家重点投资项目的后评价，标志着投资项目后评价在我国正式开始实施。2005 年国务院国有资产监督管理委员会发布了《中央企业固定资产投资项目后评价工作指南》；2008年国家发展和改革委员会发布了《中央政府投资项目后评价管理办法（试行）》，并于2009年1月起执行；2013年12月31日，国家质量监督检验检疫总局和国家标准化管理委员会联合发布了《项目后评价实施指南》国家标准，并于2014年7月1日实施。这些文件的发布执行，不断完善了项目后评价方法体系和工作机制。

一、项目后评价的基本概念

（一）项目后评价的含义

项目后评价是指对已经完成的项目的目的、执行过程、效益、作用和影响所进行的系统、客观的分析。其位于项目周期最后一个环节，也可看成一个新项目周期的"前期"，处于"承前启后"的位置。在项目完成并投入运行一段时间后，对项目的原始论证、过程管理、验收情况、实际效果和综合影响等进行一次全面、完整的评估和分析，不仅对被评价的项目本身是一次必要的回顾和总结，从而使项目的周期趋于完整，在此过程中积累的经验、教训和得出的经济、技术、社会、环境等方面的分析结论也会对后续相关项目的决策和开展更具有至关重要的指导意义。

（二）项目后评价的作用

项目后评价的作用主要体现在五个方面：首先是追究项目决策失误者的责任，督促项目管理者和决策者学习和改进决策和管理的策略和方法，从而提高项目决策和管理的水平；其次，减轻项目给社会和环境造成的负面影响，项目后评价往往要对项目给社会和环境造成的实际影响给出必要的评价，这样就可以根据评价采取有针对性的措施来减轻项目给社会和环境造成的负面影响；第三是为项目可持续发展提供了后续方案，通过对项目未来的可持续发展做出评价，根据项目的现状对项目未来的发展做出相应的预测，从而能够提出保障项目可持续发展的后续方案；第四是为政策制定单位提供政策制定的依据，为国家工程项目计划和政策提供优化的依据，为银行等金融机构调整信贷政策提供依据；第五是督促项目运营状态正常化，保证项目预计目标的实现。

（三）项目后评价与项目前评价的差异

与项目前评价相比，项目后评价有以下五个方面的差异：

1. 评价主体通常是项目管理决策的监督机构或独立机构

工程项目前评价是由工程主体（投资者、贷款决策机构、项目审批机构等）组织实施的，而工程项目后评价是以工程运行的监督管理机构、单独设立的后评价机构或项目决策机构的上一级机构为主，会同计划、财政、审计、设计和质量等有关部门进行的。

2. 评价重点是对实施结果进行鉴定

工程项目的前评价侧重于项目的经济效益分析和评价，直接作为项目投资决策的依据，对未来的经济效益和社会效益进行科学预测。工程项目的后评价则要结合行政、法律、经济、社会、建设、生产、决策和实施等方面的内容进行综合评价，以现有事实为依据，以提高经济效益为目的，对项目实施结果进行鉴定，并为未来项目的投资决策提供反馈信息，间接作用于未来项目的投资决策。

3. 评价内容包括决策准确性和实施效率

工程项目的前评价主要是对项目建设的必要性、可行性、合理性及技术方案和建设条件等进行评价，对未来的经济效益和社会效益进行科学预测。工程项目后评价除了对上述前评价的内容进行再评价外，还要对项目决策的准确程度和实施效率进行评价，对项目的实际运行状况进行深入细致的分析。

4. 评价依据主要是本工程项目的实际数据

工程项目前评价主要依据类似项目的历史资料和经营数据以及国家和有关部门颁发的政策、规定、方法、参数等文件；而工程项目后评价则主要以已经建成的被评价项目本身的实际情况为依据进行评价。

5. 评价的时点是在项目正式结束后

工程项目前评价在项目决策前的前期工作阶段进行，而工程项目后评价则是工程项目正式结束（包括项目验收后结束和项目无法继续开展而终止的结束）后对项目全过程的总体情况进行的评价。

二、项目后评价的内容

根据《项目后评价实施指南》，项目后评价应包括项目目标评价、项目过程评价、项目效益评价、项目可持续性评价等方面。

（一）目标评价

项目的目标评价主要是将项目前评价阶段的目标与项目实际情况进行对照，分析和评价项目预设目标的正确性、合理性和实践性，判断项目立项时设定目标的实现程度，包括项目管理目标评价和项目宏观目标评价两个层次。

1. 项目管理目标评价

对照项目立项时的目标和主要指标，检查项目实际完成情况，评估项目目标和主要指标的适宜性和实现程度。项目管理目标通常包括产品数量或质量目标、产品成本目标、产品市场竞争力目标，以及项目的利润目标、销量目标等。

目标适宜性评价以项目实际实施和运营情况为依据，结合项目实施环境和条件的变化情况，评估项目原定目标和主要指标的科学性和合理性。

目标的实现程度评价主要是为了明确项目成果与目标之间的偏差范围并分析实际发生偏差的原因，判断项目成功是否符合后续发展的要求。

2. 项目宏观目标评价

从战略层面对项目预设的宏观目标的实现程度进行评价，主要考察项目结束后产生的实际效果或所呈现的客观状态与组织预期的吻合程度、背离或偏离情况等。宏观目标通常包括国家或地区的经济发展目标、国家或地区产业结构调整目标、社会发展目标等。

（二）过程评价

在对项目各个阶段进行回顾的基础上，确认项目实施过程是否按计划进行，分析过程中产生的重大偏离和原因，以及对项目实施效果产生的影响，并对项目实施全过程的管理水平和工作质量做出评价。可分为项目前期决策阶段评价、项目准备阶段评价、项目实施阶段评价和项目应用（运营）阶段评价。

1. 前期决策阶段评价

项目前期决策阶段评价的内容包括项目建议书的编制、评估和批复，项目可行性研究报告及计划任务书的编制、评估和批复，以及其他申报和审批手续等，还包括勘测工作和项目的规划设计工作。

评价重点为决策程序的规范性和完整性、决策结论的科学性和合理性、各类报告的质量、单位资质的符合性及资料的完整性,以及勘测工作对设计和施工的满足程度、设计方案的优化情况、技术上的先进性和可行性,经济上的合理性等。

2. 准备阶段评价

项目准备阶段评价的内容包括项目团队组建和资源配置,项目推进方法和路径,项目工作计划、资金筹措和管理方案,项目实施准备等。

评价重点为准备程序的规范性和完整性、工作计划的合理性、资源配置的科学性、准备工作质量及资料的完整性等。

3. 实施阶段评价

实施阶段的评价内容包括管理保障、进度控制、经费管理、变更控制、监督管理、试运行和验收等。具体包括招标投标、工程进度、工程质量、工程造价、工程监理以及各种合同执行情况及生产运营准备情况。

评价重点为项目要素的控制措施和效果、保障体系的科学性和合理性、试运行的充分性及验收工作的合规性。

4. 运营阶段评价

运营阶段评价的内容包括组织管理,档案资料、人员和服务管理,工程项目的运行与安全管理,非工程项目的产业转化管理。

评价重点为管理制度的建立和实施效果、归档资料的完整性和系统性、人员培训和服务质量控制、项目维护和利用效率、非工程项目的产业转化前景和效果等。

(三) 效益评价

在过程评价的基础上,对项目运行的效果做出评价,并为项目可持续性评价提供依据,通常包括项目技术评价、项目经济效益评价、项目社会效益评价和项目环境影响评价。

1. 技术评价

技术评价的主要内容包括项目技术选择、项目功能目标实现程度、项目资源利用效果、项目技术创新或对新技术的应用等。具体包括工艺、技术和装备的先进性、适用性、经济性、安全性,以及建筑工程质量和安全性评价。

2. 经济效益评价

经济效益评价的主要内容包括根据实际已经发生的财务和经济费用效益现金流量,扣除物价上涨和参数变化的影响,分别重新测算项目的财务评价指标、经济费用效益评价指标,与可行性研究预测的目标对比,分析实现的程度以及产生差异的原因,同时对项目的前景和采取的措施进行分析。

3. 社会效益评价

社会效益评价主要评价项目在促进社会经济发展和改善人民生活等方面所产生的积极作用,评价内容主要包括项目的社会效益和社会影响。

社会效益包括项目对区域经济发展和社会和谐的贡献,项目对当地居民生活质量的改善和项目对创造就业机会的贡献,以及项目在节能方面的贡献等。

社会影响包括项目对国际、国内的影响,项目对国际、国内交流的促进作用等。

4. 环境影响评价

主要评价项目对区域自然环境、生态环境、自然资源等带来的实际影响,对立项论证认为可能产生重大环境影响的项目，还应将项目产生的实际环境影响与立项报批的环境影响报告书进行对比分析。

（四）可持续性评价

可持续性评价主要评价项目能否依靠自身力量维持运营和发展，分析项目的既定目标能否继续实现。其核心是对项目能否持续发挥投资效益、持续发挥企业的发展潜力和进行内涵式改造的前景等进行考察评价，做出判断，提出项目持续发挥效益必须具备的内外部条件和需要采取的措施。

应从项目的类型、规模、特点出发，选取适当评价指标，综合评价社会经济可持续性、环境资源可持续性、项目运营可持续性、管理制度可持续性、与同类项目和所在区域发展的协调性等因素。

可持续性评价的内容主要包括项目运行的运营管理水平、技术水平、人才素质、财务状况等内部因素和规划、政策、市场需求、环境条件、资金等外部条件两方面进行分析和评价。

第二节 项目后评价的基本方法

项目后评价方法是进行项目后评价的手段和工具，最常用的方法主要有对比分析法、逻辑框架法和成功度评价法。

一、对比分析法

对比分析法有前后对比法、有无对比法、横向对比法三种。

（一）前后对比法

项目后评价中的前后对比法是指项目可行性研究和前评价阶段所计算的项目的投入、产出、效益、费用和相应的评价指标与项目实施后的评价指标进行对比分析，用以发现前后变化的数量、变化的原因，以揭示计划、决策和实施的质量。

（二）有无对比法

有无对比法是在项目后评价的同一时点上，将有此项目时实际发生的情况与无此项目时可能发生的情况进行对比，以度量此项目的真实效益、影响和作用，这种对比一般用于项目效益评价和影响评价，是项目后评价的一个重要方法。有无对比法的关键是要求投入费用与产出效果的口径一致，也就是说，所度量的效果真正是由该项目所产生的。采用有无对比法进行项目后评价，需要大量可靠的数据，最好有系统的项目监测资料，也可应用当地有效的统计资料。在进行对比分析时，先要确定评价内容和主要指标，选择可比的对象，通过建立对比表，用科学的方法收集资料。

（三）横向对比法

横向对比法是指将项目实施后所达到的技术经济指标与国内同类项目的平均水平、先进水平、国际先进水平进行比较，为项目持续评价提供更高的参考。

二、逻辑框架法

逻辑框架法（Logical Framework Approach，LFA）是美国国际开发署在 1970 年开发并使用的一种设计、计划和评价的工具。目前已有三分之二的国际组织把该方法用于援助项目的计划管理和后评价。逻辑框架法不是一种机械的方法程序，而是一种综合、系统地研究和分析问题的思维框架，它将几个内容相关且必须同步考虑的动态因素组合起来，通过分析相互之间的关系，从设计、策划、目标等方面来评价项目。逻辑框架法的核心是分析项目运营、实施的因果关系，以揭示结果与内外原因之间的关系。逻辑框架法的模式是由 4×4 的矩阵组成，横行代表项目的目标层次（垂直逻辑），竖行代表如何验证这些目标是否达到（水平逻辑）。

（一）垂直逻辑

垂直逻辑用于分析项目计划做什么，弄清项目手段与结果之间的关系。垂直逻辑把目标及因果关系分为四个层次。

1. 目标（Goal）

目标通常是指宏观计划、规划、政策和方针等，该目标可以由几个方面的因素来实现。目标一般超过单个项目范畴，通常由数个项目来实现，是指国家、地区、部门或多边金融机构的整体目标。

2. 目的（Object or Purpose）

目的用以确定"为什么"要实施这个项目，即建设项目为受益群体带来什么？例如，某水利灌溉项目的实施可以使某一地区的水稻增产多少等。

3. 产出（Output）

产出描述项目"要取得什么"，即项目提供可计量的直接结果。例如某水利灌溉项目的产出是建立供水和灌溉网络。项目的产出并不直接实现上一层次的目的（如增加水稻产量），而是提供实现目的的手段和条件。

4. 投入与活动（Input and Activities）

投入与活动描述项目是"怎样"被执行的，包括资源投入的量和时间。

以上四个层次由下至上包含三个逻辑关系：第一级是如果保证一定的资源投入，并加以很好的管理，并预计有怎样的产出；第二级是项目的产出与社会或经济变化之间的关系；第三级是项目的目的对整个地区或国家更高层次目标的贡献的关联性。

（二）水平逻辑

每个层次的目标应该有客观验证指标、验证方法和重要假设条件，这些构成了水平方向的逻辑关系。

1. 客观验证指标

客观验证指标用来界定达到目标的程度。各层次目标应尽可能地有客观的、可度量的验证指标，包括数量、质量、实现（或提供）的时间及负责实施的人员。

2. 验证方法

验证方法是指用什么方法检查项目是否达到目标，包括资料的来源渠道和数据资料的采集方法。

3. 重要的建设条件

重要的建设条件是指可能对项目的进展或结果产生影响，而项目管理者又无法控制的那些条件，即如果这些外部条件假设一旦发生，会产生什么结果。这些条件包括项目所在地的特定自然环境及自然变化；政府在政策、计划、发展战略方面的失误或变化；管理部门体制发生变化等。

水平逻辑的目的是要衡量项目的资源和结果，确立客观的验证指标及其指标的验证方法来进行分析。水平逻辑要求对垂直逻辑四个层次上的结果做出详细说明，见表 11-1。

表 11-1 逻辑框架法的模式

层次描述	客观验证指标	验证方法	重要外部条件
目标	目标指标	监测和监督手段及方法	实现目标的主要条件
目的	目的指标	监测和监督手段及方法	实现目的的主要条件
产出	产出物定量指标	监测和监督手段及方法	实现产出的主要条件
投入	投入物定量指标	监测和监督手段及方法	实现投入的主要条件

将逻辑框架法具体应用到项目后评价中时，垂直逻辑四层次中的"目标"对应的是地区或国家的宏观目标，而目的、产出和投入对应的都是项目层面的。水平逻辑通常以各层次目标的预期值和实际值进行对比，分析对比结果的原因，并给出项目的可持续条件，具体见表 11-2。

表 11-2 项目后评价的逻辑框架

层次描述	预期目标	实际结果	原因分析	可持续条件
宏观目标				
项目目的				
项目产出				
项目投入				

三、成功度评价法

（一）成功度的概念

成功度评价法依靠评价专家或专家组的经验，结合项目运行制定系统标准或评价指标体系，根据项目的执行情况综合评价各项指标，对各项指标打分或评级，最后得到项目的综合评级，对项目实施预期目标的成功程度给出定性的结论。成功度评价法的核心在于根据经验建立合理的指标体系。

（二）成功度的标准

成功度通常分为以下五个等级：

1. 成功（也可用 A 表示）

成功表明项目的各项目标已经全面实现或超过；相对于成本，项目取得了巨大的效益和影响。

2. 基本成功（也可用 B 表示）

基本成功表明项目的大部分目标已经实现；相对于成本，项目达到了预期的效益和影响。

3. 部分成功（也可用 C 表示）

部分成功表明项目实现了原定的部分目标；相对于成本，项目只取得了一定的效益和影响。

4. 不成功（也可用 D 表示）

不成功表明项目实现的目标非常有限；相对于成本，项目几乎没有取得什么效益和好的影响。

5. 失败（也可用 E 表示）

失败表明项目的目标是不现实的，根本无法实现；相对于成本，项目不得不终止。

（三）项目后评价成功度评价表示例

表 11-3 是一个项目后评价中成功度评价的示例。项目后评价人员首先要根据具体项目的类型和特点，确定表 11-3 中指标与项目相关的程度，将其分为重要、次重要和不重要三类，然后对重要和次重要的指标的成功度进行打分。

表 11-3 项目后评价成功度评价表

评价指标	项目相关重要性	评定等级
宏观目标和产业政策		
决策及其程序		
布局与规模		
项目目标及市场		
设计与技术装备水平		
资源和建设条件		
资金来源和融资		
项目进度及其控制		
项目质量及其控制		
项目投资及其控制		
项目经营		
机构和管理		
项目财务效益		
项目经济效益和影响		
项目的社会和环境影响		
项目的可持续性		
项目总评		

注：项目相关重要性分为重要、次重要、不重要；评定等级分为 A——成功、B——基本成功、C——部分成功、D——不成功、E——失败。

在进行项目成功度评价时，要注意预期目标的合理性、可行性以及环境条件变化所带来的影响并进行分析，以便更好地根据实际情况评价项目的成功度。

第三节　项目后评价的结论与报告

一、项目的综合评价和结论

项目后评价报告的结论包括综合评价和结论、主要经验教训、建议和措施等。

(一) 项目的综合评价和结论

综合评价应汇总整个后评价，以便得出项目实施和成果的定性结论。综合评价以三种基本评价方法对应的评价结果为基础和依据：项目逻辑框架表，评定项目的目标合理性、实现程度及外部条件；项目效益指标对比表，通过前后、有无或横向对比评定项目的投入与产出结果；成功度评价表，就项目实现预期的成败程度给出一个定性的结论。

定性结论可分为成功的、部分成功的和不成功的三个等级。

(二) 主要经验教训

主要经验教训包括两方面：一是项目本身的重要收获和教训；二是可供其他项目借鉴的经验教训。经验教训可以从项目、企业、行业、宏观四个方面说明，特别是给项目决策者、投资者、债权人、执行者等提供在项目决策、程序、管理和实施中可借鉴的经验教训，可直接为新项目的决策服务。

(三) 建议和措施

根据项目的问题、评价和经验教训，提出对应的建议和措施，包括提出使项目今后持续发挥投资效益和企业潜力的建议和措施。

二、项目后评价报告的编写格式

项目后评价报告是对项目后评价工作进行的总结和后评价成果的表现形式，是项目后评价的最终成果。下面分别介绍世界银行项目后评价报告和中国项目后评价报告的编写格式。

(一) 世界银行项目后评价报告的编写格式

世界银行的项目后评价报告主要包括项目完成报告书和项目执行情况审核备忘录，均有较为规范的格式。

1. 项目完成报告书的编写格式

世界银行编制的项目完成报告书一般包括以下几个方面的内容：

（1）项目背景。项目背景主要包括项目提出、准备和实施的依据，项目目标，项目建设内容等。

（2）项目管理机构。项目管理机构主要包括项目管理机构的设置、管理措施、管理人员实绩、管理过程中的经验和教训等。

（3）项目物质与财务管理。项目物质与财务管理主要包括采购、供应商和承包商的表现，物质与财务管理中出现的问题、问题产生的原因，存在的问题及所造成的影响，为解决问题所采取的措施及其实际效果等。

（4）项目贷款中的异常情况。项目贷款中的异常情况主要包括项目贷款中的异常情况与贷款条件、贷款协议、贷款程序等方面相互关系的分析。

（5）项目重大修改。项目重大修改主要是指项目重大修改的原因分析。

（6）人员培训。人员培训主要包括世界银行及贷款者双方在工作人员培训方面的经验和教训分析。

（7）项目违约事件。项目违约事件主要包括对违约事件的发生及采取的相应措施进行分析，如未采取任何措施，则要分析其原因。

（8）项目财务评价。项目财务评价主要包括相关的财务评价指标，分析其财务盈利能力和贷款偿还能力。

(9) 项目国民经济评价。项目国民经济评价主要包括国民经济评价指标,分析其对国民经济的贡献程度。

(10) 项目社会评价。项目社会评价主要包括相关的社会评价指标,分析其对社会的贡献程度。

(11) 结论。结论主要包括总结项目的经验教训,提出结论性意见及建议。

2. 项目执行情况审核备忘录的编写格式

世界银行编制的项目执行情况审核备忘录主要包括以下几个方面的内容:

1) 对项目建设的背景、目的目标、实施过程和结果进行概述。
2) 分析评价项目完成情况,并检验其是否达到预期目标。
3) 分析检验项目选定情况以及准备阶段预计的不利因素是否已消除。
4) 得出评价结论、经验教训以及其他有特殊意义的问题。
5) 指出与项目完成报告的相同处及分歧点。
6) 重点阐述项目完成报告中未涉及的问题或者阐述不清的问题。

(二) 中国项目后评价报告的编写格式

根据《项目后评价实施指南》的附录,中国项目后评价文件的通用要素包括文前要素和内容要素。

1. 文前要素

项目后评价报告的文前要素主要包括以下内容:

1) 编制单位资质证书。
2) 项目后评价实施单位。
3) 参加项目后评价的人员名单和专家组人员名单。
4) 附图。

2. 内容要素

内容要素主要包括项目概况、项目目标评价、项目实施过程的总结和评价、项目效果和效益评价、项目环境和社会效益评价、项目可持续性评价、项目后评价结论和主要经验教训、对策建议和附件,分别简要描述如下:

(1) 项目概况。项目概况包括以下六个方面的内容:

1) 项目情况简述。概述项目建设地点、项目业主、项目性质和特点,以及开工和竣工时间。
2) 项目决策要点。项目建设的理由,决策目标和目的。
3) 项目主要内容。项目开展的主要内容,包括预期目标和实际实现目标等。
4) 项目实施周期。项目周期各个阶段的起止时间、时间进度表等。
5) 项目资金到位及使用。项目立项决策批复资金情况、资金来源计划和实际到位情况、资金使用情况、项目验收资金决算情况、资金管理制度建立及执行情况等。
6) 项目运行及效益现状。项目运行现状、能力实现状况、项目财务经济效益情况等。

(2) 项目目标评价。项目目标评价主要包括项目管理直接目标及其实现情况分析,项目宏观目标及其实现情况分析。

(3) 项目实施过程的总结与评价。项目实施过程的总结与评价包括以下四个过程的总结与评价:

1）项目前期决策总结与评价。主要包括项目立项的依据、项目决策过程和程序、项目评估和可行性研究报告批复的主要意见。

2）项目准备工作与评价。主要包括项目推进计划和路径，项目团队组建和资源配置，具体实施准备措施等。

3）项目实施总结与评价。主要包括项目合同执行与管理情况、项目实施推进情况、项目变更情况、项目费用控制情况、过程质量控制情况、阶段监督管理和验收情况等。

4）项目运营情况与评价。主要包括项目运营情况、项目预期能力实现情况、项目运营成本和财务情况、产品结构与市场情况。

（4）项目效果和效益评价。项目效果和效益评价主要包括以下三个方面：

1）项目技术水平评价。项目技术水平（能力水平、技术经济性）。

2）项目经济效益评价。项目财务效益情况、项目财务效益指标分析和项目经济效益变化原因分析等。

3）项目运营管理评价。运营管理机构设置情况、运营管理体制及规章制度情况、运营管理策略情况、人员培养情况等。

（5）项目环境和社会效益评价。

1）项目环境效益评价。项目实际产生的环境影响情况，有关制度的建设和执行情况，环境保护、生态保护和资源节约等情况。

2）项目社会效益评价。项目主要利害相关方，项目的实施对当地（宏观经济、区域经济、行业经济）发展的影响，对当地就业和人民生活水平提高的影响，对当地政府的财政收入和税收的影响。

（6）项目可持续性评价。根据项目现状，结合国家的政策、资源条件和市场环境对项目的可持续性进行分析，预测产品的市场竞争力，从项目内部因素和外部条件等方面评价整个项目的持续发展能力。

（7）项目后评价结论及主要经验教训。主要包括以下三个内容：

1）项目成功度评价。

2）评价结论和存在的问题。

3）主要经验教训。

（8）对策建议。

1）对项目和项目执行机构的建议。

2）对项目组织的建议。

3）宏观对策建议。

（9）附录。

1. 项目后评价的含义是什么？
2. 项目后评价有哪些作用？
3. 与项目前评价相比，项目后评价有哪些不同？
4. 简述项目后评价的内容有哪些？
5. 简述项目后评价的三种对比分析方法及其含义？

6. 简述逻辑框架法中垂直逻辑和水平逻辑的含义和内容。
7. 简述成功度评价的等级划分及各等级的标准。
8. 在项目后评价时，可以从哪些方面说明项目的经验教训？
9. 简述世界银行项目后评价报告的编写格式。
10. 简述中国项目后评价报告的编写格式。

第十二章　Excel 在工程经济中的应用

**本章内容提要**

在工程经济学的学习和运用中通常面临这样一个难题：即使对简单的题目，用手工计算也很麻烦，更别说复杂的项目评价。利用常用的办公软件 Microsoft Excel 即可在很大程度上为我们解决这一难题。本章首先介绍了 Excel 在资金等值换算方面的应用，然后介绍了 Excel 在方案经济评价方面的应用，最后介绍了 Excel 在不确定性分析中的应用。知识结构如图 12-1 所示。

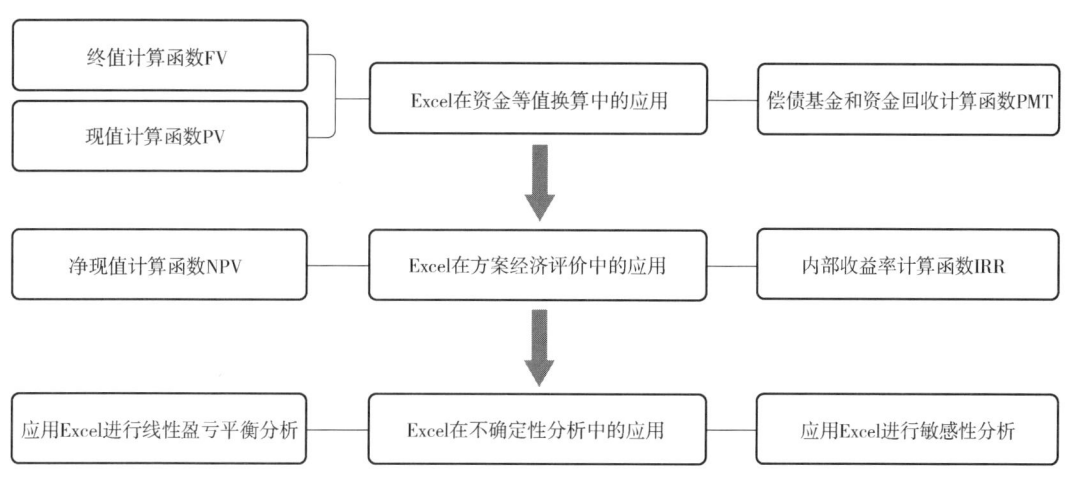

图 12-1　Excel 在工程经济中的应用知识结构

第一节　Excel 在资金等值换算中的应用

一、FV——终值计算函数

终值计算函数在 Excel 中表达式为：

$$FV\ (Rate,\ Nper,\ Pmt,\ Pv,\ Type)$$

式中　Rate——利率；
　　　Nper——期数；
　　　Pmt——年金；
　　　Pv——现值；

Type——只有数值 0 或 1，0 表示收款时间是期末，1 表示收付款时间是期初。

终值计算函数可以用于以下两种情况：

(1) 已知现值求终值。

(2) 已知年金求终值。

【例 12-1】 银行三年期定期存款年利率为 4.75%，现存入银行 1000 元，计算 3 年后可一次性连本带利取出多少元？

计算过程如下：

(1) 启动 Excel 软件，单击主菜单栏上的"插入"命令，然后在下拉菜单中选择"函数"命令，弹出"插入函数"对话框。在"选择类别"中单击"财务"，然后再选择函数"FV"，如图 12-2 所示。

(2) 在弹出的"FV"函数对话框中，Rate 栏输入"4.75%"，Nper 栏输入"3"，Pv 栏输入"-1000"，然后单击"确定"按钮［也可直接在单元格 A1 中输入公式：= FV (4.75%，3，，-1000)］，如图 12-3 所示。

注意：在运用 Excel 计算时，现金流入用正数表示，现金流出用负数表示。

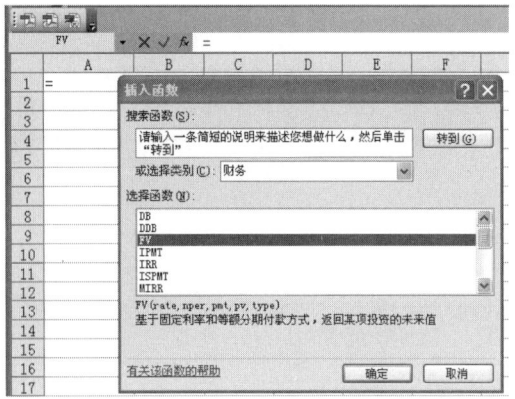

图 12-2　FV 函数计算步骤 1　　　　图 12-3　FV 函数计算步骤 2

(3) 单元格 A1 中显示计算结果"1149.38"。当显示的结果格式与图 12-4 中不一致时（如显示"1，149.38""￥1149.38"，或小数位数多于 2 位），可重新设置单元格格式，以满足要求。

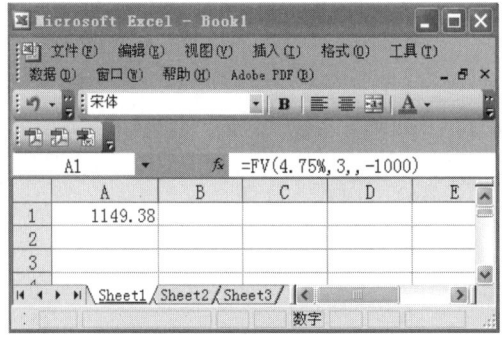

图 12-4　FV 函数计算步骤 3

【例12-2】 银行活期存款年利率为0.5%，每年存入银行500元，计算5年后可一次性连本带利可取出多少元？

计算过程如下：

（1）同【例12-1】。

（2）在弹出的"FV"函数对话框中，Rate栏输入"0.5%"，Nper栏输入"5"，Pmt栏输入"-500"，然后单击"确定"按钮［也可直接输入公式：=FV（0.5%，5，-500）］，如图12-5所示。

（3）单元格显示计算结果"2525.13"。

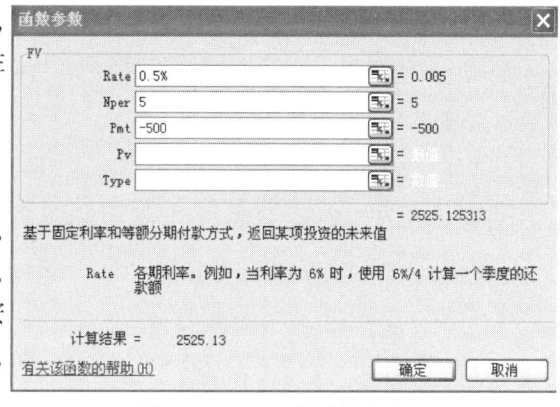

图12-5　FV函数计算步骤2

二、PV——现值计算函数

现值计算函数在Excel中表达式为：

$$PV（Rate，Nper，Pmt，Fv，Type）$$

式中　Rate、Nper、Pmt、Type——含义与FV函数中的含义相同；

　　　Fv——终值。

在PV函数中，若Pmt参数为0或省略，则函数值为复利现值；若Fv参数为0或省略，则函数值为年金现值。

现值计算函数可以用于以下两种情况：

（1）已知终值求现值。

（2）已知年金求现值。

【例12-3】 银行三年期定期存款年利率为4.75%，为了3年后能一次性连本带利取出10000元，现在应存入银行多少元？

计算过程如下：

（1）启动Excel软件，单击主菜单栏上的"插入"命令，然后在下拉菜单中选择"函数"命令，弹出"插入函数"对话框。在"选择类别"中单击"财务"，然后再选择函数"PV"。

（2）在弹出的"PV"函数对话框中，Rate栏输入"4.75%"，Nper栏输入"3"，Fv栏输入"10000"，然后单击"确定"按钮［也可直接输入公式：=PV（4.75%，3，，10000）］，如图12-6所示。

（3）单元格显示计算结果"8700.37"。

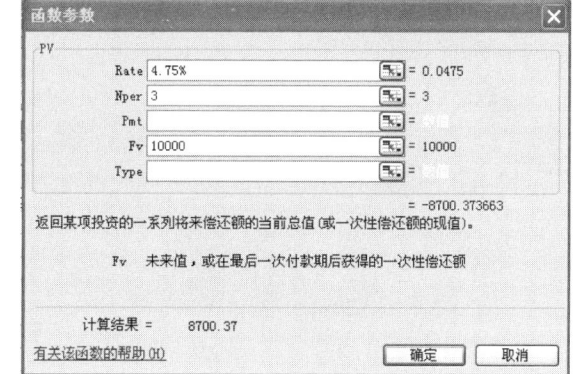

图12-6　PV函数计算步骤2

【例12-4】 银行活期存款年利率为0.5%，为了今后5年每年都能从银行取出2000元，现在应存入银行多少元？

计算过程如下：

(1) 同【例 12-3】。

(2) 在弹出的"PV"函数对话框中，Rate 栏输入"0.5%"，Nper 栏输入"5"，Fv 栏输入"2000"，然后单击"确定"按钮［也可直接输入公式：= PV（0.5%，5，2000）］。

(3) 单元格显示计算结果"9851.73"。

三、PMT——偿债基金和资金回收计算函数

偿债基金和资金回收计算函数在 Excel 中表达式为：

$$PMT（Rate，Nper，Pv，Fv，Type）$$

式中　Rate、Nper、Pv、Fv、Type——含义与前述函数中的含义相同。

在 PMT 函数中，若 Pv 参数为 0 或省略，则该函数计算的是偿债基金值；若 Fv 参数为 0 或省略，则该函数计算的是资金回收值。

偿债基金和资金回收函数可以用于以下两种情况：

(1) 已知终值求年金。

(2) 已知现值求年金。

【例 12-5】 银行存款年利率为 0.5%，为了 3 年后能一次性连本带利取出 5000 元，从现在起每年应存年金多少元？

计算过程如下：

(1) 启动 Excel 软件，单击主菜单栏上的"插入"命令，然后在下拉菜单中选择"函数"命令，弹出"插入函数"对话框。在"选择类别"中单击"财务"，然后再选择函数"PMT"。

(2) 在弹出的"PMT"函数对话框中，Rate 栏输入"0.5%"，Nper 栏输入"3"，Fv 栏输入"5000"，然后单击"确定"按钮［也可直接输入公式：= PMT（0.5%，3,，5000）］，如图 12-7 所示。

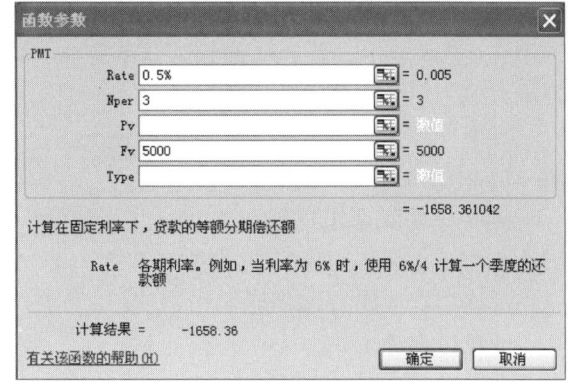

图 12-7　PMT 函数计算步骤 2

(3) 单元格显示计算结果"-1658.36"。

【例 12-6】 年利率为 0.5%，现在存入银行 10000 元，从今年起连续 5 年每年可从银行取出年金多少元？

计算过程如下：

(1) 同【例 12-5】。

(2) 在弹出的"PMT"函数对话框中，Rate 栏输入"0.5%"，Nper 栏输入"5"，Pv 栏输入"-10000"，然后单击"确定"按钮［也可直接输入公式：= PMT（0.5%，5，10000）］。

(3) 单元格显示计算结果"2030.10"。

第二节　Excel 在方案经济评价中的应用

一、NPV——净现值计算函数

NPV 函数在 Excel 中表达式为：

$$NPV（Rate，Value1，Value2）$$

式中　　　　　　Rate——折现率；

Value1，Value2，…——支出和收入的 1 到 29 个参数，时间均匀分布并出现在每期末尾。

NPV 函数可用于计算投资方案的净现值。

【例 12-7】　某投资方案的净现金流量见表 12-1，试计算 NPV。基准收益率为 12%。

表 12-1　某方案净现金流量表　　　　　　　　　　（单位：万元）

年份	1	2	3	4	5
净现金流量	-100	50	200	300	350

计算过程如下：

（1）启动 Excel 软件，建立如图 12-8 所示的工作表。

（2）单击主菜单栏上的"插入"命令，然后在下拉菜单中选择"函数"命令，弹出"插入函数"对话框。在"选择类别"中单击"财务"，然后再选择函数"NPV"。

（3）在弹出的"NPV"函数对话框中，Rate 栏输入"12%"，单击"Value1"栏右端的"▦"图标，然后选择单元格"B2：F2"（或直接在"Value1"栏中输入"B2：F2"），再单击"▦"图标，回到 NPV 函数对话框，最后单击"确定"按钮，如图 12-9 所示。

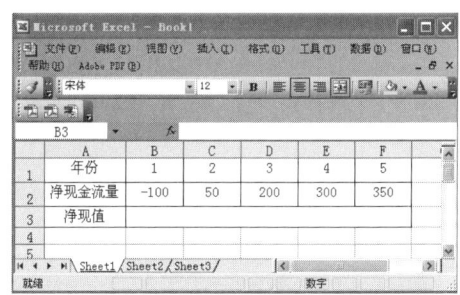

图 12-8　NPV 函数计算步骤 1

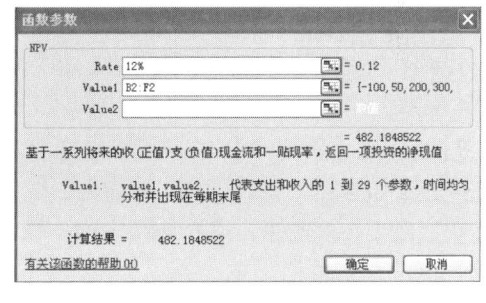

图 12-9　NPV 函数计算步骤 3

（4）单元格显示计算结果"482.18"如图 12-10 所示。

在使用 NPV 函数时，应注意函数 NPV 假定第一笔现金流发生在第一个周期的期末，如果第一笔现金流发生在第一个周期的期初，则第一笔现金必须添加到函数 NPV 的结果中，而不应包含在 Values 参数中。下面以【例 12-8】说明。

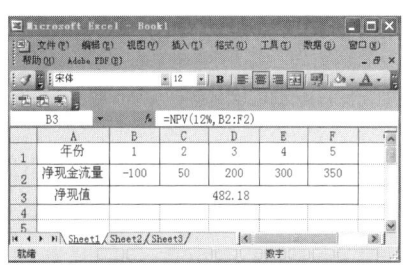

图 12-10　NPV 函数计算步骤 4

【例 12-8】 某投资方案的净现金流量见表 12-2，计算 NPV。基准收益率为 12%。

表 12-2　某方案净现金流量表　　　　　　　　　（单位：万元）

年份	0	1	2	3	4
净现金流量	-100	50	200	300	350

计算过程如下：

（1）启动 Excel 软件，建立如图 12-11 所示的工作表。

（2）将光标放在单元格 B3，输入公式"= NPV（12%，C2：F2）+ B2"，按回车键。B3 显示净现值"540.05"，如图 12-12 所示。

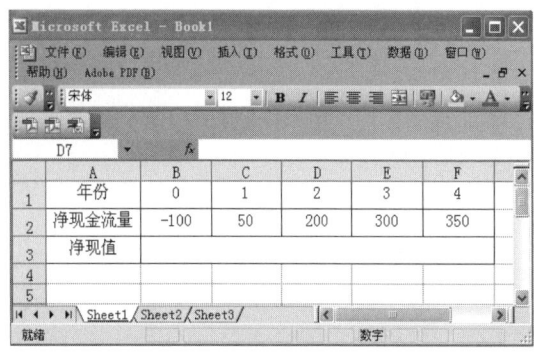

图 12-11　NPV 函数计算步骤 1

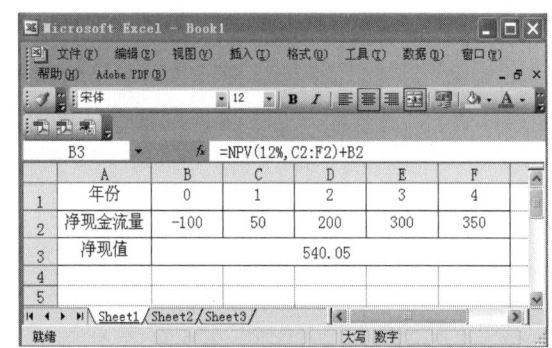

图 12-12　NPV 函数计算步骤 2

二、IRR——内部收益率计算函数

IRR 函数在 Excel 中表达式为：

$$IRR（Values，Guess）$$

式中　Values——一个数组，或对数字单元格区的引用；

　　　Guess——内部收益率的猜测值，如果省略，则为 0.1。

IRR 函数可用于计算投资方案的内部收益率。

【例 12-9】 计算【例 12-7】中方案的内部收益率。

计算过程如下：

（1）启动 Excel 软件，建立如图 12-13 所示的工作表。

（2）单击主菜单栏上的"插入"命令，然后在下拉菜单中选择"函数"命令，弹出"插入函数"对话框。在"选择类别"中单击"财务"，然后再选择函数"IRR"。

（3）在弹出的"IRR"函数对话框中，单击"Value1"栏右端的"■"图标，然后选择单元格"B2：F2"，再单击"■"图标，回到 IRR 函数对话框，最后单击"确定"按钮，如图 12-14 所示。

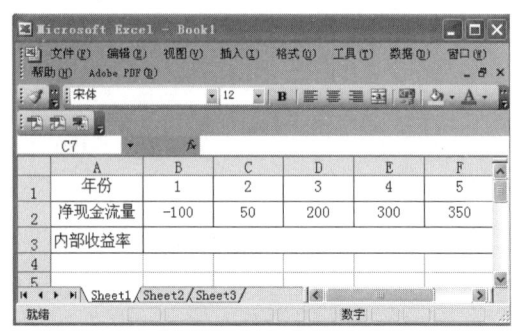

图 12-13　IRR 函数计算步骤 1

（4）单元格显示计算结果"126.67%"，如图 12-15 所示。

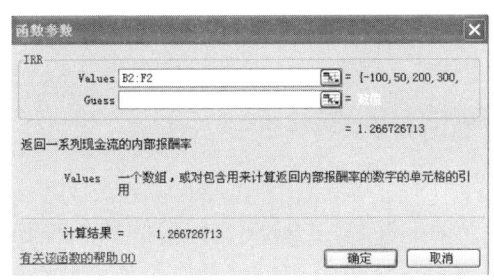

图 12-14　IRR 函数计算步骤 3

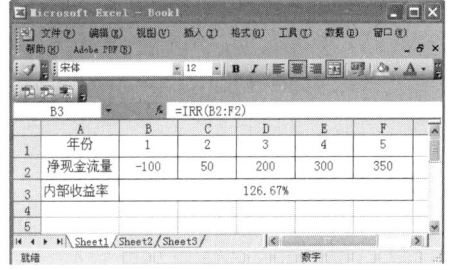

图 12-15　IRR 函数计算步骤 4

三、动态投资回收期的计算

【例 12-10】　某拟建项目寿命期为 8 年，第 1 年投资 100 万元，第 2 年到第 8 年的年净收益为 28 万元，计算动态投资回收期。基准收益率为 12%。

计算过程如下：

（1）启动 Excel 软件，建立如图 12-16 所示的工作表。

（2）计算净现金流量现值：在单元格 B3 中输入公式"= PV（12%，B1，，- B2、）"，得到结果为"89.29"，然后拖动其右下角的复制柄直至 I3；计算累计净现金流量现值：在单元格 B4 中输入"= B3"，在单元格 C4 中输入"B4 + C3"，然后拖动 C4 右下角的复制柄直至 I4。计算结果如图 12-17 所示。

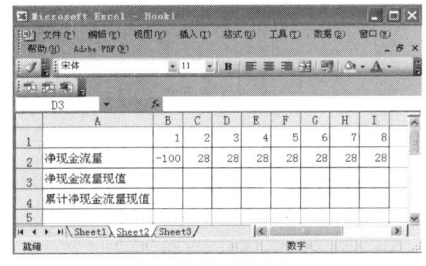

图 12-16　动态投资回收期计算步骤 1　　　图 12-17　动态投资回收期计算步骤 2

（3）计算动态投资回收期：在 B5 中输入公式"= G1 - 1 - F4/G3"，再按回车键，得到结果"5.94"，如图 12-18 所示。

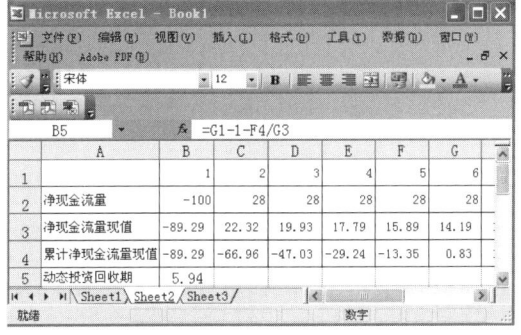

图 12-18　动态投资回收期计算步骤 3

投资方案经济评价的其他指标，如增量内部收益率、净年值、净现值率，都可以运用前面所学到的基本函数，综合其他数学运算，计算出结果。

第三节　Excel 在不确定性分析中的应用

考虑高版本都兼容低版本，所以本节基于 Microsoft Excel 2003 这一较低版本的 Excel 操作步骤讲解，如果使用的是更高版本的 Microsoft Excel，操作步骤可能有所差异，但本节所述的功能在 Microsoft Excel 2003 以上版本都是有的，只需要在菜单栏或工具栏中找找就能实现本节的分析结果。

一、线性盈亏平衡分析

【例 12-11】 某项目年设计生产能力为 4000 件，单位产品售价为 60 元，固定成本为 30000 元，单位产品变动成本为 35 元，单位产品销售税金及附加为 9.35 元。求以产量、生产能力利用率、销售价格表示的盈亏平衡点，并以产量为研究对象绘制盈亏平衡分析图。

计算过程如下：

（1）启动 Excel 软件，建立如图 12-19 所示的工作表。

（2）在有关单元格中输入如下公式：

C8：＝C3/（C5－C4－C6）

C9：＝C3/C2＋C4＋C6

C10：＝C8/C2

注意设置各单元格格式。

结果如图 12-20 所示。其中，盈亏平衡生产能力利用率为 47.92%，可见该投资项目有很强的抗风险能力。

	A	B	C	D
1				
2		年设计生产能力	4000	
3		固定成本	30000	
4		单位产品变动成本	35	
5		单位产品售价	60	
6		单位产品销售税金及附加	9.35	
7				
8		盈亏平衡产量		
9		盈亏平衡销售价格		
10		盈亏平衡生产能力利用率		

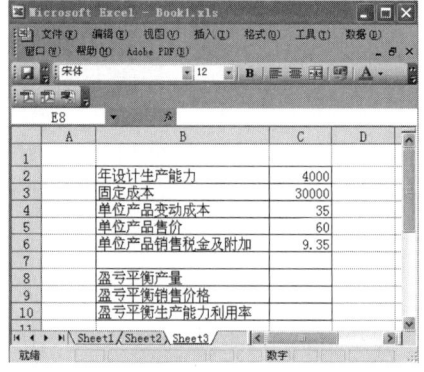

图 12-19　盈亏平衡分析计算步骤 1

下面绘制盈亏平衡分析图。步骤如下：

（1）建立如图 12-21 所示的工作表。

	A	B	C
1			
2		年设计生产能力	4000
3		固定成本	30000
4		单位产品变动成本	35
5		单位产品售价	60
6		单位产品销售税金及附加	9.35
7			
8		盈亏平衡产量	1916.93
9		盈亏平衡销售价格	51.85
10		盈亏平衡生产能力利用率	47.92%

图 12-20　盈亏平衡分析计算步骤 2

	A	B	C	D
1				
2		固定成本	30000	
3		单位产品可变成本	35	
4		单位产品售价	60	
5		单位产品销售税金及附加	9.35	
6				
7		产量		
8		销售收入(扣除销售税金及附加)		
9		成本		
10		利润		

图 12-21　盈亏平衡分析图绘制步骤 1

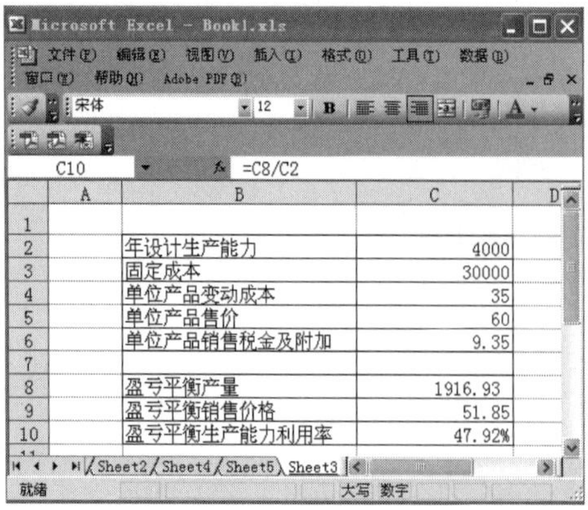

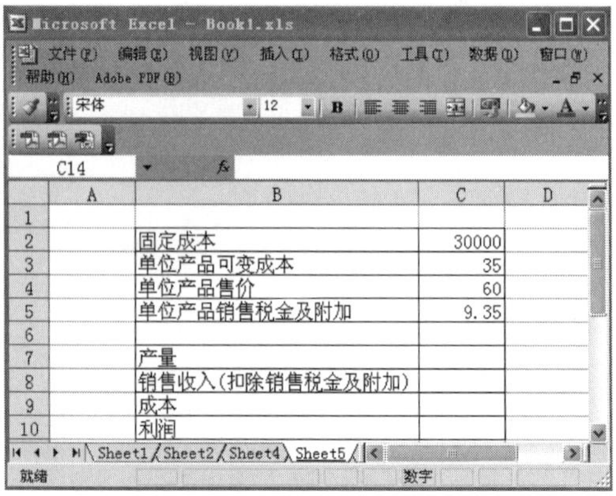

(2) 为了作图需要,应界定销量的开始值和终止值。本例中,设开始值为"0",终止值为"4000"。在单元格 C7 中输入"0",在单元格 D7 中输入"1916.93",在单元格 E6 中输入"4000",然后在单元格 C8、C9 和 C10 中分别输入下列公式:

C8: =(C4 - C5) * C7

C9: = C2 + C3 * C7

C10: = C8 - C9

结果如图 12-22 所示。

(3) 选中 C2:C5 区域,拖曳其右下角的复制柄至单元格 E5(这一操作是为了方便下一步计算)。选中 C8:C10 区域,拖曳其右下角的复制柄至单元格 E10。这时 D8:E10 区域就出现了与产量 1917、4000 相对应的销售收入、成本和利润。如图 12-23 所示。

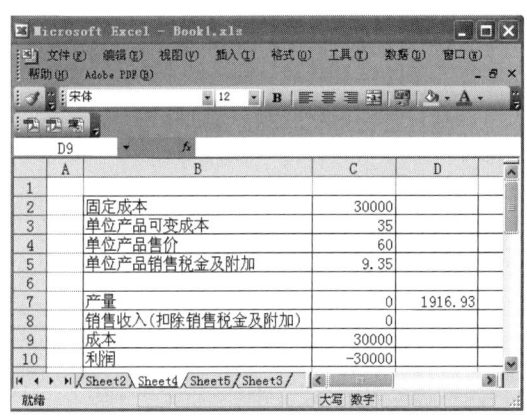

图 12-22 盈亏平衡分析图绘制步骤 2

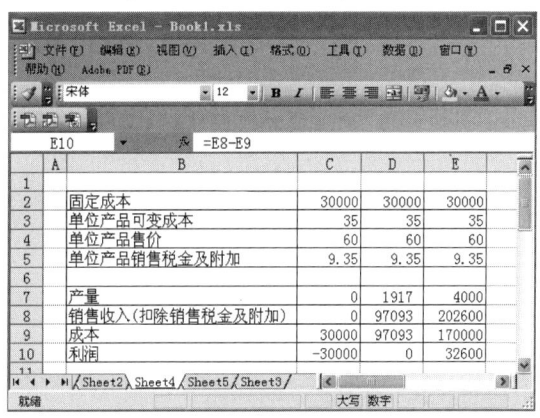

图 12-23 盈亏平衡分析图绘制步骤 3

(4) 单击主菜单栏上的"插入"命令,然后在下拉菜单中选择"图表"选项,弹出"图表向导-4 步骤之 1-图表类型"对话框。在"自定义类型"选项中选择"平滑直线图",然后单击"下一步"按钮,如图 12-24 所示。

(5) 在弹出的"图表向导-4 步骤之 2-图表源数据"对话框中进行如下操作:

1) 在"数据区域(D)"选项中选择 C8:E10 区域并选择系列在"行"产生。

2) 在"系列(S)"选项中将"系列 1""系列 2"和"系列 3"的名称分别命名为"销售收入""成本"和"利润","分类(X)轴标志(T)"选择为 C7:E7 区域,然后单击"下一步"按钮,如图 12-25 所示。

(6) 在弹出的"图表向导-4 步骤之 3-图表选项"对话框中进行如下操作:

1) 在"标题"选项中,将"图表标题(T)"命名为"盈亏平衡分析图",将"分类(X)轴(C)"命名为"产量",将"数值(Y)轴标志(V)"命名为"收入/成本"。在"网格线"

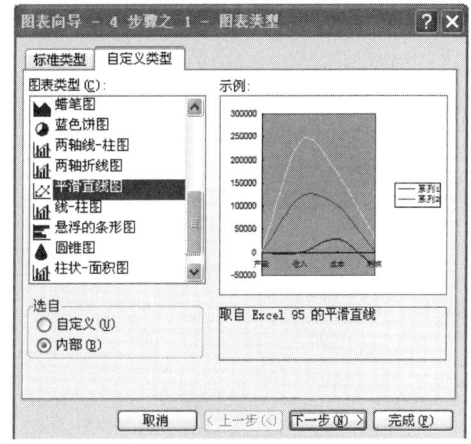

图 12-24 盈亏平衡分析图绘制步骤 4

选项中,选择"分类(X)轴"中的"主要网格线"。在"数据标志"选项中选择"值",如图 12-26 所示。

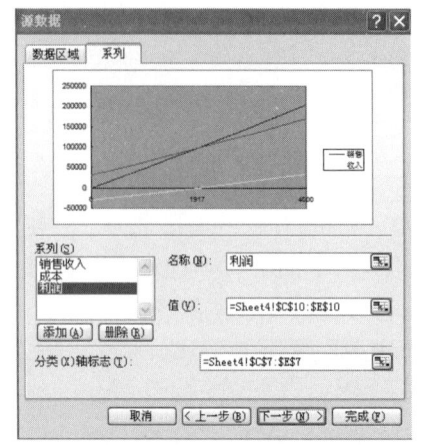

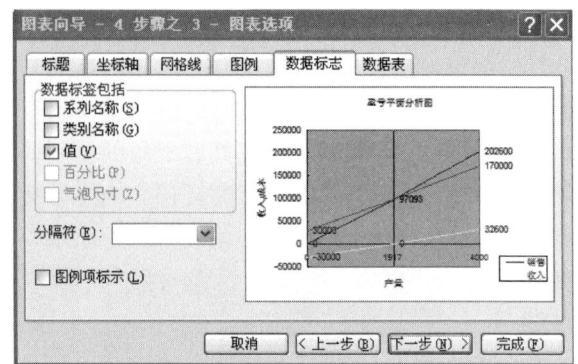

图 12-25　盈亏平衡分析图绘制步骤 5　　　图 12-26　盈亏平衡分析图绘制步骤 6

2)单击"下一步",再单击"完成",或直接单击"完成",在本表中生成盈亏平衡分析图,如图 12-27 所示。

二、敏感性分析

【例 12-12】 某企业计划投资生产电动自行车,项目寿命期 10 年,初始投资 50 万元,建设期 1 年,第 2 年到第 10 年每年销售收入为 40 万元,经营成本 25 万元,第 10 年年末资产残值 5 万元。由于对未来影响经济环境的某些因素把握不大,投资额、经营成本和销售收入均有可能在 ±20% 的范围内变动。基准收益率为 10%,对上述三个不确定因素作单因素敏感性分析。

解: 用净现值指标来评价本方案的经济效果。解题步骤如下:

(1)建立如图 12-28 所示的工作表。

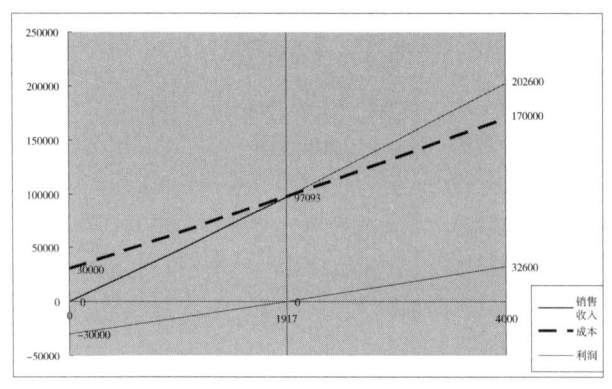

图 12-27　盈亏平衡分析图绘制结果　　　图 12-28　敏感性分析解题步骤 1

(2)在单元格 C10 输入公式:

= − C2 − PV(C8, C7, C4 − C3, 0, 0) − PV(C8, C7, 0, C6, 0)

按回车键后,得到净现值 44.10,如图 12-29 所示。

(3) 首先分析投资额的敏感性。在 E3:E11 区域中生成一个初值为 –20%、终值为 20%,步长为 5% 的数据系列。具体操作为在单元格 E3 中输入 "–20%",在单元格 E4 中输入 "–15%",然后选中 E3:E4 区域,拖动其右下角的复制柄,直至鼠标右侧的黄色标注显示 "20%"。然后在 F 列生成投资额变动相应百分比之后的数值。具体操作为在单元格 F3 中输入公式 "=50*(1+E3)",拖动其右下角的复制柄,直至单元格 F11,如图 12-30 所示。

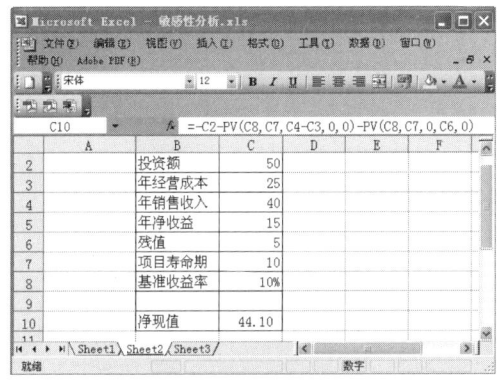 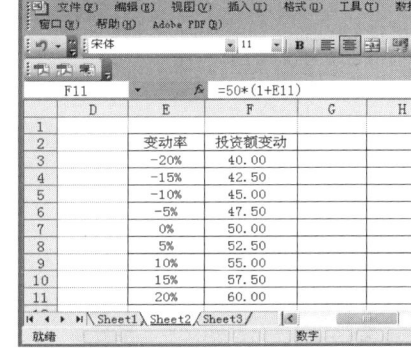

图 12-29　敏感性分析解题步骤 2　　　　图 12-30　敏感性分析解题步骤 3

(4) 在单元格 G2 中输入公式 "=C10",从而使该单元格与函数所在的单元格 C10 建立起一个相等的链接关系。这就是告诉 Excel:随后所要作的敏感性分析是针对单元格 C10 进行的。选中 F2:G11 区域,单击主菜单栏上的 "数据" 命令,在下拉菜单中选择 "模拟运算表" 选项,这时屏幕上会弹出一个 "模拟运算表" 的对话框。由于输入的位于一列中的数值是准备让 C2 取的,所以在该对话框的 "输入引用列的单元格" 编辑框中输入 "C2"(或单击编辑框右端的 "" 图标,选择单元格 C2,再单击 "" 返回对话框)。将 "输入引用行的单元格" 编辑可保持空白,然后单击对话框的 "确定" 按钮。这样 G3:G11 区域就出现了与 F3:F11 区域中各个投资额相对应的净现值,如图 12-31 所示。

(5) 经营成本和销售收入的敏感性分析参照上一步骤,结果如图 12-32 所示。

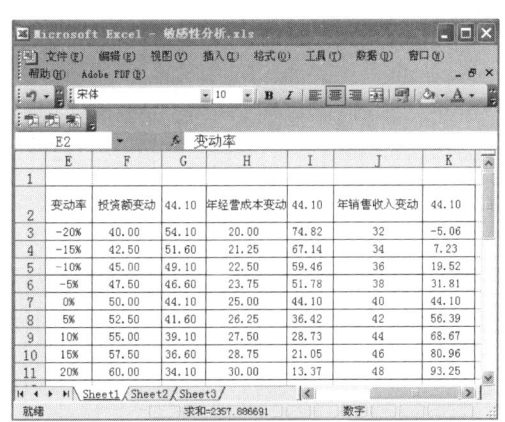

图 12-31　敏感性分析解题步骤 4　　　　图 12-32　敏感性分析解题步骤 5

绘制敏感性分析图，步骤如下：

（1）单击主菜单栏上的"插入"命令，然后在下拉菜单中选择"图表"选项，弹出"图表向导-4 步骤之 1-图表类型"对话框。在"标准类型"中的"图表类型（C）"选项中选择"XY 散点图"，在"子图表类型（T）"选项中选择第五个类型，即"无数据点折线散点图"，然后单击"下一步"按钮，如图 12-33 所示。

（2）在弹出的"图表向导-4 步骤之 2-图表源数据"对话框中进行如下操作：

1）选择"系列"选项，单击下方的"添加"按钮，在"系列 1"的"名称"编辑框中输入"投资额"，单击"X 值（X）"编辑框右侧的"■"图标，选中 E3:E11 区域，再单击"■"图标回到"源数据"对话框；点击"Y 值（Y）"编辑框右侧的"■"图标，选中 G3:G11 区域，再单击"■"图标回到"源数据"对话框，如图 12-34 所示。

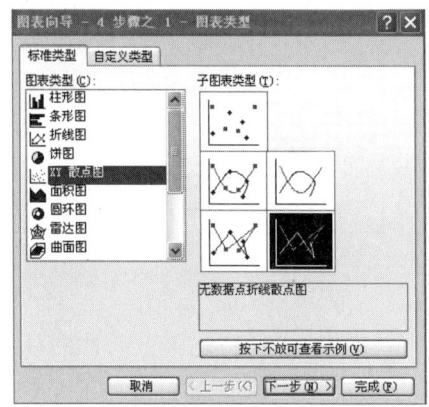

图 12-33　敏感性分析图绘制步骤 1　　图 12-34　敏感性分析图绘制步骤 2

2）类似地，添加"系列 2"，在"名称"中输入"年经营成本"，"X 值（X）"选中 E3:E11 区域，"Y 值（Y）"选中 I3:I11 区域；在"系列 3"的"名称"中输入"年销售收入"，"X 值（X）"选中 E3:E11 区域，"Y 值（Y）"选中 K3:K11 区域。最后单击"下一步"按钮。

（3）在弹出的"图表向导-4 步骤之 3-图表选项"对话框中进行如下操作：在"标题"选项中，将"图表标题（T）"命名为"敏感性分析图"，将"分类（X）轴（V）"命名为"变动率"，将"数值（Y）轴标志（V）"命名为"NPV"，单击"下一步"，再单击"完成"，或直接单击"完成"。这样就在本表中生成了盈亏平衡分析图，如图 12-35 所示。

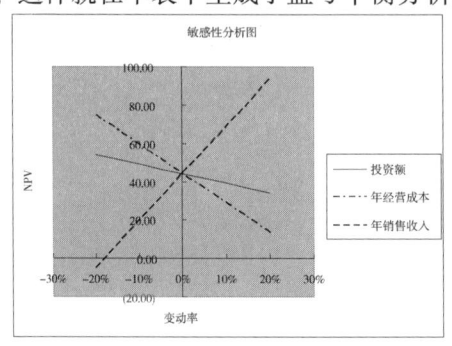

图 12-35　敏感性分析图绘制步骤 3

练习题

运用 Excel 完成下列各题：

1. 假设年利率为 5%，现存入银行 5000 元，第 6 年年末可取出多少元？
2. 假设年利率为 5%，要在第 3 年年末取出 1500 元，现在应存入银行多少元？
3. 在 5 年中，每年年末存入 1000 元，年利率为 3%，第 5 年年末本利和是多少？
4. 一家庭想买一辆汽车，销售商提供了两种付款方法：一种是一次付清购车费用 29 万元；另一种是首期付款 10 万元，以后的每年年底付清 4 万元，连续支付 7 年，若银行年利率为 6%，试计算哪一种付款方式在总付款金额上更为有利？
5. 某投资方案的净现金流量见表 12-3，请计算该方案的净现值、内部收益率和动态投资回收期。基准收益率为 10%。

表 12-3　某投资方案的净现金流量

年份	0	1	2	3	4	5
现金流量	-2000	450	550	650	700	800

6. 某投资项目设计年产甲产品 8 万台，经估算，正常生产年份的产品销售价格为 7000 元/台，固定成本为 8000 万元，单位产品变动成本为 5000 元/台，总变动成本与产量呈正比例关系。求盈亏平衡产量、盈亏平衡生产能力利用率和盈亏平衡销售价格，并绘制盈亏平衡分析图。

7. 已知某投资项目的财务数据分析预测值见表 12-4。基准收益率为 8%，假定折现率不变，其他因素为不确定性因素。①试分别就总投资、年销售收入和年经营成本三个不确定因素的变化对财务净现值指标给出单因素敏感性分析，指出其中较为敏感的因素及其允许变化的临界值，并在 ±20% 范围内就不确定因素的变化对项目形成的风险做出评估。②绘制敏感性分析图。

表 12-4　某投资项目的财务数据分析预测值

因素	总投资	销售收入	经营成本	期末残值	寿命/年
估算值	1500	600	250	200	6

参 考 文 献

[1] 刘晓君．工程经济学［M］．3版．北京：中国建筑工业出版社，2015．
[2] 黄有亮，等．工程经济学［M］．3版．南京：东南大学出版社，2015．
[3] 邵颖红，等．工程经济学［M］．5版．上海：同济大学出版社，2015．
[4] 梁学栋．工程经济学［M］．3版．北京：经济管理出版社，2017．
[5] 李南．工程经济学［M］．4版．北京：科学出版社，2017．
[6] 于立君，郝利光．工程经济学［M］．3版．北京：机械工业出版社，2016．
[7] 陆菊春，徐莉．工程经济学［M］．北京：清华大学出版社，2017．
[8] 国家发展改革委，建设部．建设项目经济评价方法与参数［M］．3版．北京：中国计划出版社，2006．
[9] 宋伟，王恩茂，等．工程经济学［M］．2版．北京：人民交通出版社，2016．
[10] 王少文，邵炜星．工程经济学［M］．北京：北京理工大学出版社，2017．
[11] 禹贵香，等．工程经济［M］．哈尔滨：哈尔滨工业大学出版社，2017．
[12] 李相然．工程经济学［M］．北京：中国电力出版社，2016．
[13] 全国咨询工程师（投资）职业资格考试用书编写组．项目决策分析与评价［M］．哈尔滨：哈尔滨工程大学出版社，2019．
[14] 王克强，王洪卫，刘红梅．Excel在工程技术经济学中的应用［M］．上海：上海财经大学出版社，2005．
[15] 蒋红妍．工程项目评价［M］．北京：冶金工业出版社，2014．
[16] 李南，等．工程经济学学习指导与习题［M］．北京：科学出版社，2005．
[17] 陈琳，谭建辉．建设项目社会评价研究［M］．北京：中国建筑工业出版社，2009．
[18] 万威武，刘新梅．可行性研究与项目评价［M］．西安：西安交通大学出版社，2008．
[19] 全国造价工程师职业资格考试培训教材编审委员会．建设工程造价管理［M］．北京：中国计划出版社，2019．
[20] 宋维佳，王立国，王红岩．可行性研究与项目评估［M］．4版．大连：东北财经大学出版社，2015．
[21] 王锋宪，李猛．建设项目经济评价［M］．成都：西南交通大学出版社，2016．